U0914739

纺织服装高等教育“十三五”部委级规划教材

FU ZHUANG GEN DAN

服装跟单

第2版

吴 俊 主 编

東華大學出版社
·上海·

内容提要

本书从大纺织行业产业链环节的角度出发,系统地论述服装产业环节的跟单原理及操作方法。从项目管理领域结合企业市场运作流程详细阐述跟单管理工作职责,跟单管理模式,企业运营流程,服装面料织造跟单,服装面料染色、印花跟单,服装生产过程跟单,服装产品质量跟单,服装成品包装、出货、运输跟单,服装外贸跟单、商业书信,跟单与客户管理,跟单管理策略与应用,跟单与沟通等内容。

本书可作为高等院校服装专业跟单管理课程的教材,也可作为服装行业的管理人员参考、阅读用书。

图书在版编目(CIP)数据

服装跟单/吴俊主编. —2 版. —上海:东华大学出版社,
2018.6
ISBN 978-7-5669-1389-0

Ⅰ. ①服… Ⅱ. ①吴… Ⅲ. ①服装工业—生产管理
②服装企业—销售管理 Ⅳ. ①F407.8

中国版本图书馆 CIP 数据核字(2018)第 071669 号

责任编辑 徐建红
封面设计 风信子

服装跟单(第 2 版)

吴 俊 主编

出　　版:东华大学出版社(地址:上海市延安西路 1882 号 邮政编码:200051)
本社网址:dhupress. dhu. edu. cn
天猫旗舰店:http://dhdx. tmall. com
营销中心:021-62193056 62373056 62379558
印　　刷:苏州工业园区美柯乐制版印务有限责任公司
开　　本:787 mm×1092 mm 1/16
印　　张:16.5
字　　数:480 千字
版　　次:2018 年 6 月第 2 版
印　　次:2022 年 8 月第 3 次印刷
书　　号:ISBN 978-7-5669-1389-0
定　　价:49.00 元

目　录

第一章

跟单管理体系

第一节 跟单概述

一、跟单的含义

“跟单”源于对外进出口贸易过程中，有关进出口合同、单证、报关、运输等业务的跟进和实现作业过程的总称。随着市场经济的发展，国有企业在逐步向市场化转变，而非国有体制的各种形式的经济实体飞速发展，在市场中的作用越来越大。商品的交换更加频繁，生产贸易量不断加大，市场竞争日趋激烈，贸易方式更趋向多样化发展。生产企业和贸易公司的生存发展和经营方式，从单纯的生产型向市场型转变。在这种形势下，要更加注重企业或公司内的管理工作。因此跟单工作不再是以前所具有的含义，它被赋予了更加广泛、更加深刻的内容。

跟单管理就是以客户定单为依据，跟踪产品（服务）运作流向并督促定单落实的管理过程。跟单员是跟单管理过程的主体人员，其主要工作是在业务流程运作过程中，依据客户定单具体跟踪落实，是企业开展各项业务的基础性管理人员之一。

“跟单”中的“跟”意指跟进、跟随；“单”意指订单。跟单的重点是在“订单”。所谓订单，从广泛的意义上看，实际是指市场机会；从实践中看，是企业或公司生存和发展的先决条件。如果订单充足，企业或公司就会有发展的机会。而没有订单，则会面临生存的危机。因此，跟单就是如何把握住市场机会，并能够将这一机会变为现实的工作，而且能够出色完成工作的一个过程。是一种需要有耐心、毅力和勇气，具有挑战性的工作。

跟单从市场经济的角度来看，它是有两方面含义的。其一，是指公司企业营销人员的跟单工作；更加侧重于“接单”，甚至企业的负责人或经营部门经理，需要做经营方面的跟单工作。它包含与客户的沟通（即所谓“有订单是客户，无订单是朋友”）、内部的管理和部门间的协调等方面的工作，目的是如何将订单保质、保量、按期完成，顺利地将产品交于客户。其二，是指订单的完成过程中，具体操作的跟单工作，更加侧重于订单的跟进，包括有跟单过程的执行、沟通、跟进、敦促、催办、协调等具体的工作。其目的是保证和维护订单的正常运作和顺利完成。因此跟单工作是公司企业生产经营过程中非常重要的环节。

二、跟单管理的意义

现代纺织服装的概念，也就是大纺织的概念，意指从纺织原料（纤维）到成品服装的全部过程，涵盖了纺纱、织造、印染、成衣的各个生产环节，纺织品的生产加工，工艺复杂、工序繁多，每一环节中的每一道工序的完成都涉及许多的协调配合工作，因此从大纺织的角度出发，纺织服装跟单管理，就是如何促使客户的订单有条理、有秩序地完成，也是跟单管理工作的核心内容。同时跟单管理工作也是纺织品生产加工过程中重要的联结和纽带，只有将跟单管理工作做好，才能够使加工生产正常顺利进行，使客户的订单能够完成，最重要的是使企业能够在激烈的市场竞争中生存和发展。

在纺织服装生产企业或贸易公司中，针对纺织品生产加工的跟单管理，其所起的作用越来越明显，尤其是近年来企业经营管理机制的转变，以及市场化经济体系的形式，使企业中原有的、不适应当今市场经营体制和企业发展的工作，逐渐演化合并为高效运作、适应市场、符合企业发展的跟单工作，并且这一工作越来越受到重视，并已发展成为一个专业化的工作。尤其是20世纪90年代以来，随着市场的开放和多元化经济的发展，新的企业经营理念和管理方法的普及应用，取代了陈旧的计划经济体制下的一些方法和手段，跟单工作集生产、计划、统计、管理等工作于一身，以市场需求为主导的经营体制取代了计划经济时代的计划管理体制。因此跟单工作是市场经济发展的产物，是市场经济体制的标志，也是企业直接面对客户重要的连接桥梁。

纺织品生产，是从纤维原料转化到成品服装的过程，其最终的结果，是加工生产出符合市场需求的服装产品。在这一过程中跟单管理工作是贯穿始终的。纺纱织造是纺织品的初级产品，是纺织服装的基础；织物的染整、印花加工，是纺织品生产的重要工序，它可以改善纺织品的外观和服用性能，提高纺织品的附加值，从而满足服装生产的要求；服装是面对消费市场的最终产品，各种色彩和功能的服装，能提高人们的生活质量。因此，纺织服装生产加工过程中的跟单管理工作，是使纺织品在生产加工过程中的产量、质量能够得到保证，并能按期将产品交付给客户，顺利完成订单的有效方法和手段。

三、跟单管理工作的目的和作用

1. 跟单管理工作的目的

① 使客户订单的实施和完成更加及时和准确。

② 通过跟单的监督检查工作，提高了订单的完成质量，提高了产品质量，提高了工作效率，达到提高企业的应变能力的目的。

③ 加强了与客户之间的关系，起到了稳固客户的作用，达到树立企业形象和提高企业信誉的目的。

④ 能够对企业的资源进行条理化、科学化和正规化的管理，并能够合理使用，以达到提高企业经济效益的目的。

2. 跟单管理工作的作用

① 使每张订单有一个清楚明细的文字资料，使信息管理更加条理有序。

市场经济体制下，每一个纺织品生产加工企业所面临的是市场的挑战和机遇，是为市场的需求而生存和发展，因此在市场的竞争中要同时面对多个客户的多个订单。跟单工作就是使每一张订单有计划、有秩序、高质量地完成，以及在此过程中合理、及时、准确地管理信息资料，使订单的生产实施正常顺利地进行。

② 为纺织品生产加工各环节、各工序提供了明确的实施方向，为及时、准确、有序地完成订单提供了有力的支持。

订单的实施过程中，随时会由于各种各样问题的出现，而使生产进程减慢，通过跟单工作，可以使这些问题随时有一个检查、反馈的渠道，及时为问题的解决提供依据，使订单能够按期完成。

③ 跟单资料为企业与客户之间的沟通工作、企业内部各部门之间的协调工作，提供了准确可靠的依据。

④ 跟单工作为企业的生产订单的实施提供了准确可靠的信息，为管理者的生产经营决策提

供了可靠的依据。

⑤ 进一步提高了企业的科学化、正规化管理的水平，增强了企业在市场中的适应能力和竞争能力。

四、跟单管理工作的组织形式——项目管理

跟单管理的组织形式是项目管理，以往公司和企业是以职能部门的形式来进行组织管理，很容易形成官本位，部门与部门之间在工作衔接上就会有障碍。而跟单管理是以客户为中心，围绕着订单开展工作。订单代表的是企业的意志，跟单员相当于项目经理，管理区域按照订单来划分，如：国内订单、外贸订单、东北区订单、华东区订单等。职能部门的管理模式较倾向于官本位，项目式的组织形式更体现了跟单管理的顾客导向、过程导向和结果导向。

跟单这个概念起源于香港，兴起于服装行业，目前已成为一种趋势，应用于各行各业。随着市场经济的逐步深入，从某种意义上来讲，就是我们迎来了订单经济的变革。订单成为了企业的生命线，是市场经济发展的结果，是市场经济最本质的一个表现形式。由于订单变化太快，如果不改变以往的管理模式，仍依靠原来的职能部门之间协调，整个订单没有专人去跟踪，就很难达到预期的效果，达不到让客户满意的要求。所以跟单管理的组织形式将以项目管理取代职能部门，体现出市场经济以客户为导向最本质、最实在、最客观的订单管理模式。

五、跟单主体——跟单员

在订单成为企业生命线的当今社会，企业生产以客户为中心，管理则以跟单为核心，而跟单员则是面向客户、订单开展工作的主体组成部分。

1. 什么是跟单员

跟单员是指在企业运作过程中，以订单为中心，以客户为导向，跟踪并督促落实企业运作流程中各种业务的专职人员，是企业内部各部门之间及企业与客户之间相互联系的中心枢纽。跟单员具有以下四个方面的特征：

① 跟单员工作的依据是订单。脱离了订单，则不能称其为跟单员。

② 跟单员工作的对象是企业运作过程中的各种业务工作范围。

其含义，一是强调跟单员的工作对象是企业运作过程中的各种业务，而不是具体去从事事务工作，也就是要求跟单员要从管理的角度去跟单，体现出跟单管理的特质；二是强调跟单员的工作对象是企业运作的流程及其按这个流程产生出来的工作内容及其岗位责任。

③ 跟单员的工作是跟踪并督促落实。这一特征，体现出跟单这一工作的方法和深度。在实际工作中，有些跟单员既能做到跟踪，同时又能确保督促及落实到位。也有一些跟单员只能做到跟踪，并不会督促和落实。

④ 跟单员是专职人员。这里所指的专职人员是一个相对的概念，专职不是唯一的含义，也就是说相对于其他工作而言，跟单工作需要由专人去实施，而不是具体实施的人只能做跟单工作。

2. 跟单员的工作特点与性质

（1）核心性

跟单员的工作是企业工作的中心和核心。企业以订单为主线，企业生产以客户为中心，企业管理则以跟单为核心。在当今社会，日益激烈的市场竞争环境下，跟单员的工作直接面对客户和订单，其工作的重要性显而易见，在很多公司，跟单员已成为老板的"特别助理"。

（2）谋略性

跟单员的工作是要做好客户的参谋，从本质上来讲是为客户服务的。跟单员了解企业生产的整个过程和情况。同时，他们又掌握着大量的客户资料，了解客户的需要。跟单员可以为客户的订单出谋划策，便于客户的订货和订单的完成。

（3）动态性

跟单员的工作节奏快速、多变，而且订单不断来去，周而复始地生产和出货。跟单员所面对的客户来自五湖四海，他们的工作方式、思维方式、作息时间和工作节奏也各不相同，跟单员的工作就是要承受着客户的需要变化而不断改变，有时客户的订单批量小，却要求及时出货，这就要求跟单员的工作效率要高。

（4）管理性

企业的工作都是以客户和订单为中心展开，所以学习管理，就要从跟单员开始。在企业中，几乎所有的工作都属于执行性质，唯有站在订单高度之上的跟单员工作，具有计划性和管理性。

（5）沟通与协调性

跟单员的工作涉及多个部门，工作重心在于沟通、协调，是在圆满完成订单的任务的前提条件下，与计划、生产等部门，进行与人沟通的工作，而不在于以权压人。

（6）责任重大，工作繁杂

当今市场经济的环境之下，订单已成为企业的生命线，客户是企业的上帝，失去订单与客户将危及到企业的生存。跟单员的工作建立在订单与客户之上，责任重大。同时，跟单员对外执行的是业务员的职责，对内则又是生产管理协调员。

（7）综合性与跨越性

跟单员对外要有业务员的素质，执行的是销售人员的职责；对内要有生产管理的能力，执行的是生产管理协调工作。所以，跟单员这个岗位是对传统组织架构的一种超越，必须熟悉进出口贸易实务、工厂生产运作流程等工作环节，要有全面而综合的能力。

第二节　跟单管理体系

一、跟单管理模式

跟单管理的模式根据企业运作方式不同，可分为生产型模式、贸易型模式和生产贸易型模式。

1. 生产型企业跟单体系

生产跟单管理是指围绕生产订单工作，并对订单的交货期负责，其跟单员是企业与客户的联系人。在订单型生产企业中,跟单工作是企业的中心与生命线,生产跟单员的基本工作内容是生产进度跟踪与客户服务。生产型企业跟单体系如图1-1所示。

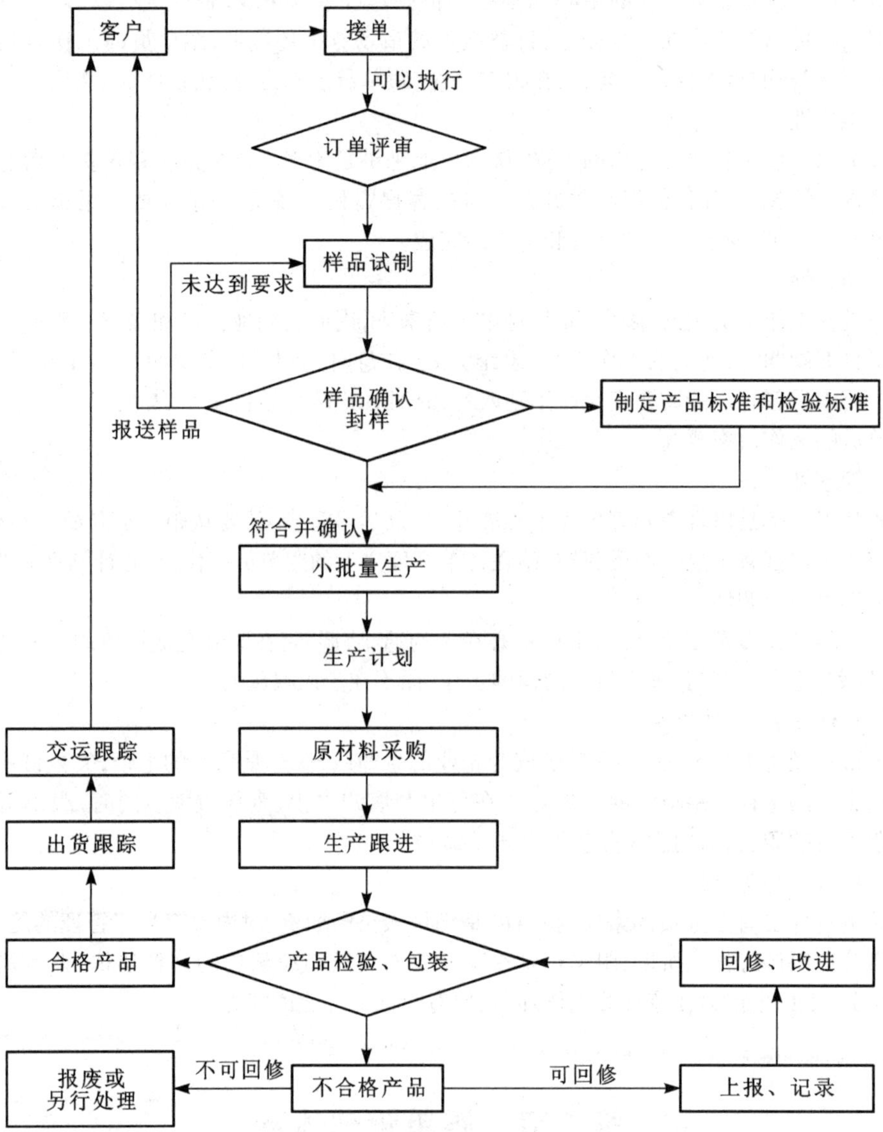

图1-1 生产型企业跟单体系

2. 贸易型企业跟单体系

贸易型企业的特点是,工作重点在于收发订单,转移各种业务,而并不注重管理产品的实现过程。主要从事寻找客户、合同磋商、单证制作、货物跟踪等工作。

贸易型企业跟单体系如图1-2所示,跟单员对外是业务员,向客户推销产品;对内是协调员,协调产品的生产与交货。

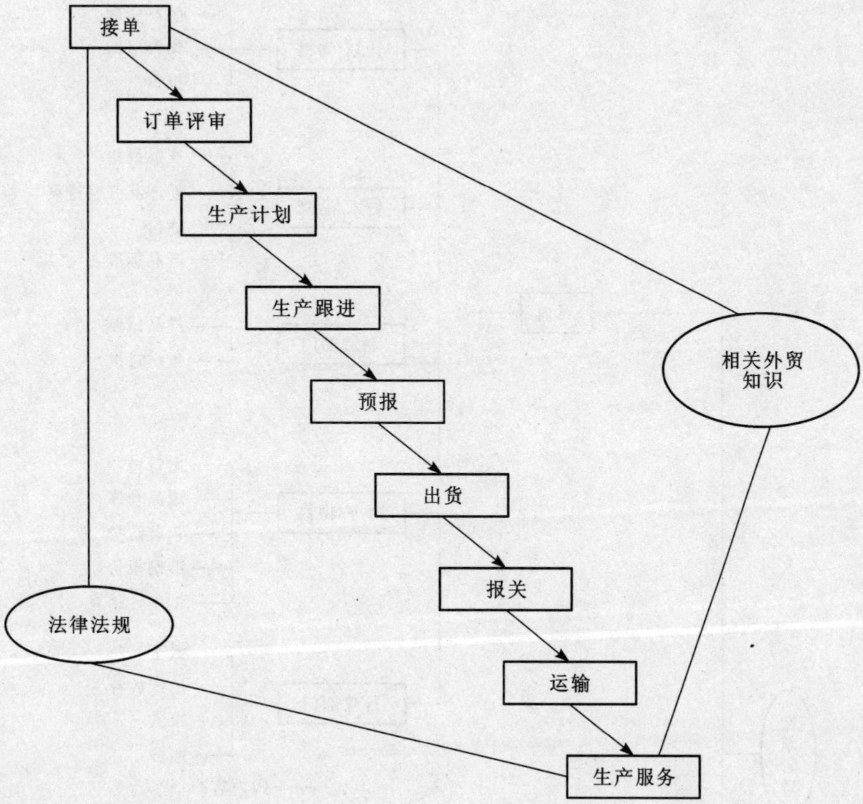

图 1-2　贸易型企业跟单体系

二、跟单管理关联工作流程体系

1. 跟单管理工作部门关联体系

图 1-3 所示为跟单管理部门关联体系，由此可见，跟单是一个跨度较大的工作。业务流程是各部门工作的主线，跟单员不可能精通各部门的具体业务，但必须掌握它们的业务流程，并且充分了解和掌握其运作方式。

2. 跟单员工作流程关联体系

图 1-4 所示为跟单员工作流程关联体系，从图中可观察出跟单工作以客户和订单为中心，跟单各环节之间相互衔接的关系。

3. 财务工作流程

图 1-5 所示为财务工作流程图，表明了公司中各环节财务要求及关联关系。

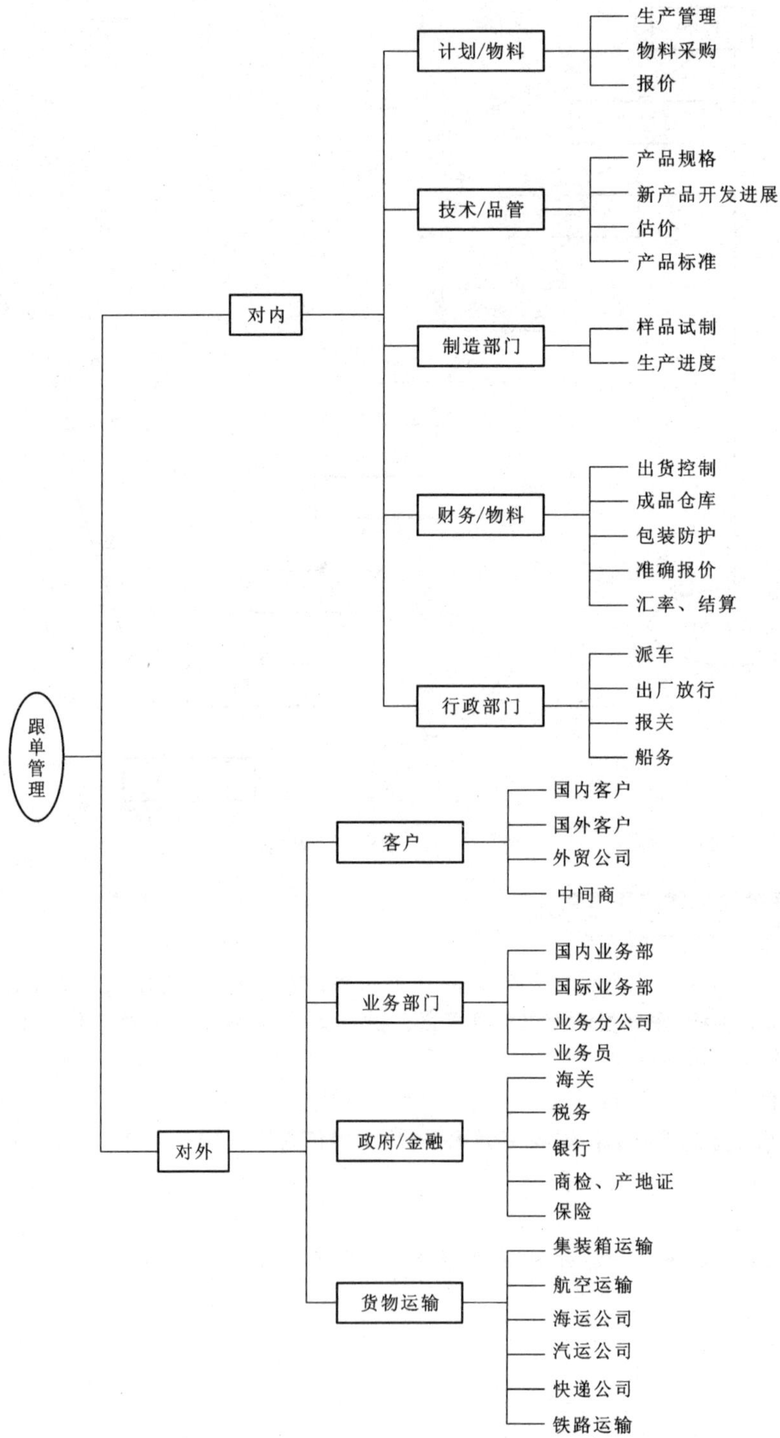

图 1-3　跟单管理部门关联体系

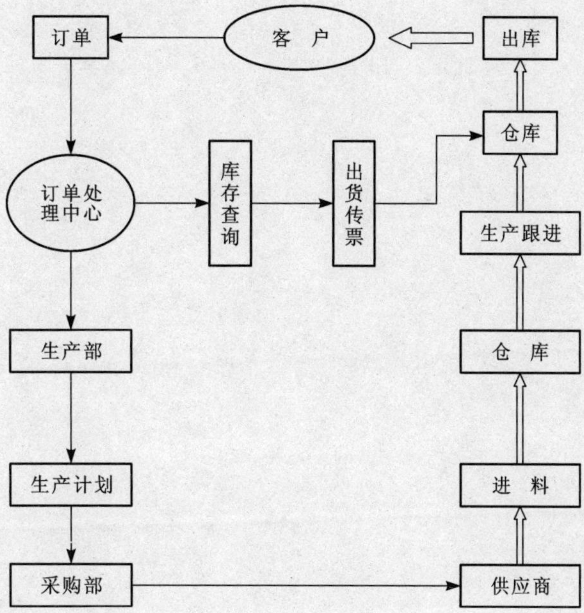

图 1-4　跟单员工作流程关联体系

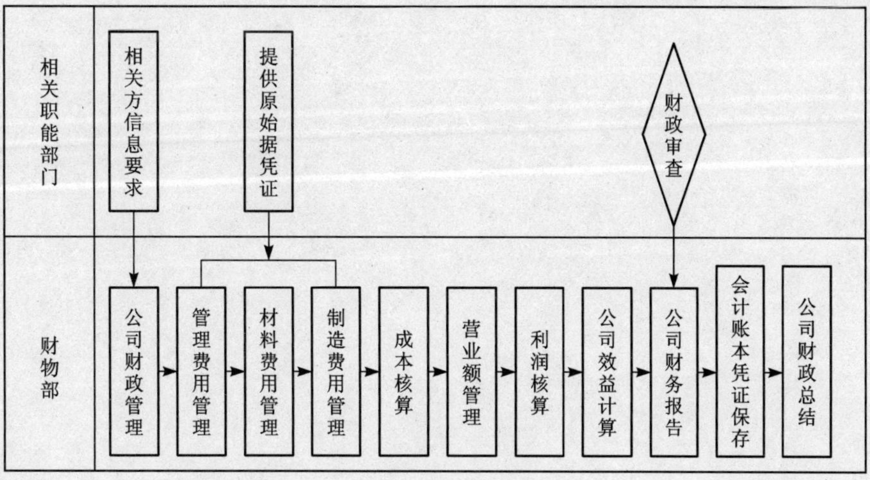

图 1-5　财务工作流程

第二章

服装面料织造跟单程序及管理

第一节 面料织造跟单程序

跟单工作是生产企业中极其重要的工作，做好跟单工作，是每位跟单人员的工作目标。跟单工作能够正确有序地进行，需要按跟单的程序，把其中所包含的各个环节的工作出色圆满地完成。图2-1列出了织造过程中，跟单工作的作业流程。

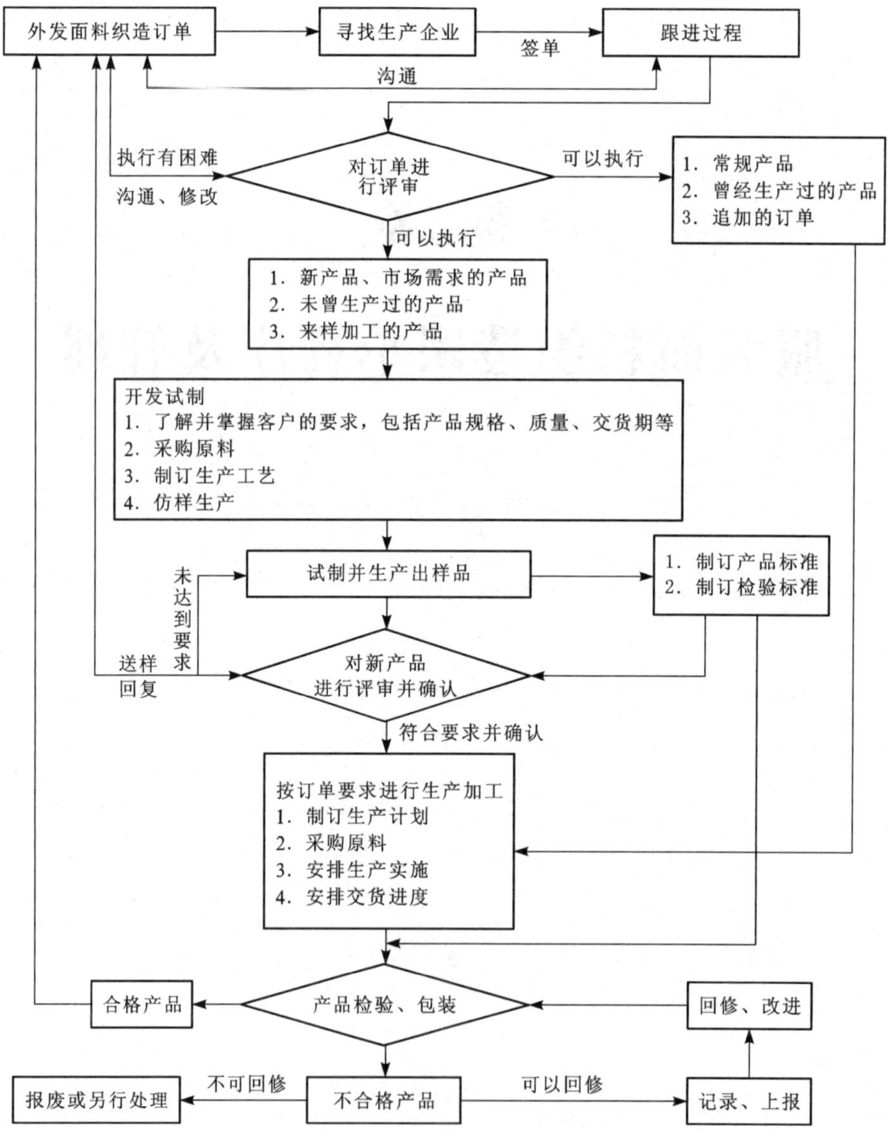

图2-1 织造跟单作业流程

下面将依据跟单工作流程，对织造跟单所需进行的工作和操作方法及步骤做详细阐述。

第二节 确定织造企业，进行订单评审

在订单进入实质性实施和生产之前，需要对订单进行评审，即所谓的审单，审单的目的就是进一步确认订单所需求的内容是否能够得到执行。

订单通常是企业的经营部门与客户进行必要的沟通和营销工作之后，与客户达成产品交易的协议。

一、正式文本合同

正式文本合同，通常是针对新开发的客户、第一次进行产品贸易的客户、产品数量较大的交易以及非常正式的产品交易等情况下才使用的方式。

在正式文本合同中，非常严谨地规定了交易双方所应承担的义务。通常合同中的内容有产品的名称、品种规格、数量、单价、金额、交货时间、交货地点、结算方式、产品质量要求、运输方式、保险、违约责任和交易双方代表的签字确认等。

合同文本的格式多种多样，可以用国家统一规定的通用合同文本格式，也可以根据实际情况自行制订文本格式。加工合同格式见表2-1。

表2-1 加工合同文本格式(举例)

坯布加工合同(加工单)

甲方：(供方)　　　　　　　　加工单号：

乙方：(需方)　　　　　　　　签订时间：

签订地点：

现乙方委托甲方加工下列坯布，具体求要如下：

坯布名称	坯布品种	使用原料	坯布规格	加工数量	加工单价	金额
总金额						

1. 原料：乙方向甲方提供上述原料，并于×××年×月×日交付甲方。

2. 交付时间：请将加工产品于×××年×月×日之前交付给乙方。

3. 交货地点：请将货品交于__________________________________。

4. 运输方式：货品运输采用____________方式，运输费用由________方担负。

5. 产品质量要求：按________________________进行验收或按下列质量要求进行验收。

6. 坯布包装方式：______________________________________。

7. 货品运输过程中需进行________保险，保险费用由____方担负。

8. 结算方式：对于此加工单，甲方预付____%加工费用，余款待交货完毕后______________付予乙方，预付金额______________。

9. 违约责任：____________________________________。

10. 仲裁：双方产生贸易纠纷时，依《合同法》进行裁决。

11. 未尽事宜，双方另行协商。

12. 备注：本合同一式两份，甲、乙双方各执一份。

（其他备注事项）

甲方：×××织造厂	乙方：×××实业有限公司
地址：	地址：
电话：	电话：
传真：	传真：
E-mail：	E-mail：
联系人：	联系人：
甲方代表：（签字、盖合同章）	乙方代表：（签字、盖合同章）

正式文本合同通常是一式两份，甲乙双方分别保管并作为订单执行的依据。

正式文本合同，必须是合同原件，有时在对客户充分了解的情况下，对于比较紧急的订单，也可以通过传真的方式，将合同文本传送对方，传真件也可作为确认交易的凭证和依据。

二、非正式合同订单

非正式合同订单，这里并非表示订单是非正式的，而是指订单的格式不是正式的文本形式，通常是指通过传真、电子邮件、手写便笺、电话口头下单等方式，对订单的信息进行传达。

通常对老客户或对已执行订单的数量进行追加、常规产品、曾经生产过的产品、来料加工订单、紧急订单等，经常采用这种方式下单。

这类订单都简明扼要，内容简单。通常只说明品种、数量、交货期等内容。采用这种方式下单，说明这是长期合作，信誉良好，并且双方合作顺利，关系融洽的客户。订单中未说明的费用金额、质量等关键内容，通常是指按以往的单价和质量要求执行。这就要求跟单人员将客户以往的订单，尤其是最近一个时期的订单资料保存完整，以方便查找。对一些常规品种的坯布订单，质量要求通常是行业内大家共同遵循的原则以及与客户长期以来形成的默契。

对于非正式合同形式的订单，需要注意以下几点：

① 以传真或电子邮件（E-mail）方式所下的订单，通常是较明确的，尤其是电子邮件，它以电子文本的形式表达出订单的内容，文本清楚、明确，而传真通常有打印文本形式和手写文本形

式。打印文本与电子邮件类似，而手写文本通常是手写而成，有时对笔迹辨别不清，有时甚至会产生误解，因此一定要与客户进一步沟通，确定订单的内容并得到客户的确认，方可执行。

② 便笺方式的订单，通常是在比较紧急的情况下才会采用的方式。通常是常规的产品，内容更加简单，并且基本都是手写的。因此，要特别注意客户所表述的内容是否清楚、明确，如有疑问，要及时与客户联系并确认订单内容。

③ 口头订单常采用电话或谈话的方式表达订单的内容。通常在特别紧急，而且交货期比较紧、数量比较少的情况下才会使用。这是与织造企业非常熟识，并且是长期合作关系的情况下，最常采用的方式，通常以最后交货时的签收单作为订货的凭据。

三、订单评审的内容

1. 附件

订单的附件通常是指织物样板，以及组织图、花纹图、颜色样板、原料样板、质量标准等能够进一步说明订单要求的物品。

对附件的审定，要与订单的要求相结合，确定是否有错误或者是否全面，有疑问时要及时与客户沟通并落实。

2. 品种

订单要求的坯布品种有常规品种和特殊品种。通常是指坯布的组织与结构以及使用原料等方面的具体说明。

需要注意以下几方面：

① 特殊组织结构的坯布是否有能力生产，现有生产设备（即织机）是否能够织造，如果企业本身无此类织机，是否有其他协作单位帮助完成。

② 使用的原料是否容易购买，特殊原料品种是否需专门订制。订制原料的货期是否很长，是否超过订单要求的交货时间。

3. 价格

订单要求的交货价格是否合理，是否是双方达成的协议价格。对价格的评审要注意以下几方面：

① 价格是否包括其他的费用，如运输、包装、保险等费用，订单中是否对其他费用做出了明确规定。

② 单价金额是否合理，是否影响企业的效益。

③ 总金额是否有计算错误，是否有不同品种、不同价格相互混淆的情况，如果有错误应及时通知客户更正并确认。

4. 质量

对订单要求的质量进行评价，是否有不合理的要求或无法达到的要求。需注意以下几方面：

① 特殊的质量要求是否有明确的规定或参照的坯布样品。

② 是否有超出常规的质量要求，或现有技术能力均无法达到的质量要求。这种情况时有出现，特别是客户对纺织专业技术缺乏了解时，容易出现此类误解。应及时与客户沟通并耐心做出解释，以使客户接受并更正不合理的要求。

5. 交货期

交货期应限定在合理的范围之内。应注意以下几方面：

① 对常规品种的坯布产品，应核查是否有存货，这样可以实现尽快交货。

② 大宗订单，应采用分批交货的方式。

③ 特殊产品的交货期应适当延长。特别是对于使用特殊原料并需要试织的品种，应留有充分的试织时间。对需要特别订制的原料，即所谓的专纺纱线，要考虑专纺时间，在扣除原料专纺时间后，是否有充分时间进行织造生产。

6. 其他条件

订单其他条件的评审，主要包括对交货地点、结算方式、违约责任、运输包装等内容的审定。应注意以下几方面：

① 交货地点要明确，应提供交货地点的地址、联系人、联系方式等资料，通常，将此类资料附在附件中。对于织造生产企业，交货地点通常是指定的仓库或染整加工企业。

② 结算方式要在订单中明确规定，主要是指结算的币种和结算期限。通常，内销单是以人民币结算，外销单以外币结算。使用外币结算时，要特别注意汇率问题，应对外币结算的汇率有明确的规定和说明，或在确定价格时互相达成协议，以免因汇率变动而产生纠纷。

③ 违约责任是指双方不能正确或完全履行合同条款时所应担负的责任，在订单中应明确规定违约责任，事先界定双方所应承担的责任。

④ 运输包装方式应在订单中明确规定，尤其注意对坯布包装是否需要采取特殊的防护措施，以免在运输和搬运过程中造成损失。

四、订单评审的操作

审单应由负责人或部门主管负责，对所需审定的内容逐一校对，并需明确说明审定结果。审单时要充分考虑企业现有的资源（包括人力、物力、财力、生产能力、技术水平等方面）以及其他可以利用的资源，做出最终的决定。不可强求，但也不应轻易放弃，否则都会造成不必要的损失。

第三节　样品试制跟单管理

订单评审结束后，由部门主管安排订单的实施，这时跟单人员开始进入实质的跟单工作。对于织造生产企业，在订单实施过程中，有许多工作要做，需要跟单员进行实际的操作、协调、管理、汇总，最终目的是能够顺利完成订单。

进入实质织造生产阶段，跟单工作内容以及跟单的程序根据订单对产品规格、质量要求的不同，通常会有以下两种情况：

第一，对于新品种或以前未曾生产的产品、仿样加工的品种，需经过试织、送样、确认等过程，才能进入正式的批量织造生产。

第二，对于常规产品、曾经生产过的产品及客户来料加工的产品，可直接进入正式的批量生产，省去试织、送样等过程，相对第一种情况要简单一些。

第一种情况包括了第二种情况的所有工作内容。因此在本书中，以第一种情况的跟单工作内容进行阐述。

订单实施过程中的跟单工作，包括以下几方面：

- 订单资料档案的建立。
- 产品试织过程的跟单工作。
- 产品检验标准的制订。
- 生产过程中的跟单工作。
- 产品验收交付的跟单工作。
- 完成订单后的跟单工作。

下面对部分跟单工作的程序、内容及方法做详细阐述。

一、订单资料档案的建立

建立订单资料档案，是跟单工作的第一步，即对某一订单的各类有关资料进行汇总、保存和管理。通过这一工作，可以使订单的实施更加明确化、条理化，并可与其他订单相互区分，避免混淆，使跟单过程中逐渐增加的各类资料，得到完整、准确和清晰的存放和保管，以便随时查阅，使跟单工作更加有序，信息传递更及时。

1. 建立客户档案

(1) 建立客户档案的目的

① 方便与客户沟通，尤其重要的是与客户的跟单人员进行沟通。

② 经常与客户保持联系，及时了解客户的下单和需求情况。

③ 及时了解客户的意见和建议，以便改进工作，提高质量。

④ 提供更好、更优质的服务。

⑤ 发生经济纠纷时，容易查找。

(2) 客户资料的内容

客户资料应包括名称、地址、法人代表、主管人员姓名、跟单联系人姓名、联系方式、开户银行、账号、税务登记号等。可采用客户登记表的形式建立客户档案。

(3) 客户资料格式

如表2-2所示。

2. 建立资料夹

建立资料夹，以便于跟单工作中有关文件、资料的存放，并且容易与其他订单区分，便于查找。

资料夹通常用纸制或塑料文件夹，要坚固耐用。资料夹要做出明显的标识，注明客户的名称和订单编号，以方便查阅。

3. 编制订单号

订单号也称单号，是跟单工作中非常重要的一个标识信息。单号通常有客户单号和织造企业的内部单号之分。单号一经确定，不可轻易更改。在跟单过程中，单号是最常用的信息，单号可以简明扼要地表示出订单的类别。从订单开始实施一直到订单完成，单号始终贯穿在跟单工作的过程中，并且会标识于订单的各类资料中，它可以使跟单工作更加清晰、有序。

表 2-2　客户登记表

建立时间：　　　　　　　　　　　　　　　　　　资料编号：

名称（中、英文）：			
地址（中、英文）：			
电话（Tel）：		传真（Fax）：	
网址（http）：		E-mail：	
法人代表：	电话：	手机：	E-mail：
主管人员：	电话：	手机：	E-mail：
跟单人员：	电话：	手机：	E-mail：
开户银行：			
账号：			
税务登记号：			
备注：			

编制单号有许多方法，但必须明确，能够代表不同客户的不同订单。单号不可重复，而且要容易记忆。

单号通常由字母和数字组成，用字母表示不同的客户，可以简单明确地区分不同客户，数字可以表示同一客户的不同订单。有时也可以直接使用客户的单号标识订单。

通常将单号与客户简称标识在资料夹封面上，要醒目、清楚、正确，便于识别。

标识客户名称和单号的资料夹，就形成一个跟单档案，其中将存放此张订单在整个实施过程中的所有跟单资料，便于跟单员在工作中保管、存放和携带跟单资料，使跟单工作能够有序、顺利地开展。

二、产品试织过程的跟单工作

产品试织过程就是新产品的开发过程。

对新产品、未曾生产过的产品、仿样生产的产品，需要预先试织，试织生产要达到下列目的：

① 通过研制、试织、开发的过程，积累实践经验。

② 探讨出切实可行的织造生产工艺，并能够在大批量生产时保证产品质量，提高生产效率。

③ 将试织符合订单要求的样品，交客户批复，以得到客户的确认。

④ 通过试生产，使自身增加技术储备，提高开发能力和技术水平。

⑤ 通过订单的完成，使企业提高适应能力，能够多品种、小批量、快节奏地适应市场的需求。

在产品开发过程中，跟单人员要随时了解试织开发的进程并参与到开发的过程中，以提高自身的专业技术水平。还可以更加细致地了解开发过程中所出现的问题和解决的措施，以便在与客户沟通时，可以更好地回复客户提出的各种疑问。

新产品开发的过程和程序：

充分了解订单的技术要求 → 分析样品、确定工艺 → 工艺设计、计算用料 → 试织样品、送交客户

1. 充分了解订单的技术要求

① 明确订单中所列出的织物品种、使用原料、组织结构、坯布规格、质量要求等内容，以便能够快速、准确地确定生产工艺，及时完成试织样品，交给客户确认。

② 对于订单中未列清楚的技术要求，要及时与客户沟通，确定客户的要求。

③ 对于客户订单所附带的标准实物样品、组织结构图、花纹图案等技术资料，跟单人员应在第一时间将这些资料交与生产技术部门，及时加以分析，为工艺设计打好基础。在技术资料传递过程中，跟单人员要做好记录，并将完整的资料原件附在跟单档案中，作为原始资料进行保管。技术资料要做明确的单号标识，以免造成混淆。

④ 技术资料要完整，织物的组织图、花型图以及织物样品，要有完整的组织循环。对这点一定要特别留意。如果技术资料不完整，将无法进行工艺设计，甚至织造出的产品达不到客户的要求。因此，这类技术资料必须具备以下条件：

- 组织图：必须有两个以上的组织循环。
- 花型图：至少有一个完整的花型图案。
- 织物实样：必须有足够大的样品，能够分析出所需要的技术信息。通常针织物、机织物坯布，应至少有 15 cm × 15 cm 的面积，成形织物应该有整件衣片。对有图案的彩色或素色提花织物以及彩条织物，至少应该有一个完整的花型图案循环。

2. 分析样品，确定工艺

分析样品可以进一步了解织物的技术参数，并依据这些参数进行织造工艺的设计。

通常对样品进行下列几方面的分析：

(1) 纱线原料的成份

在客户的订单中，通常会列出织物的原料成份和规格，通过样品分析可以进一步得到确定，对多种原料混织的织物，要确定其各自的比例。

分析纱线原料的方法：

① 观察法：首先仔细观察织物，辨别组成织物的纱线形态。

② 拆解法：从样品织物的边缘，小心拆解出纱线进行观察。

③ 燃烧法：将拆解出的纱线进行燃烧辨别。

通过上述方法不能确定原料成份的情况下，如果具备条件可以采用其他方法或求助于专门的检验机构进行进一步分析。

(2) 纱线原料的规格

原料的规格，主要是指纱线的粗细和捻向。

① 称重法：拆解出纱线后，截取一定的长度进行称重，得出数据后，根据纱线支数的换算关系，计算出纱线的支数。

② 解捻法:将拆解出的纱线进行解捻。用两手的拇指和食指捏握纱线的两端,右手的拇指向里捻动纱线,观察纱线的解捻情况。当纱线解捻,则表示为 S 捻纱,若纱线加捻,则表示为 Z 捻纱。如果拆出的纱线在极短的时间内有退捻现象,则是强(高)捻度的纱。

(3) 织物的规格

织物规格分析,通常要确定以下几方面的技术参数:

① 针织物:平方米克重、线圈密度、线圈长度(纱长)、拉伸密度等。

② 机织物:经向纬向密度、经纱纬纱捻度、经纱纬纱的织缩率、平方米克重、每米长度的克重等。

(4) 织物的组织

通过拆解或放大镜观察等方法,分析出织物的组织结构,以便确定织造工艺和织机类型。

(5) 其他分析

特指对机织物退浆处理的分析。通常织造机织物,需要对经纱进行上浆处理。客户提供了织物样品,如果是原坯织物,通常是未退浆的织物,应进行退浆处理后再进行分析,以便能够得出更加准确的技术参数。尤其是织物的克重和纱线的细度,退浆与否,得出的技术参数是有一定差距的。

3. 工艺设计,计算用料

在充分了解订单的技术要求和对样品进行技术分析的基础上,依据分析得出的技术参数,进行织造工艺设计。

工艺设计通常是由织造企业的生产技术部门完成的,涉及许多方面的纺织专业知识。

如果客户在订单中没有规定具体的织物规格要求,跟单员应及时与客户沟通。特殊情况下,客户只能提供织物的成份、用途、含糊的种类(如针织物、机织物),而没有更详细的技术资料,此时最简单的做法是把现有的织物样品提供给客户,使客户从中选出满意的产品,可以直接投入生产。如果客户没有选中现有的样品,应根据客户有限的技术要求,多设计几套生产工艺方案,并织造出样品供其选择。因此,对于织造企业,收集整理产品实物样品是十分必要的,也是非常有益处的。通常企业应建立自己的样品资料室,以应对客户的要求。

通常由生产技术部门,根据订单的数量、织物组织结构和使用比例,计算出原料的使用量,交给跟单人员,进行原料的订购。

织造工艺设计,包括织物组织设计和上机工艺设计两大部分。针织物和机织物的许多技术参数和表达方式是不同的。现将织造工艺设计的内容,以织物组织工艺单和上机工艺单的形式罗列出来,以供参考,见表 2-3 ~ 表 2-7。企业可以根据自己的实际情况确定格式,但下列参考格式中的内容和项目是通用的。

表 2-3 针织生产工艺单(纬编)

<table>
<tr><td colspan="9">生产单号：
客户单号：
生产加工单位：</td></tr>
<tr><td colspan="2">坯布名称</td><td colspan="7"></td></tr>
<tr><td colspan="2">使用原料</td><td colspan="7"></td></tr>
<tr><td colspan="2">坯布规格</td><td>定重</td><td colspan="2">g/m²</td><td colspan="2">幅宽</td><td colspan="2">英寸 cm</td></tr>
<tr><td colspan="2">成品规格</td><td>定重</td><td colspan="2">g/m²</td><td colspan="2">幅宽</td><td colspan="2">英寸 cm</td></tr>
<tr><td colspan="2">机型</td><td>型号</td><td></td><td>筒径</td><td>英寸</td><td>机号</td><td>G</td><td>路数 路</td></tr>
<tr><td colspan="2">交货期限</td><td colspan="3"></td><td colspan="2">交货地点</td><td colspan="2"></td></tr>
<tr><td rowspan="2">原料用量</td><td>品种</td><td colspan="4">kg(磅)</td><td colspan="2">织损率(%)</td><td></td></tr>
<tr><td>品种</td><td colspan="4">kg(磅)</td><td colspan="2">织损率(%)</td><td></td></tr>
<tr><td colspan="2">计划生产数量</td><td colspan="3">kg(磅)</td><td>实际生产数量</td><td colspan="3">kg(磅)</td></tr>
<tr><td rowspan="2">交货记录</td><td>时间</td><td colspan="2"></td><td>数量</td><td colspan="2">kg(磅)</td><td>地点</td><td></td></tr>
<tr><td>时间</td><td colspan="2"></td><td>数量</td><td colspan="2">kg(磅)</td><td>地点</td><td></td></tr>
<tr><td colspan="9">编织图、三角排列图、穿纱图</td></tr>
<tr><td colspan="3">花型意匠图</td><td colspan="3">织物样品</td><td colspan="3">备注：

年 月 日</td></tr>
</table>

总工程师： 生产技术主管： 跟单员：

表 2-4 针织生产工艺单(经编)

<table>
<tr><td colspan="5">生产单号:
客户单号:
生产加工单位:</td></tr>
<tr><td>坯布名称</td><td colspan="4"></td></tr>
<tr><td>机型</td><td colspan="2"></td><td>机速(r/min)</td><td></td></tr>
<tr><td>机号</td><td colspan="2"></td><td>生产定额</td><td></td></tr>
<tr><td>计划生产数量(m)</td><td colspan="2"></td><td>实际生产数量(m)</td><td></td></tr>
<tr><td>交货期限</td><td colspan="2"></td><td>交货地点</td><td></td></tr>
<tr><td colspan="5">织 布 规 格</td></tr>
<tr><td>幅宽(cm)</td><td>机上</td><td></td><td>成品</td><td></td></tr>
<tr><td>纵密(横列/10mm)</td><td>机上</td><td></td><td>成品</td><td></td></tr>
<tr><td>每匹布长(m)</td><td>机上</td><td></td><td>成品</td><td></td></tr>
<tr><td>定重(g/m²)</td><td>机上</td><td></td><td>成品</td><td></td></tr>
<tr><td colspan="5">原 料 配 置</td></tr>
<tr><td>梳栉
项目</td><td>L1</td><td>L2</td><td>L3</td><td>L4</td></tr>
<tr><td>原料名称</td><td></td><td></td><td></td><td></td></tr>
<tr><td>原料规格</td><td></td><td></td><td></td><td></td></tr>
<tr><td>穿纱方式</td><td></td><td></td><td></td><td></td></tr>
<tr><td>对纱位置</td><td></td><td></td><td></td><td></td></tr>
<tr><td>线圈长度</td><td></td><td></td><td></td><td></td></tr>
<tr><td>送经比例</td><td></td><td></td><td></td><td></td></tr>
<tr><td>经纱总位置数</td><td colspan="2"></td><td>经纱总根数</td><td></td></tr>
<tr><td>工作总针数</td><td colspan="2"></td><td>定型幅宽参数(%)</td><td></td></tr>
<tr><td>定长送经指示位置</td><td></td><td colspan="2">牵拉卷取变换齿轮(A/B)</td><td></td></tr>
<tr><td>原料用量(%)</td><td>L1:</td><td>L2:</td><td>L3:</td><td>L4:</td></tr>
<tr><td rowspan="4">垫纱记录</td><td colspan="4">L1:</td></tr>
<tr><td colspan="4">L2:</td></tr>
<tr><td colspan="4">L3:</td></tr>
<tr><td colspan="4">L4:</td></tr>
<tr><td colspan="2">垫纱记录</td><td colspan="2">织物样品</td><td>备注:

年 月 日</td></tr>
</table>

总工程师: 生产技术主管: 跟单员:

表 2-5　经编整经工艺单

<table>
<tr><td colspan="5">生产单号：
客户单号：
生产加工单位：</td></tr>
<tr><td>坯布名称</td><td colspan="4"></td></tr>
<tr><td>机　型</td><td></td><td>机速（m/min）</td><td colspan="2"></td></tr>
<tr><td>轴　次</td><td></td><td>生产定额</td><td colspan="2"></td></tr>
<tr><td colspan="5">原　料　配　置</td></tr>
<tr><td>梳栉
项目</td><td>L1</td><td>L2</td><td>L3</td><td>L4</td></tr>
<tr><td>原料名称</td><td></td><td></td><td></td><td></td></tr>
<tr><td>原料规格</td><td></td><td></td><td></td><td></td></tr>
<tr><td>盘头数</td><td></td><td></td><td></td><td></td></tr>
<tr><td>每个盘头纱线根数</td><td></td><td></td><td></td><td></td></tr>
<tr><td>每个盘头总位置数</td><td></td><td></td><td></td><td></td></tr>
<tr><td>穿纱方式</td><td></td><td></td><td></td><td></td></tr>
<tr><td>每匹布纱长（m）</td><td></td><td></td><td></td><td></td></tr>
<tr><td>每个盘头总匹数</td><td></td><td></td><td></td><td></td></tr>
<tr><td>每个盘头纱线总长（m）</td><td></td><td></td><td></td><td></td></tr>
<tr><td>纱线张力</td><td></td><td></td><td></td><td></td></tr>
<tr><td colspan="4" rowspan="2">绕纱记录</td><td>备注：</td></tr>
<tr><td>年　月　日</td></tr>
</table>

总工程师：　　　　　　生产技术主管：　　　　　　跟单员：

表 2-6　机织生产工艺单

<table>
<tr><td colspan="10">客户：
订单号：
生产单号：　　　　年　月　日</td></tr>
<tr><td colspan="10">坯布名称：</td></tr>
<tr><td rowspan="4">使用原料</td><td colspan="2">原料名称与比例(%)</td><td colspan="2">经纱</td><td colspan="2"></td><td>纬纱</td><td colspan="2"></td></tr>
<tr><td colspan="2">纱线细度</td><td colspan="2">经纱</td><td colspan="2"></td><td>纬纱</td><td colspan="2"></td></tr>
<tr><td colspan="2">捻系数与捻向</td><td colspan="2">经纱</td><td colspan="2"></td><td>纬纱</td><td colspan="2"></td></tr>
<tr><td colspan="2">标准干重(g/100m)</td><td colspan="2">经纱</td><td colspan="2"></td><td>纬纱</td><td colspan="2"></td></tr>
<tr><td rowspan="10">织物规格</td><td rowspan="2">织物组织结构</td><td colspan="2">地组织</td><td colspan="2"></td><td colspan="2">平方米无浆干重</td><td>g</td><td></td></tr>
<tr><td colspan="2">边组织</td><td colspan="2"></td><td colspan="2" rowspan="3">织物紧度(%)</td><td>经向</td><td></td></tr>
<tr><td>幅宽</td><td colspan="2">cm</td><td colspan="2"></td><td>纬向</td><td></td></tr>
<tr><td>匹长</td><td colspan="2">m</td><td colspan="2"></td><td>总紧度</td><td></td></tr>
<tr><td>总经根数</td><td colspan="2">根</td><td colspan="2"></td><td colspan="2">经纱缩率</td><td>%</td><td></td></tr>
<tr><td>其中边纱数</td><td colspan="2">根</td><td colspan="2"></td><td colspan="2">纬纱缩率</td><td>%</td><td></td></tr>
<tr><td rowspan="2">密度(根/10cm)</td><td colspan="2">经向</td><td colspan="2"></td><td colspan="2">棉杂疵点格律</td><td>%</td><td></td></tr>
<tr><td colspan="2">纬向</td><td colspan="2"></td><td colspan="2" rowspan="3">用纱量(kg/100m)</td><td>经纱</td><td></td></tr>
<tr><td rowspan="2">断裂强度
(N/5×20cm)</td><td colspan="2">经向</td><td colspan="2"></td><td>纬纱</td><td></td></tr>
<tr><td colspan="2">纬向</td><td colspan="2"></td><td>合计</td><td></td></tr>
<tr><td rowspan="7">穿经工艺</td><td>筘号</td><td colspan="4"></td><td colspan="2" rowspan="2">穿综顺序</td><td>地组织</td><td></td></tr>
<tr><td>筘幅</td><td colspan="2">cm</td><td colspan="2"></td><td>边组织</td><td></td></tr>
<tr><td>钢筘</td><td colspan="2">L×H</td><td colspan="2"></td><td colspan="3">综框数(页数×列数)</td><td></td></tr>
<tr><td>综丝规格</td><td colspan="4"></td><td colspan="2" rowspan="2">每综穿入数</td><td>地组织</td><td></td></tr>
<tr><td>停经片规格</td><td colspan="2">G×L</td><td colspan="2"></td><td>边组织</td><td></td></tr>
<tr><td rowspan="2">每筘穿入
纱数(根)</td><td colspan="2">地组织</td><td colspan="2"></td><td colspan="2" rowspan="2">停经片</td><td>列数</td><td></td></tr>
<tr><td colspan="2">边组织</td><td colspan="2"></td><td>穿法</td><td></td></tr>
<tr><td rowspan="14">织布上机工艺</td><td>织机类型</td><td colspan="4"></td><td colspan="2">后页至六角杆距离</td><td>mm</td><td></td></tr>
<tr><td>织机幅宽</td><td colspan="2">mm</td><td colspan="2"></td><td colspan="2">边撑位置</td><td>mm</td><td></td></tr>
<tr><td>织机转数</td><td colspan="2">r/min</td><td colspan="2"></td><td colspan="2">托布架高度</td><td>mm</td><td></td></tr>
<tr><td colspan="3">标准牙×变换牙(齿数)</td><td colspan="2"></td><td colspan="3">边撑形式</td><td></td></tr>
<tr><td colspan="3">A×B×C×D(齿数)</td><td colspan="2"></td><td colspan="2">张力重锤</td><td>只×kg</td><td></td></tr>
<tr><td rowspan="2">投梭动程
(mm)</td><td colspan="2">开关侧</td><td colspan="2"></td><td colspan="3">扭力</td><td></td></tr>
<tr><td colspan="2">换梭侧</td><td colspan="2"></td><td colspan="3">开口形式</td><td></td></tr>
<tr><td rowspan="2">投梭时间
(mm)</td><td colspan="2">开关侧</td><td colspan="2"></td><td colspan="3">加边位置形式</td><td></td></tr>
<tr><td colspan="2">换梭侧</td><td colspan="2"></td><td colspan="2">吊综轴位置</td><td>mm</td><td></td></tr>
<tr><td rowspan="2">开口时间</td><td colspan="2">地经</td><td colspan="2"></td><td colspan="2">踏杆位置</td><td>档</td><td></td></tr>
<tr><td colspan="2">边纱</td><td colspan="2"></td><td colspan="2">开口动程</td><td>档</td><td></td></tr>
<tr><td rowspan="2">后梁位置
(mm)</td><td colspan="2">高低</td><td colspan="2"></td><td colspan="3">落布匹数</td><td></td></tr>
<tr><td colspan="2">前后</td><td colspan="2"></td><td colspan="3">入纬数</td><td></td></tr>
<tr><td>停经架(mm)</td><td colspan="2">高低</td><td colspan="2"></td><td colspan="2">机上布幅宽度</td><td>mm</td><td></td></tr>
</table>

总工程师：　　　　生产技术主管：　　　　跟单员：

表 2-7 机织整经、浆纱工艺单

客户：

订单号：

生产单号： 年 月 日

坯布名称：

工艺	项目	单位	数值	工艺	项目		数值
整经工艺	整经机型			浆纱工艺	浆纱机型		
	滚筒转速	r/min			机速(r/min)		
	经纱线速度	m/min			压浆辊形式		
	整经根数	根			第Ⅰ压浆辊压力		
	合并轴数	个			第Ⅱ压浆辊压力	速度(r/min)	
	整经长度	m				低压	
	张力圈质量	g				高压	
	张力	档			湿绞棒根数(根)		
	压力刻度				上浆率（%）		
调浆工艺	调浆成份				回潮率（%）		
					伸长率（%）		
					引纱辊压力		
					退绕张力		
					送经张力		
					湿区张力		
					干区张力		
					卷绕张力		
					压纱辊压力		
					墨印长度（m）		
	浆液体积	cm^3			墨印颜色		
	固体量	%			织轴轴幅(mm)		
	煮浆时间	h			每轴匹数		
	定浓温度	℃			每缸数量		
	浓度	°Be			每缸总匹数		
	粘度	s			浆槽温度（℃）		
	酸碱度	pH 值			浆液粘度（s）		
	供浆温度	℃			后上蜡（%）		

备注：

总工程师： 生产技术主管： 跟单员：

4. 样品试织及评审

经过订单分析、工艺设计等准备工作后，应以最快的时间试织出样品，报送客户。在这一过程中最关键的是时间和效率。

按已设计好的织造工艺进行织造。上机织造是否顺利，与工艺设计的好坏有很大的关系，通常在工艺设计时要充分考虑上机织造时可能遇到的问题。要事先做好预案，争取上机织造一步成功，试织出客户满意的产品。在这一过程中，跟单员要对试织样品的质量进行监控和了解，以便与客户沟通时有充分的准备。

样品在试织完成后，应进行评审，包括内部评审和客户评审。

(1) 内部评审

是指织造企业内部，先对样品进行评定，看是否达到客户订单的要求。

① 评审的内容：

- 织物的组织结构。
- 织物的规格，包括平方米克重、幅宽、密度、纱长等。
- 原料，包括原料成份、支数、品质等。
- 布面风格，包括布面疵点、手感、光泽、弹性等。
- 织造工艺，包括工艺设计是否正确合理。

② 评审结果：

- 评审通过：可以送交客户进行确认。
- 评审未通过：重新设计工艺，并重新试织。

③ 参与评审的人员：

- 企业的总工程师。
- 技术主管。
- 生产主管。
- 设备主管。

④ 评审记录：

评审过程中，跟单人员要做详细的记录，填制评审记录单，作为样品是否报送客户的依据。

评审记录单可参考表2-8。

表2-8 样品评审单 年 月 日

客户名称		订单号	
样品名称		样品编号	
评审项目	评审意见	评审结果	
织物组织结构			
织物的规格			
原料			
布面风格			
织造工艺			
评审最终结果	□合格，可报送客户；□不合格，重试		
备 注：在此单中的□做标记，合格打 √，不合格打 ×			

总工程师： 技术主管： 跟单员：

(2) 客户评审

是指将织物样品报送客户后,由客户做出最终确认。如果客户确认合格,应尽快组织批量生产。样品的报送工作由跟单员完成。

(3) 样品报送

试织出的小样评审合格后,应尽快报送客户,跟单员要进行以下的跟单工作。

① 样品的采集:取样工作是很重要的,样品代表着企业技术和质量水平的高低,样品做得好,会增加客户的信心,以后的合作关系会更加稳固。因此,报送样品应符合下列要求:

- 按坯布经向至少 1 m 长度,整幅剪取,特殊情况下,可能客户要求的量更多一些。如果需进行染色试验,通常机织布需要 5 ~ 15 m 的样品,针织布需要 3 ~ 5 kg 的样品。
- 剪取坯布样品时,剪口要平直、整齐,布面干净、平整,不允许出现剪口歪斜不齐,布面有疵点、污渍等现象。

② 样品的包装:对剪好的样品坯布,整齐折叠成适当的大小,包装要整齐、牢固、防水、防污。

③ 样品的标识:样品的标识很重要,如果同时送多个样品,标识一定要清楚、准确、容易区分。需要标识的内容应包括:订单号、品名、客户名称、纱支、数量、颜色、规格、尺寸、克重等内容。可以用记号笔直接标注在样品的边角处,字迹要清楚、工整、易于辨认。通常情况下,应使用样品卡,将需要标识的内容填在样品卡内,并贴于样品的边角处。样品卡通常用不干胶印刷贴纸,方便填写,并粘贴牢固,样品卡不易过大,一般有 12 cm × 10 cm 即可。

样品卡参考格式见表 2-9。

表 2-9 样品卡

<table>
<tr><td colspan="4">×××公司(织造厂)</td></tr>
<tr><td colspan="2">电话:</td><td colspan="2">传真:</td></tr>
<tr><td>客户</td><td colspan="3"></td></tr>
<tr><td>单号(货号)</td><td colspan="3"></td></tr>
<tr><td>品种</td><td colspan="3"></td></tr>
<tr><td>原料</td><td colspan="3"></td></tr>
<tr><td>规格(g/m²)</td><td></td><td>幅宽(y)</td><td></td></tr>
<tr><td>颜色</td><td></td><td>色号</td><td></td></tr>
<tr><td>样品数量</td><td colspan="3"></td></tr>
<tr><td>送样时间</td><td colspan="3">年 月 日</td></tr>
<tr><td colspan="4">备注:</td></tr>
</table>

④ 样品的递送:样品准备好以后,可以进行递送,要填制样品递送单并与样品附在一起递送。样品递送单应一式两份,跟单人员应保留一份作为送样记录。填制好的样品递送单应在第一时间用传真或 E-mail 的形式通知客户,以使客户留意查收。

样品可通过速递、邮寄、空运、直接送样等方式以最快的速度送交给客户。

样品递送单可参考表2-10。

表2-10　样品递送单

×××公司(织造厂)

地址：　　　　　　　　　　　　　　　　　　　　　邮编：

电话：　　　　　　　　传真：　　　　　　　　　E-mail：

致：×××实业有限公司(客户名称)

兹于　　年　　月　　日将下列样品递送与贵公司,请查收,并请回复!

订单号	样品名称	规格		颜色		数量	客户批复
		克重	幅宽	色名	色号		
备注：							

填表人：　　　　　　　　　　　　　　　递送人：　　　　　　　　　　年　　月　　日

(4)结果催问

样品报送后,要及时了解客户确认的结果,通常跟单员可通过电话或传真的方式主动与客户联系,以便尽快得到客户的回复。

三、产品检验标准的制订

对于新产品,在没有可引用标准的情况下,需要制订产品的检验标准。产品检验标准的制订应充分考虑客户的质量要求以及国家或行业标准的有关要求,制订出的标准称为企业标准。

1. 标准的表示

标准通常是有编号的,以方便查询和引用,标准的编号方法为:标准代码/标准性质××××年。

例如:GB/T 4666—1995

GB——国家标准

T——检验测试

4666——标准的编号

1995——标准颁布的年份

这一标准号表示:"机织物长度的测定"1995年颁布的国家标准。

2. 标准的内容

① 前言:标准的说明及更改。

② 范围:说明了标准的适用范围。

③ 引用标准:说明了标准中所引用的其他单项标准。

④ 产品品种规格:通常是按客户的要求。

⑤ 技术要求:规定了产品检验方法和评定标准。

⑥ 布面疵点评分:规定了评分方法。

⑦ 试验方法:规定了产品指标的检测方法。

⑧ 检验规则。

⑨ 标志,包装。

⑩ 其他。

企业标准由企业内的技术部门制订。关键是对产品(坯布)的内在质量和外观质量两方面做出具体而明确的规定,并以此为标准进行产品的检验。通常情况下,重点是对坯布的外观质量,即疵点进行明确的规定,并制订评判方法和分级方法,以保证产品检验能够达到要求。

3. 实例

现举两个标准的实例,供参考。

① 中华人民共和国纺织行业标准《FZ/T 13007—2008 色织棉布》,规定了色织棉布的质量要求,属质量标准。

② 中华人民共和国纺织行业标准《FZ/T 10006—2008 棉及化纤纯纺、混纺本色布棉结杂质疵点格率检验》,规定了坯布棉结杂质的检验方法,属检验标准。

第四节 面料织造生产过程跟单

生产过程中的跟单工作,是跟单操作流程中的重要过程,在这一过程中,跟单的工作量最大,跟单的环节也较多。生产过程中的跟单一定要细心,要有效率,而且操作要准确,尽量避免出现差错。在这一过程中,跟单的主要工作内容有下列几项:

- 生产计划的制订与操作。
- 生产计划的安排。
- 订购原料。
- 生产计划实施。
- 生产跟进。

一、生产计划的制订与操作

生产计划的制订是订单实施过程中的关键,通常是由上级主管根据客户订单数量、质量、交货期的要求,制订生产计划,由跟单人员具体操作实施。生产计划通常有两种,一种是生产总计划,一种是每个订单的生产计划。

1. 生产总计划

生产总计划由部门主管根据订单的情况进行编制。编制总计划时,要充分考虑所有订单的情况,既要相互兼顾,又要保证每个订单的交货时间,根据织造企业本身的生产能力,合理统筹安排。还可以考虑通过其他织造厂的协作共同完成订单。通常的原则是:订单数量小,货期紧急的要优先安排;订单数量大,交货期长的可以稍后安排;订单数量大,交货期短的可以将其中的部分产品交由协助厂家生产,即所谓发外加工,以保证订单在要求的交货期内足量交货。

外发加工是企业在限定的时间内无法完成产量时所采用的办法。外发加工通常会增加成本。一般情况下,应在充分发挥本企业生产能力的条件下,尽量减少外发加工的数量。

生产总计划的安排,要统筹兼顾,考虑全局,既能使客户满意,又可以使本企业的生产正常进行。

制订生产计划,以及所要编制的内容,可参考表2-11。

计划表应一式几份,根据企业的实际情况,分别送交有关人员和有关部门,如总经理、生产主管、财务部门、跟单员等。

生产总计划表一经排定,轻易不得更改,否则会打乱整个生产安排,容易造成差错或损失。对于临时增加的订单,在条件允许的情况下,可以做出及时适当的调整,既使企业保证客源,又可使生产正常进行。

2. 订单计划

每一订单的生产计划,由跟单人员根据总计划表的要求自行制订。订单计划的制订,要明确、清晰,既可保证订单的顺利实施,又使跟单工作方便有序,可操作性强。

订单计划的制订,可以采用订单计划表的形式,方便查阅。通常订单计划表的主要内容有:

- 订单号:按订单资料档案编号。
- 品种:明确表示坯布的种类、织组结构。
- 使用原料:原料成份、支数。
- 产品规格:平方米克重、幅宽、经纬密度等。
- 加工费用:需预先确定。
- 原料损耗:规定原料的损耗率。
- 原料用量:按损耗率折算出原料用量。
- 交货期限:按订单要求的期限。通常在实际运作中,最好比客户要求的限期提前少许,以防意外情况发生时有一定的补救时间。

可参考表2-12的格式(可用于针织、机织生产)制订定单。

表2－11　　年　月生产总计划表

客户	单号	品种	数量	交货期	本企业生产量	外发加工			跟单员
						加工厂家	数量	交货期	
备　注：									

总经理：　　　　生产主管：　　　　填表：　　　　年　　月　　日

表 2-12　订单生产计划表

<table>
<tr><td colspan="4">客户：
订单号：　　　　　　　　　　　　　　　　　　　　　　　　　年　　月　　日</td></tr>
<tr><td>品种</td><td colspan="3"></td></tr>
<tr><td>规格</td><td colspan="3"></td></tr>
<tr><td>使用原料</td><td></td><td>损耗率(%)</td><td></td></tr>
<tr><td>订货数量</td><td></td><td>交货期</td><td></td></tr>
<tr><td>加工费</td><td colspan="3"></td></tr>
<tr><td>生产单位</td><td>生产数量</td><td>调拨原料数量</td><td>生产时间安排</td></tr>
<tr><td></td><td></td><td></td><td></td></tr>
<tr><td></td><td></td><td></td><td></td></tr>
<tr><td></td><td></td><td></td><td></td></tr>
<tr><td></td><td></td><td></td><td></td></tr>
<tr><td colspan="4">备注：</td></tr>
</table>

主管：　　　　　　　　　　　　　　制单：　　　　　　　　　　　　　　跟单员：

二、生产计划的安排

制订生产计划后，应立即将计划安排给生产部门或加工厂家。在这一过程中，跟单员应做的工作有：

① 确认计划表的内容是否清楚明白，有疑问时要及时解释清楚或加以调整。

② 确认正式投产时间以及在要求的交货期内是否可以完成。

③ 确认原料运输、送交、提取等环节的操作，安排运输工具及交接方式等。

④ 确定交货方式及时间，如分批交货、一次性交货，每次交货的时间安排等。

⑤ 记录好生产计划的安排结果并以此作为操作依据，并报呈上级主管。

三、订购原料

原料订购通常由主管人员进行操作，跟单人员进行联络跟进，安排运输交接等实际操作工作。订购原料有两种类型，即常规品种的原料和特殊品种的原料。

1. 原料供应商的选择

在订购原料时，要通过市场调查，了解原料市场的情况，选择合适的并能够长期稳定合作的供应商。选择供应商时，应考虑下列因素：

① 生产能力:产量的大小。

② 供货能力:供货效率,服务水平。

③ 品种:品种种类,可供选择的品种数量。

④ 产品质量:质量稳定性、特色品种、产品的质量水平。

⑤ 经营的灵活性。

⑥ 产品的价格水平。

⑦ 产品的性价比。

应确保至少有2~3家稳定的供应商,建立长期稳定的合作关系。跟单人员要经常与供应商保持联系,及时了解原料市场的变化。也要把本企业的需求和对其产品的使用情况及时通报供应商,以便其进一步改善质量和服务,使合作关系更加稳定。当然,双方要建立良好的信誉和相互信任的关系是最重要的。

跟单人员要建立供应商资料档案,以方便查询和沟通。通常原料供应商的资料应包括名称、地址、产品种类、生产能力等方面,可参考表2-13。

表2-13　原料供应商登记表

建立时间:　　　　　　　　　　　　　　　　　　　　资料编号:

名称					
地址				邮编	
电话		传真		E-mail	
联系人		职务		手机	
联系人		职务		手机	
开户银行			账号		
供应商概况: 生产能力: 产品种类: 特色产品:					
备注:					

2. 常规品种原料的订购

经常使用的常规品种,要有一定的储备量,以备不时之需。通常订购常规品种的原料时,数量比较多,批量大,要根据库存量的情况酌情订购。

① 由跟单员草拟订购合同(可参考表2-1的格式),经由主管人员审核批准后进行实施。

② 对于长期合作的供应商,可以采用其他的方式,如传真、电话等形式,通知供应商并确定订单,如果是以非文本形式下订单,应及时补文本订单交供应商。

3. 非常规品种原料的订购

对于不常用的纱线,应根据订单的使用量订购,订购的数量应满足订单的使用,不可过多,也不可数量不足。

对于无法购买到的纱线品种，应选择生产能力强、质量信誉好的原料供应商专门纺制，专纺线纱通常需要较长的时间，跟单员应重点跟进下列几项内容：

① 草拟专纺订单，并通知专纺生产供应商。

② 制订专纺纱线的技术指标，这一工作通常是由技术部门完成，并由跟单人员通知供应商。

③ 专纺纱线的技术指标应包括纱支、捻度、捻向、断裂强度、Uster 条干指标、棉结、杂质数量、粗节和细节数量等主要内容。可参考与所需专纺纱线相近似的常规纱线品种的技术指标，制订专纺纱线的品质要求。

④ 确定专纺时间和交货期限。专纺纱线的交货期，要比坯布订单的交货期提前足够的时间，以保证有充分的时间进行织造生产。

⑤ 跟进专纺纱线的生产进度，确保在要求的时间内交货。

4. 原料纱线质量的确认

纱线的质量会因纺纱原料的批次不同而出现不同，造成纱线质量出现波动。因此无论是常规品种还是特殊品种的纱线，应进行质量确认。不同的纱线生产厂商、不同的纱线批次以及不同价位的纱线，其质量千差万别，因此要根据坯布订单的要求，有选择地订购原料。

① 要求供应商提供纱线样品并对样品进行评审，当有下列情况时应对纱线质量进行再次确认。

- 纱线批次变化。
- 更换不同供应商的原料。
- 特殊品种的纱线。
- 未曾使用过的纱线。

② 纱线样品，可以是小纱样（小纱筒样品）或是稍多一些的样品。针织厂有 10 kg 左右的样纱，就可以织造出一定数量的坯布，可以更加直观地了解纱线的质量。对于机织厂，不易做到使用少量纱样织造出布样，可以对小纱样进行适当的检测，依据检测结果，判断纱线的质量。

5. 原料的验收

对于订购回来的纱线，应进行验收（可参考第一章第二节的有关内容），并进行下列工作：

① 办理原料的入库手续，填制入库单。

② 登记原料台账。

③ 原料入库单应一式多联，并送交有关部门，如财务部门、经营部门、上级主管、仓库等。

④ 入库单的内容应包括供应商、品种、成份、批次（批号）、数量、入库时间、存放地点等，入库单格式可参考表 2-14。

表 2-14 原料入库单

编号： 年 月 日 存放地点：

品名	规格	数量	单价	金额	批号	产地	供应商
合计（大写）：							

主管： 会计： 保管： 跟单员：

四、生产计划实施

根据订单计划安排，具体实施订单的生产。

生产计划的实施，就是保质、保量按期将客户订单要求的产品生产出来并交付客户。

在这一过程中需进行：通知生产、原料调拨、工艺上机、正式投产等四项工作。

跟单人员要具体实施和操作前两项工作，后两项工作通常是由生产单位具体实施和操作，跟单人员应及时跟进，以使订单的实施顺利进行。

1. 通知生产

通知生产是订单实施的第一步，应在充分准备的条件下实行。应以正式文件的形式，通知生产单位。生产通知单应包括下列内容：

① 生产单号。

② 订单号。

③ 生产加工单位名称。

④ 坯布名称。

⑤ 使用原料。

⑥ 坯布规格。

⑦ 交货时间。

⑧ 交货地点。

⑨ 质量要求。

生产通知单开列后，递交到生产部门，对于距离较远的生产单位，可先以传真或 E-mail 的方式传递给生产单位，可以先生产，然后再补齐正式文本。

生产通知单的附件尤其重要，应随通知单一同送达生产单位。附件应包括下列内容：

① 客户提供的样品坯布。

② 坯布织组图、花型图。

③ 客户有特殊质量或工艺要求的资料。

④ 原料提货单。

生产通知单可参考表 2-15、表 2-16 的格式。

2. 原料调拨及出库

织造生产的原料调配，要随通知生产同步进行。具体包括下列工作：

（1）检查原料库存，了解原料的库存情况以及所订购原料的到货情况，统筹安排原料的使用。

（2）开具原料使用调拨单和提货单。

原料调拨单是企业内部原料调拨和财务结算使用的凭证，是管理工作必须的文件资料。原料调拨单的作用是使原料的周转和使用有一个明确的记录，方便财务部门核算。

提货单是织造生产单位的原料提取凭证，也是原料使用和结算的记录文件。使用原料单位凭提货单到原料库提取原料，投入织造生产。

原料调拨单应包括下列内容：

① 原料的品种、规格。

② 数量。

③ 批号：不同批号的原料要分别开列。

表 2-15　针织坯布生产通知单

生产单号：
客户单号：
生产加工单位：　　　　　　　　　　　　　　　　　　　　年　　月　　日

坯布名称								
使用原料								
坯布规格	g/m^2			幅宽	英寸　cm			
成品规格	g/m^2			幅宽	英寸　cm			
机型	型号		筒径	英寸	机号	G	路数	路
计划生产数量	kg(磅)			实际生产数量	kg(磅)			
原料用量	品种	kg(磅)		织损率	%			
	品种	kg(磅)		织损率	%			
	品种	kg(磅)		织损率	%			
	品种	kg(磅)		织损率	%			
交货期限				交货地点				
交货记录	时间		数量	kg(磅)	地点			
	时间		数量	kg(磅)	地点			
	时间		数量	kg(磅)	地点			
	时间		数量	kg(磅)	地点			

备注：生产工艺按工艺单。

主管：　　　　　　　　　　制单：　　　　　　　　　　跟单员：

表 2-16 机织坯布生产通知单

<table>
<tr><td colspan="8">生产单号：
客户单号：
生产加工单位： 年 月 日</td></tr>
<tr><td colspan="2">坯布名称</td><td colspan="6"></td></tr>
<tr><td colspan="2">使用原料</td><td colspan="6"></td></tr>
<tr><td colspan="2" rowspan="2">规格</td><td>平方米克重</td><td>g/m²</td><td>每米克重</td><td>g/m</td><td>匹长</td><td>m/匹</td></tr>
<tr><td>总经根数</td><td>根</td><td>幅宽</td><td colspan="3">cm</td></tr>
<tr><td colspan="2">机型</td><td>型号</td><td></td><td>幅宽</td><td>cm</td><td>综框数（页×列）</td><td></td></tr>
<tr><td colspan="2">计划生产数量</td><td colspan="2">m</td><td>实际生产数量</td><td colspan="3">m</td></tr>
<tr><td rowspan="4">原料用量</td><td>品种</td><td colspan="3">kg（磅）</td><td>织损率</td><td colspan="2">%</td></tr>
<tr><td>品种</td><td colspan="3">kg（磅）</td><td>织损率</td><td colspan="2">%</td></tr>
<tr><td>品种</td><td colspan="3">kg（磅）</td><td>织损率</td><td colspan="2">%</td></tr>
<tr><td>品种</td><td colspan="3">kg（磅）</td><td>织损率</td><td colspan="2">%</td></tr>
<tr><td colspan="2">交货期限</td><td colspan="2"></td><td>交货地点</td><td colspan="3"></td></tr>
<tr><td rowspan="4">交货记录</td><td>时间</td><td></td><td>数量</td><td>m</td><td>地点</td><td colspan="2"></td></tr>
<tr><td>时间</td><td></td><td>数量</td><td>m</td><td>地点</td><td colspan="2"></td></tr>
<tr><td>时间</td><td></td><td>数量</td><td>m</td><td>地点</td><td colspan="2"></td></tr>
<tr><td>时间</td><td></td><td>数量</td><td>m</td><td>地点</td><td colspan="2"></td></tr>
<tr><td colspan="8">备注：生产工艺按工艺单。</td></tr>
</table>

主管： 制单： 跟单员：

④ 订单号：应与生产通知单的订单号相同。

⑤ 价格、金额。

⑥ 使用单位。

原料调拨单的形式可参考表 2-17 的格式。

表 2-17　原料调拨单

客户：________			开单时间：________			
订单号：________			编号：________			
使用单位：________						
品种	规格	数量	单价	金额	批号	存放地
合计金额（大写）：						
备注：						

第　联

主管：　　开单：　　跟单：　　保管：

原料调拨单应一式几份，递交有关人员，如财务部门、跟单员、仓库等。原料仓库是原料调拨的执行部门。原料调拨单是文本形式的通知单，正式通知仓库发放原料，仓库将其作为原料出库的凭证。

原料提货单应包括下列内容：

① 提货单位。

② 品种、规格、数量。

③ 订单号、生产单号。

④ 提货地点。

⑤ 联系人及联系方式。

原料提货单的形式可参考表 2-18 的格式。

表 2-18　原料提货单

提货单位：________		开单时间：________	
生产单号：________		编号：________	
提货地点：________			
原料品种	规格	数量	批号
提货地点：		电话：	联系人：

主管：　　开单：　　跟单员：

提货单应一式几份，分别递交有关人员，如提货员、跟单员等。提货时交仓库管理员。

(3) 组织原料出库

原料出库工作由原料仓库管理人员具体操作完成。仓库管理员凭原料调拨单及使用单位的提货单，开具原料出库单，并由使用单位签收确认，作为原料出库的凭证。原料出库后，应将提货单位签收的原料出库单回执交给跟单员及财务部门。

原料出库单的内容应包括：

① 原料品种、规格、数量、批号。

② 使用单位。

③ 生产单号。

出库单的形式可参考表2-19的格式。

表2-19　原料出库单

使用单位： 生产单号：		开单时间： 编号：	
原料品种	规格	数量	批号
备注：			签收：

仓库管理员：　　　　　　　　　　　　开单：

(4) 安排原料运输

原料的调拨工作完成后，跟单人员应安排原料转运工作，包括运输方式、提取时间等。

① 联系原料使用单位，确定运输方式及时间。

② 通知仓库，做好原料出库准备，通知时应告知仓库提货单位及提货方式、提货时间等有关情况。

3. 工艺上机

生产单位制订生产工艺并安排上机生产。

4. 正式投产

工艺上机的设备调试完毕后进行织造生产。

五、生产跟进

生产跟进是织造生产过程中，跟单员的重点工作。生产跟进的目的，就是使订单生产过程中的进度有序、资料清楚，了解和掌握生产进程，使主管人员及时跟进了解订单的运作情况，更加便于与客户沟通。

在订单实施过程中，生产单位(或加工企业)应依据生产通知单进行合理的安排。跟单员参与到这一过程中，能够更主动地了解和掌握生产进程，使跟单员与生产单位(或加工单位)之间的配合更加有序和默契。跟单员要做好下列几项工作：

1. 了解和跟进投产时间

下发生产通知单后，生产单位通常有一个生产准备过程，如原料是否到位，纱线的整理、整经、浆纱，工艺上机等工序，它们都需要一定的时间。跟进投产，就是了解和督促这一过程，使企业的效率提高，尽量保证坯布织造生产有充足的时间。

2. 工艺上机及投产

这一过程通常由生产单位组织实施，由技术人员制订生产工艺，生产管理及技术操作人员进行设备的调试、试织、小样检验等过程。确认达到订单要求后，将订单交生产运转部门(生产小组、挡车工等)进行织造生产。

工艺上机需要制订生产工艺单，其格式及内容请参照表2-3 ~ 表2-7中的有关内容。

各种生产工艺单需由生部门交跟单人员一份，将其作为此张订单的工艺资料，放在订单资料档案中，以备查询和以后再追加订单时参考，使企业在重复生产同一坯布产品时提高效率，还可增加企业的技术储备和应变能力。

3. 生产过程进度的跟进

跟单员应定期(通常是每天)了解生产的进度。进度跟进主要是产量的跟进，应掌握和更新下列有关情况：

① 开机数量：该订单投入生产的生产设备数量。

② 单机产量：平均单台设备日生产量。

③ 当日的总产量：该订单当天的总生产量。

④ 累计产量。

⑤ 预计完成时间。

应要求生产单位进行配合，定时报出有关的资料数据，以便随时掌握订单的完成情况。建立订单生产进度记录，方便跟进。

生产记录的跟进，可以用表格的方式进行，使各个订单的生产进度一目了然，使跟单更加条理、有序。生产进度表可参考表2-20的格式。

4. 生产过程质量监控

产品质量的好坏，直接关系到企业的形象和信誉，更会影响到产品交付。在织造企业中，控制产品质量的重点，通常是指坯布的外观质量，即坯布的疵点状况。

质量监控，就是要定期对生产出来的坯布进行检验，并且要填写检验报告，使跟单员了解坯布的质量以及出现的问题，并可作为下次检验时是否有改进的凭证，也可以起到督促生产单位改进质量的作用。

质量监控的跟单操作有：

(1) 投产时的质量检验

表 2-20　坯布生产进度表

订单编号:____________　　生产单号:____________
生产单位:____________

品种			规格		
投产时间		交货期限		机台数量	
机台规格及型号			机台编号		
订单数量			原料投入量		
生产进度统计					
日期	当日产量	累计产量	日期	当日产量	累计产量
交货记录					
日期	交货数量	累计交货数量	交货地点		备注

投产时应检查各个织机的运转状态及质量情况是否良好。跟单人员应及时对各机台生产出的坯布进行抽验。每台织机生产的产品至少抽验 3 匹,并做详细记录。

① 初次抽样时,应与生产单位的检验人员进行沟通,尤其是对质量标准的把握要统一,避免对检验标准的理解产生误差。

表 2-21　验布报告表

订 单 号:__________　验布日期:__________

客　　户:__________

生产单号:__________　布类品种:__________

规　　格:____________________

花型颜色:__________　色号:__________　缸号:__________

布号						
质量 / 长度						
疵点项目	疵　点　记　录					
飞花						
烂边						
坏针						
破洞						
漏针						
断纱						
针路						
纱节、粗结						
粗细纱						
接头、钩纱						
错花						
异型纤维						
染花						
折痕						
水渍、污渍						
油渍						
色点						
纹斜						
平方米克重						
幅宽						
花型尺寸						
手感						
棉结						
毛头、毛粒						
评语						

备注:

② 与生产单位的检验人员共同验布，分别做记录并进行验后核对，以便发现产生误差的原因，并统一意见。

③ 了解掌握各机台的质量，避免同一订单、同一品种、不同机台生产出的坯布规格、质量存在差异，如有问题要及时改进。

（2）定期抽查

在织造生产过程中，要定期对织造好的坯布进行抽验，通常每天（至多2天）进行一次抽验，每台织机抽验1～2匹坯布，跟踪产品质量，避免产生质量波动。还应注意以下情况：

① 检验时应随机抽取生产单位已检验过的坯布，进行复验，将复验结果与生产单位的检验记录进行核对，检查是否有漏验、错验甚至未检验的现象，发现问题及时向生产主管反映，并责令改进。

② 查看生产单位的验布结果，了解合格产品及各个等级产品的质量分布情况，是否有质量波动的现象，个别机台是否有不符合质量要求的情况，并应及时处理和改进。

质量检验统计及报告，可采用验布报告表的形式，进行汇总统计，格式可参考表2-21。

第五节 坯布产品验收、交付的跟单工作

验收和交付是跟单工作的最后阶段，也标志着订单的完成。在这一过程中，跟单员一定要认真仔细，单据和统计数据要准确、清晰，不得出现错漏，否则会造成不必要的损失。

一、验收、入库工作

对已生产完毕的坯布进行验收，并做好统计记录。填制入库单证，核对生产数量。

1. 质量验收

这也是跟单人员最后一次对订单产品的质量抽验，通常应抽验总生产数量的20%，这一比例可以将前期的抽验数量合并计算。如果未达到这一比例，应在最后验收时，抽验足够数量的坯布，以确认坯布的质量状况。

2. 统计核查

清点数量，统计产量，坯布数量统计单（也称码单）应由生产单位提供，跟单人员按统计单的资料进行清点核对。通常要核对总匹数，并抽验坯布的重量（或长度），与统计资料核对，发现不符现象，要及时纠正并重新复查。

这其中要注意一个问题，针织坯布是以质量为计量单位，而坯布的质量与其回潮率有较大关系，回潮率不同，其质量会有少许变化，因此因坯布放置的时间不同，质量可能会有差异，如果差异在1%以内，应属正常。

3. 验收完毕

应办理入库手续，开列入库单，并将坯布数量统计单附在一起，进行存档，还要递交有关部门，如财务部门、仓库管理部门等。

入库单和坯布数量统计单可参考表2-22、表2-23的格式。

表 2-22　坯布入库单

订单号：______　入库时间：______ 生产单位：______　编号：______ 生产单号：______					
品种	规格	数量			存放地点
		匹数	质量	长度	
合计					

开单：　　　　跟单员：　　　　仓库管理员：

二、产品的交付

产品交付是坯布生产的最后一道手续，在确认产品数量和质量符合客户要求后，应将产品交付客户。

通常交付坯布产品有两种方式，一种是分批交付，一种是一次性交付，在交付过程中，跟单工作有下列几点：

1. 交付准备

交付前需要准备必要的交付文件或资料，核对订单的要求与所要交付的产品是否相符，联系运输工具并及时通知客户。

（1）核对订单

应再次核对客户的订单要求，检查所要交付的坯布是否符合订单要求。核查的内容有：

① 订单号和生产单号。

② 坯布产品的数量：包括订单数量和生产数量。

③ 产品的质量。

④ 产品的名称、品种、规格。

⑤ 交货时间。

⑥ 交货地点及包装运输的要求。

（2）准备交付文件

交付时需准备必要的文件，包括出库单、交货单、发票。

出库单是企业内部进行结算和通知仓库的一种凭证，是仓库管理所必须的程序。交付坯布需经主管人员批准并备案。仓库管理员依据出库单进行货品的装运。出库单的格式可参考表2-24。

表 2-23　坯布数量统计单

No：××××××

生产单位：＿＿＿＿＿＿＿＿＿＿　　日期：　年　月　日

订 单 号：＿＿＿＿＿＿＿＿＿＿　　生产单号：＿＿＿＿＿＿＿＿

坯布品种：＿＿＿＿＿＿＿＿＿＿＿＿＿＿＿＿＿＿＿＿＿

规格：＿＿＿＿＿＿＿＿＿＿＿＿＿＿＿＿＿＿＿＿＿＿

布号	质量(长度)	布号	质量(长度)	布号	质量(长度)

合计:共＿＿＿＿＿＿匹　质量:＿＿＿＿＿＿kg　长度:＿＿＿＿＿＿m

制单:　　　　　　跟单员:　　　　　　仓库管理员:

表 2-24　坯布成品出库单

<table>
<tr><td colspan="6">客　　户：________　　出库时间：________
订 单 号：________　　编　　号：________
提货单位：________</td></tr>
<tr><td rowspan="2">品种</td><td rowspan="2">规格</td><td colspan="3">数量</td><td rowspan="2">交货地点</td></tr>
<tr><td>匹数</td><td>质量</td><td>长度</td></tr>
<tr><td></td><td></td><td></td><td></td><td></td><td></td></tr>
<tr><td></td><td></td><td></td><td></td><td></td><td></td></tr>
<tr><td></td><td></td><td></td><td></td><td></td><td></td></tr>
<tr><td></td><td></td><td></td><td></td><td></td><td></td></tr>
<tr><td>合计</td><td colspan="5"></td></tr>
<tr><td colspan="6">备注：</td></tr>
</table>

主管：　　　　开单员：　　　　跟单员：　　　　仓库管理员：

交货单是应交付坯布的详细资料，交货单的统计要准确无误，数据正确，开具后应由核对人员核对，确保无差错。交货单是货物转运的凭证，货品交付后，应收回客户签收的回执，以此作为客户的收货依据。交货单的内容及格式参见表 2-25。

（3）交付方式

交付坯布通常有两种方式，即一次交付和分批交付，应根据客户的要求进行交货。

一次性交付是指将订单全部完成后，一次将坯布产品全部交付客户，通常用于批量较小的订单。

分批交付，通常客户会安排具体的交付顺序和时间，大批量或多品种的订单，一般采用分批交付这种形式。

坯布属于纺织服装的初级产品，需要经过染整印花加工后，才能用于服装的生产。当订单的批量较大、品种较多时，客户会要求先交付一部分坯布，在使坯布织造的同时，可以进行坯布的染整加工，以利于争取更多的时间用于服装生产。对于品种较多的订单，客户通常会预先安排好每一品种的交货次序，进行分批交付。

2. 准备接收

生产企业完成交付前的准备工作后，应及时通知客户，将需要交付坯布的资料告知客户，以便客户做好接收准备。应以书面形式（如传真、E-mial）通知客户所交付产品的品种、规格、数量、订单号、运输方式、运输时间、运输单位（部门）等有关内容。

3. 结算

结算是交易双方最为关注的问题，通常会在签订合同时做出具体的规定。跟单人员应根据订单约定的结算方式，开出正式的结算通知单，连同发票，一同交给客户，以方便货款的结算。

表 2-25 坯布交货单

编号：No：××××××

客　　户：＿＿＿＿＿＿＿＿　　交货时间：＿＿＿＿＿＿＿＿

订 单 号：＿＿＿＿＿＿＿＿　　交货地点：＿＿＿＿＿＿＿＿

坯布品种：＿＿＿＿＿＿＿＿　　规格：＿＿＿＿＿＿＿＿

提货单位：＿＿＿＿＿＿＿＿

布号	质量(长度)	布号	质量(长度)	布号	质量(长度)

备注：	提货人签章： 年　月　日	客户签章： 年　月　日

制单：　　　　审核：　　　　跟单员：

结算通知单的内容应包括订单号、坯布品种、规格、数量、单价、金额等内容，使客户明确，方便核算。

结算方式通常有货到付款、款到交货、定期结算等方式。

对于长期稳定的客户，定期结算的方式应用较多。当供需双方建立起良好的信誉和合作关系时，通常会采用定期结算的方式。

结算通知是跟单工作中较关键的环节，要及时、准确，绝不允许出现计算错误。结算通知单一般由跟单员起草，经主管或财务部门核准后，将正式文本递交给客户。

结算通知单是一种催办结算的工具，也是使跟单工作更加有序的方法。

结算通知单的形式可参考表 2－26 的格式。

表 2－26　订单结算通知单

<table>
<tr><td colspan="5">客户名称：__________　日期：__________
订单(合同)号：__________　编号：__________
兹于____年____月____日将下列坯布交付贵公司，请于____日之内将下述货款(加工费)付回。</td></tr>
<tr><td>品种</td><td>规格</td><td>数量</td><td>单价</td><td>金额</td></tr>
<tr><td></td><td></td><td></td><td></td><td></td></tr>
<tr><td></td><td></td><td></td><td></td><td></td></tr>
<tr><td></td><td></td><td></td><td></td><td></td></tr>
<tr><td></td><td></td><td></td><td></td><td></td></tr>
<tr><td>合计数量</td><td colspan="4"></td></tr>
<tr><td>合计金额(大写)</td><td colspan="4"></td></tr>
<tr><td colspan="3">备注：</td><td colspan="2">(本企业名称及财务结算签章)
年　月　日</td></tr>
</table>

主管：　　　　开单：　　　　跟单员：

三、订单完成后的跟单工作

订单完成后，跟单人员需将订单跟进过程中的有关单证、资料进行汇总、编制、报送和归类存档。

在跟单过程中，有许多有关订单的各类资料、往来文件等，应进行归纳整理，并进行相关的统计计算工作。

1. 需要整理的资料

需要整理的资料有客户订单、原料订购单、原料出入库单、生产通知单、工艺单、成品(坯布)出入库单、成品交货单、验布记录、结算单，与客户之间往来的记录、传真等。

2. 需要报送主管及财务部门的资料

需要报送主管及财务部门的资料有客户订单正本、原料订购单、原料出入库单、成品(坯布)出入库单、交货单、结算单。

3. 需要统计计算的指标

需要统计计算的指标有原料损耗率、产品合格率、产量、交货量。

第三章

服装面料染色、印花跟单

第一节　染整、印花跟单作业流程

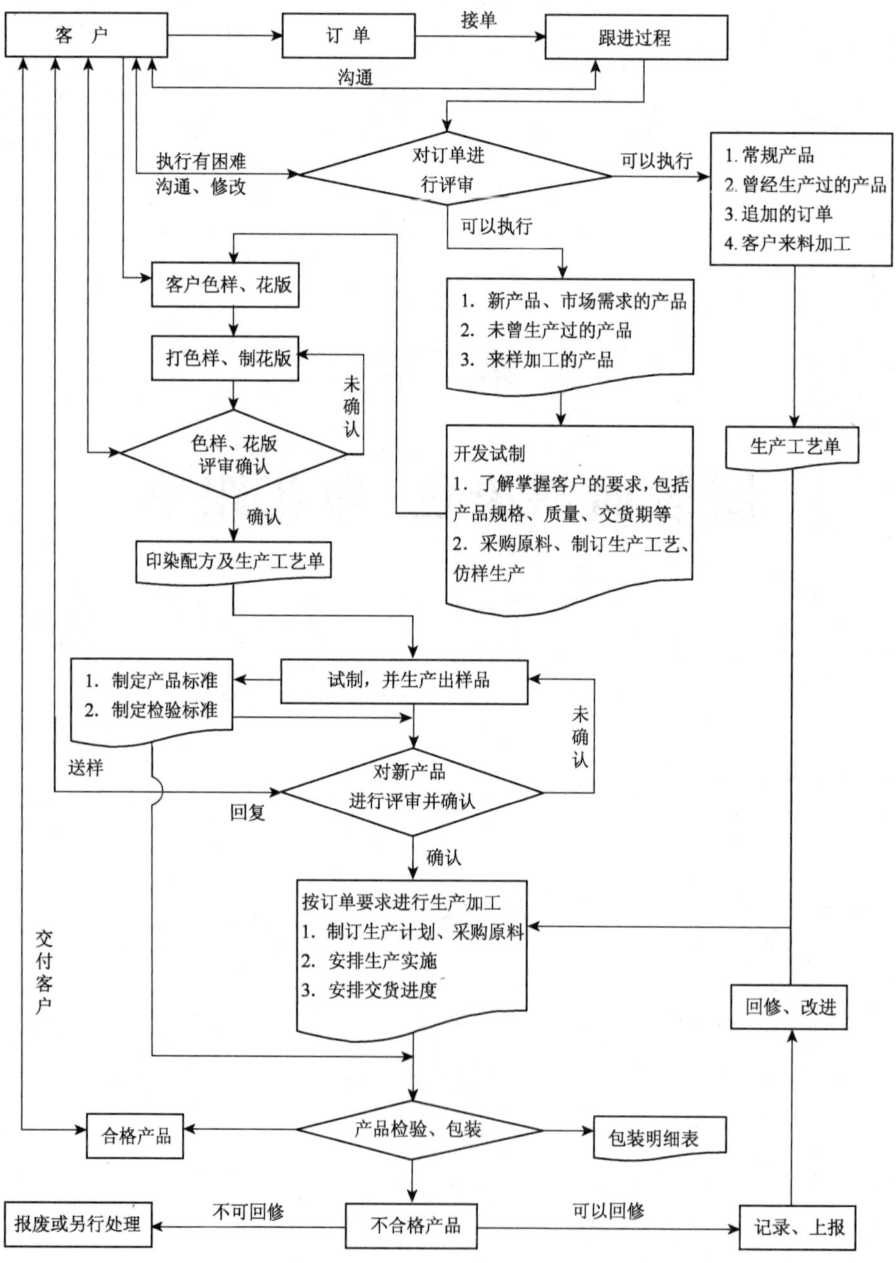

图 3-1　染整、印花跟单作业流程图

染整、印花跟单是印染生产加工企业中极其重要的工作，在印染生产过程中，无时不渗透着跟单的工作，进而使生产管理更加完善和科学，增强企业的竞争力和适应能力。印染生产流程长、工艺复杂、涉及的环节多，因而使跟单工作量大，并且每时每刻都要求跟单工作细致、准确、周到，对工作质量要求较高，体现出跟单工作的重要性和必要性。因此跟单员应按照科学有序的跟单程序开展工作。图 3-1 所示为染整、印花跟单工作作业流程。

染整、印花跟单流程将跟单工作分为订单评审、打样、生产加工、产品交付、跟单管理、跟单技巧几个方面，使染整、印花跟单工作连接起来。跟单员依据作业流程开展跟单工作，从而使跟单员的操作步骤和方法科学有序，能够更好地完成跟单任务。

第二节　染整、印花订单评审跟单实践

对客户订单的评审，是进行印染加工生产之前必须的工作，审单的目的就是要了解客户的要求是否能够实现。通常客户以合同的形式，提出所需产品应达到的技术和贸易两方面的要求，因此，审单主要是围绕这两方面的要求进行。

一、订单的形式

订单是贸易双方就交易（或加工）印染产品所订立的生产加工合同，通常是由生产加工企业的经营部门，通过与客户进行必要的沟通和营销工作后双方所签订的协议。订单的形式分为两大类：正式文本合同订单和非正式合同订单。

1. 正式文本合同订单

正式文本合同可以保障贸易双方的利益，并且在印染产品的生产（加工）、交易过程中起到相互制约、相互承诺、相互保障的作用。通常在下列情况下，对印染企业而言，贸易双方应该使用正式文本合同订单形式。

在正式文本合同中，非常严谨地规定交易（或加工）产品所应达到的要求和交易双方的责任和义务。合同的内容通常包含两部分：一部分是交易条件，主要包括交易产品的名称、品种、规格、数量、单价、金额、交货时间、交货地点、结算方式、运输方式、保险、违约责任、交易双方代表鉴字确认等内容；另一部分是技术资料，主要包括印染颜色样品、色名、色号、印花图案、颜色数量、质量要求、检验内容及标准等。技术资料一般作为合同的附件由客户提交给生产加工企业，作为产品生产加工、品质检测的依据和产品验收的标准。通常这些技术资料由生产技术人员审核处理后交由跟单员保管，用于跟单过程中的参比和生产安排。

文本合同的格式，有国家统一通用合同文本格式，也有交易双方根据实际情况自行拟定的格式。对于印染生产企业，交易合同通常是有购销合同和来料加工合同两种。文本合同的格式内容可参照表 3-1 及表 3-2。

表 3-1　购销合同文本格式（举例）

订购合同（订购单）

甲方：＿＿＿＿＿＿＿＿＿＿　　合同编号：＿＿＿＿＿＿＿＿＿＿

乙方：＿＿＿＿＿＿＿＿＿＿　　签订编号：＿＿＿＿＿＿＿＿＿＿

签订地点：＿＿＿＿＿＿＿＿＿＿

现甲方向乙方订购下列产品，具体要求如下：

品种一：纯棉染色机织平纹布　　成份：100% 棉

成品规格：TC14.3 × 14.3　133 × 72　　幅宽：110 cm

批号	颜色	色号	数量(m)	单价	金额
BT—01	漂白	W0401	1 500		
BT—02	粉红	P0402	2 000		
BT—03	果绿	G0403	3 000		

品种二：纯棉 18.2 tex 单面针织平纹布　　成份：100% 棉

成品规格：克重 130 g/m²　　幅宽：160 cm

批号	颜色	色号	数量(kg)	单价	金额
BT—01	宝蓝	B0404	500		
BT—02	枣红	R0405	800		
BT—03	浅黄	Y0406	1 000		

特别要求：剖幅定形，浆切边

克重范围：125 ~ 135 g/m²

品种三：精 18.2 tex 棉 + 70D 氨纶丝（拉架）罗纹布　　成份：95% 棉，5% 氨纶

成品规格：克重 250 g/m²　　幅宽：70 cm（圆筒）

批号	颜色	色号	数量(kg)	单价	金额
BT—01	宝蓝	B0404	25		
BT—02	枣红	R0405	40		
BT—03	浅黄	Y0406	50		

特别要求：圆筒定形

克重范围：245 ~ 255 g/m²

总金额：人民币（大写）＿＿＿＿＿＿＿＿＿＿＿＿＿＿＿＿＿＿＿

交易条款：

1. 交货时间：请将上述货品于＿＿＿＿年＿＿＿＿月＿＿＿＿日之前交付。
2. 交货地点：请将货品交于＿＿＿＿＿＿＿＿＿＿＿＿＿＿＿＿＿＿＿＿。
3. 运输方式：货品采用＿＿＿＿＿＿＿＿＿＿方式运输，费用由＿＿＿＿＿＿＿＿＿＿方承担。
4. 包装要求：按批号分别包装，不可混批号包装。

5. 质量要求:按＿＿＿＿＿＿＿＿＿＿标准进行验收。

或按下列质量要求进行验收:

(1) 色牢度:　摩擦牢度(干/湿):4 级/3 级　洗水牢度:4 级

(2) 强度:　撕裂强度:＿＿＿顶破强度:＿＿＿

(3) 环保要求:符合＿＿＿＿＿＿＿＿＿＿标准

(4) 缩水率:　机织布:横向 ±5%　　纵向 ±5%

　　　　　　针织布:横向 ±7%　　纵向 ±7%

6. 保险:货品转运过程中需进行＿＿＿＿＿保险,保险费用由＿＿＿＿＿方担负。

7. 结算方式:甲方预付＿＿＿% 订金,余款待交货完毕后＿＿＿＿＿＿＿＿＿＿＿付于乙方,预付订金额＿＿＿＿＿＿＿＿＿＿。

8. 违约责任:＿＿＿＿＿＿＿＿＿＿。

9. 仲裁:双方产生贸易纠纷时,依《合同法》进行裁决。

10. 未尽事宜双方另行协商。

11. 备注:此合同一式两份,甲、乙双方各执一份。

甲方:××制衣厂	乙方:××印染厂
地址:	地址:
联系方式:电话:	联系方式:电话:
传真:	传真:
E-mail:	E-mail:
联系人:	联系人:
甲方代表:(签字、盖合同章)	乙方代表:(签字、盖合同章)

表 3-2　来料加工合同文本格式(举例)

加工合同(加工单)

甲方:(需方)××制衣厂　　　　合同编号:A—002

乙方:(供方)××印染厂　　　　签订时间:　　年　月　日

　　　　　　　　　　　　　　　签订地点:＿＿＿＿＿＿＿＿

现甲方委托乙方进行下列产品的加工,具体要求如下:

品种一:涤/棉 29.4 tex 单面平纹针织布　　　成份:涤纶 65% ,棉 3%

成品规格:克重 180 g/m²　　　幅宽:160 cm

批号	颜色	色号	加工数量(kg)	加工单价	金额
801	米白	F0401	1 000		
802	浅蓝	F0402	2 000		
803	玫红	F0403	1 500		

特别要求:剖幅定形,浆边(切边)

克重范围:175 ~ 185 g/m²

品种二:纯棉 18.2 tex 单面平纹针织印花布　　　成份:100% 棉

成品规格:克重 149 g/m^2　　　　　　　　幅宽:160 cm

批号	花形偏号	印花套色	加工数量(kg)	加工单价	金额
804	C—1	3	700		
805	C—2	4	500		
806	C—3	5	800		

特别要求:(1) 坯布前处理后做浆切边剖幅定形后印花

(2) 采用活性染料印花,花型、图案及颜色色号见另附资料

克重范围:印后成品克重 135 ~ 145 g/m^2

总金额:人民币(大写)＿＿＿＿＿＿＿＿＿＿＿＿＿＿＿＿

加工条款:

1. 甲方向乙方提供此加工单所需坯布,并于＿＿＿＿年＿＿＿＿月＿＿＿＿日交付乙方。
2. 成品交付时间:请将加工后成品于＿＿＿＿年＿＿＿＿月＿＿＿＿日之前交付。
3. 成品交付地点:请将货品交于 ×××　制衣厂 。
4. 运输方式:＿＿＿＿＿＿＿＿＿＿。
5. 包装要求:按批号分别包装,不可混批号包装。
6. 质量要求:按＿＿＿＿＿＿＿＿＿＿标准进行验收。

或按下列质量要求进行验收:

(1) 色牢度:　摩擦牢度(干/湿):4 级/3 级　洗水牢度:4 级

(2) 强度:　撕裂强度:＿＿顶破强度:＿＿

(3) 环保要求:符合＿＿＿＿＿＿＿＿＿＿标准

(4) 缩水率:　机织布:横向 ±5%　纵向 ±5%

针织布:横向 ±7%　纵向 ±7%

7. 保险:货品转运过程中需进行＿＿＿＿保险,保险费用由＿＿＿＿方担负。
8. 结算方式:甲方预付＿＿＿＿% 订金,余款待交货完毕后＿＿＿＿＿＿＿＿＿＿付于乙方,预付订金额＿＿＿＿＿＿＿＿＿＿。
9. 违约责任:＿＿＿＿＿＿＿＿＿＿＿＿。
10. 仲裁:双方产生贸易纠纷时,依《合同法》进行裁决。
11. 未尽事宜双方另行协商。
12. 备注:此合同一式两份,甲、乙双方各执一份。

甲方:××制衣厂

地址:

联系方式:电话:

传真:

E-mail:

联系人:

甲方代表:(签字、盖合同章)

乙方:××印染厂

地址:

联系方式:电话:

传真:

E-mail:

联系人:

乙方代表:(签字、盖合同章)

通常合同文本必须是原件，至少一式两份，甲乙双方各保存一份作为合同执行的依据。有时对于长期合作的稳定客户，有非常紧急的订单时，也可以通过传真或其他方式将合同文本传送给对方，并以此作为确认交易的凭证和依据，以使印染加工尽快进行，为尽早完成订单争取时间。

印染生产的文本合同，涉及的内容较多，特别是印染生产技术条件需要明确，另外合同中的批号、色号、印花编号及特殊质量要求等有关内容，必须要清楚准确。

2. 非正式文本合同订单

非正式文本合同区别于正式文本合同之处，在于其表达方式不同。客户的订购（加工）合同，不是用双方签署的正式文本合同格式，通常是客户单方面提出的订单（或加工单），通常采用传真、电子邮件或电话的方式，表达其订购（加工）意向，也可称这种形式为客户下单。

采用非正式文本合同确定的订单，通常是在双方建立起的长期合作基础上所采用的方式。对于老客户的订单、客户追加的订单、来料加工订单、紧急订单等，经常采用非正式文本合同方式进行下单。这也说明，客户与生产企业之间形成长期稳定的合作关系，彼此之间建立起良好的信誉和融洽的合作模式，订单运行配合默契。

客户在采用这种方式下订单时，通常只列明所需产品的种类、规格、数量、交货期等内容，而对于费用金额、单价等关键内容，并未列出，尤其是对于追加的订单或特别紧急的订单，更加简明扼要。在这种情况下，通常是按以往的要求或预先订立的长期合作框架协议中的内容执行。对于印染生产企业，通常是按一个季度、半年或一年的期限（视市场情况而定），与客户签订一个合作协议，预先商谈好价格、付款方式、质量要求以及其他方面要求等内容，以方便在实际运作过程中，避免每个订单都花费时间和精力进行谈判，从而使实际操作更加简便易行，节省时间，起到了既继持客户又可以使企业维护正常生产运行的作用。因此对于非正式文本合同订单，在印染生产企业中的使用执行情况还是相当普遍的。

对于客户使用非正式文本合同下订单的方式，为保证订单的正常生产运作，要求跟单人员对客户以往的订单资料（包括技术要求资料）进行完善的保存，以方便查询参考。尤其是印染产品的颜色、色号、印花图案、标准样板等技术资料的保管，要加倍小心，避免出现丢失、损坏、变色等情况。

对于非正式文本合同的订单，跟单员应注意以下几点。

① 对于染色颜色、印花品种较多的订单，客户一般会用传真或电子邮件的形式进行下单。通常会清楚列明品种、规格、数量、颜色、花形等有关内容，文字比较清楚明确，但有时客户也会用手写文本通过传真下单，当出现字迹不明时，跟单员应及时与客户联系沟通，落实客户所需要表达的含义，避免产生误解而造成损失。在客户最终确认无误后，方可执行。

② 有时在特别紧急的情况下，可采用手写笺的形式进行下单，常见于数量较少、颜色较少、临时补货、交货期紧急等类型的订单。这类订单通常是临时写就的凭证，内容简明扼要，目的是要求加工企业即刻安排生产以争取时间。对于这类情况，生产企业可以先安排生产。同时跟单员要尽快与客户取得联系，使其出具一份较正式的订单文本作为依据，以方便结算，这样既争取了生产时间，又可使跟单工作完善，避免日后的纠纷。

③ 长期合作的客户或非常熟识的客户，有时也采用电话下单的方式，通过电话交谈，确定购买（或加工）意向。这类情况经常出现，作为生产企业，应处理好与客户的关系，不可盲目安排生产，可以先做一些必要的准确工作（如了解生产原料的情况，了解生产安排情况）。处理这类事情，跟单员应积极主动，既不可冷落客户，造成订单的流失，也不可太过于盲从客户，以避免客户取消或更改订单而造成被动。跟单员应及时与客户取得联系，争取客户提供准确完整的文字形式的订单，并以此作为执行订单的依据，保证双方的利益。

客户的订单，无论采用何种形式，跟单员均应安全妥善地保存，通常应复制订单的复本用于跟单过程，特别是随同订单的技术资料附件，如色板、花形图案资料、标准样板等，更加要安全妥善地存放，样品一定要避免变色、损坏而失去样板的作用。这些技术资料在整个订单实施过程的跟单工作中经常使用，最好将这些资料复制多份复本用于跟单工作，以保证原件的标准性。

二、订单评审的内容及注意事项

审单主要是对订单中列的产品品种、价格、数量、交货期、技术要求、附件、其他条款进行评审，以确定是否执行订单。

1. 产品品种

产品品种是订单的核心内容，是交易的主体。通常是指印染产品的织物组织结构、颜色、花形图案、规格、成份等内容，因此评审时要注意以下几方面：

① 确认订单的交易方式。如果是来料加工，应了解客户提供坯布的到货时间及数量，如果是购买成品，印染企业应尽快组织生产（或购买）坯布。

② 了解坯布原料的成份。不同纤维成份的坯布，其印染工艺和设备有较大的区别（如涤纶成份的坯布需用分散染料，在高温高压条件下染色，所需设备比较特殊）。另外，如果坯布成份是两种以上纤维混纺（如涤棉混纺坯布），需要调整印染工艺，以保证每种纤维成份的上染均匀，并能保证印染质量。

③ 印染企业本身的技术条件（工艺、设备条件）能否达到客户的质量要求。特别须注意印花产品的套色数，成品布幅宽是否与印花机相匹配，特殊印花产品（如拔染印花、转移印花等）是否有相应的处理设备。

④ 特殊织物组织结构的产品，应注意印染加工过程中工艺的合理性，尤其是需要特殊整理的产品（如剪毛、剪绒、功能性整理、特殊定型要求等），要考虑设备能力和可实现生产加工的可能性。

2. 价格

价格是产品交易的先决条件，价格的合理性，是决定交易是否成功的重要影响因素。因此对价格的审定应从以下几个方面进行：

① 订单所列价格的含义，是否包括其他费用（如运输、包装、保险等），合同中是否有明确的约定。

② 价格是否合理，是否令交易双方满意。

③ 价格和总金额的计算是否有误，结算用货币的种类是否有明确的说明，同一订单应采用同一币种进行计算。

3. 数量

订购(或加工)数量的大小,对生产时间安排和生产效率有较大的影响。通常颜色少、印花花形少而数量较大的品种,生产排期容易,生产效率高;而颜色花型多、每一种颜色(花形)数量较少的订单,生产排期繁杂,生产效率低,速度慢。因此审单时应注意以下几方面:

① 单一品种或单一颜色(花形)的订货数量是否达到起订生产量。因生产设备(染色机、印花机)有最小单机生产量的限制,当所生产加工的产品数量低于此限量时,设备将无法正常运转。因此订单中所有产品的数量不可低于单机最小生产量,否则会影响整张订单的生产进度。

② 印染企业通常都装备有小容量的染色设备,主要是用于打板或进行小批量生产,但这类设备的装备数量较少,如果订单中的品种、颜色、花样较多而订量较少时,会严重影响生产效率和交货时间,因此要注意生产排期,应预先与客户充分沟通,争取充裕的生产时间,以免造成因推迟交货导致的损失。

③ 通常生产印花产品时,无论数量的多少,都有一定的制板费用,即所谓的网板费,如果订单中某一花形的生产加工数量太少,不足以分摊网板费用时,势必会造成生产成本的上升,进而影响价格的上升。对此特殊情况,事先应与客户充分沟通商讨,达成明确的协定(例如可以要求客户担负网版费,或适当提高价格等)。

4. 交货期

交货期是订单完成并交付的最后期限,如果不能按期交货,会带来严重的后果,使企业遭受经济损失,因此审单时应注意以下几点:

① 交货期限要合理,在充分考虑生产能力和生产排期的基础上,制订生产计划,通常客户要求交货期越快越好,而生产企业则要求有充足的生产时间。大宗订单采用分期交付的方式,如果在要求的时间内无法完成订单,应及时与客户沟通,争取更多的时间。

② 印染生产有一个打板批色的过程。在生产加工之前,需打小样交客户批复。这一过程需要一定时间,因此在订单中应做出明确的规定,规定出打样批复时间和生产加工时间,以避免因打样批复时间过长而影响生产加工时间,使交货推迟引致不必要的损失。

③ 对于特殊产品(包括特殊织物结构、特殊的印染工艺、特殊的织物成份等)需要一定的时间进行开发、试制,尤其是某些特殊原料的坯布品种需要专门订制,某些特殊功能性面料所需的整理助剂,需要订购,有可能需要花费一定的时间。因此对于特殊产品的生产加工,一定要争取充裕的时间,要求客户适当延长交货期,避免造成被动。

④ 交货日期的确定,应尽量避开公众假期时间。通常在交货的同时,有一个货物交接签收查验的手续办理过程。如果在公众假期进行,则需要专门安排有关人员办理这些手续,可能导致劳动成本上升。因此应与客户就此问题进行商讨,在订单中做出明确的说明和规定,以避免出现误解。

5. 技术要求

订单中的技术要求部分,是对产品质量做出的明确说明,包括质量标准和验收标准,审单时应注意以下几点:

① 技术要求要合理,无限制地提高标准,可能造成技术上的无法实现,因此要结合现有的技

术水平和技术储备状况,合理地规定技术要求。

② 对于特殊的产品,客户可能会提出特殊的技术要求,尤其是在没有可遵循的标准时,双方应协商确定可行的标准作为产品验收的依据。

③ 当某些对印染专业技术知识缺乏了解的客户提出一些无法实现或超常规的不合理要求时,应及时与客户沟通并耐心解释,消除误解,并使其更改。

④ 技术要求应明确规定所执行的技术标准,内销产品应以国家标准为依据,外销产品应说明使用标准的类别,无标准可依时,双方应协商制订可行的企业标准,作为针对某一产品品种的执行技术标准。

6. 附件

附件通常是客户针对订单所提供的技术资料。对于印染产品订单,附件尤其重要。附件通常包括标准色样、花形图案、成品面料样品、特别说明的技术要求等。审核附件时要注意以下几点:

① 要核对附件与订单明细表中的品种是否对应,尤其是颜色、花型的名称、标识、编号是否一致。出现错误或不相符的标识要及时咨询客户更正或确认。

② 客户提供的附件是否全面,尤其是颜色、花形图案的样板数量应与订单要求的品种数量相一致,如有缺失,应要求客户及时补充。

③ 对附件的准确性要进行确认,特别是色样、花形图案是否准确,有无污浊、陈旧、变色等情况,客户的保留样品与提供的样品是否一致。因此在评审附件时,应与客户逐一核对,以避免出现误差,造成不必要的损失。

④ 附件应妥善保管,色样和花形样板在生产加工过程中会经常使用,应采取措施,防止样品变色、污浊,从而失去标准性。

7. 其他条款

其他条款主要是指订单中双方约定的交货地点、结算方式、运输包装、违约责任等条款。

① 交货地点要明确。地址、联系方式等资料通常是附在附件中的。对于大宗订单的分期分批交货方式,每一批次的交货时间、批号、数量、地点等应有详细的说明。印染加工后的成品面料,通常是交给制衣企业或客户指定的仓库。外贸产品一般是由客户安排船期和运输,产品在生产企业内交接并装运。

② 结算方式应明确规定结算的时间、币种和方式。对于外销订单采用外币结算时,应明确说明结算币种,并要充分考虑汇率的问题,以避免因汇率的波动而产生价格的偏差。

③ 违约责任是规定双方因不能正常履约而所应担负的责任。应具体说明和界定双方的责任,避免以后的纠纷。

④ 运输包装条款应具体说明运输包装的方式,以保证产品的安全。包装方式尤其重要,应既要方便搬运和装卸,又可起到保护产品的作用。

总之,通过审单要及时发现问题,及时与客户沟通,充分考虑多方面的因素,以使订单在执行前得到双方的确认,避免在执行的过程中出现不必要的纠纷。

第三节 染整、印花打样过程的跟单实践

打样工作是印染生产过程中必不可少的环节。任何印染品在实施生产前,均需要进行打样确认。通过打样,归纳出染色、印花配方和生产工艺,用于指导大批量的生产。

一、打样过程的跟单原则及流程

印染生产的打样工作,主要有打色样和打印花小样。新开发或特殊的印染产品,还需要做出中样(即小批量试生产),以验证生产工艺的可行性,从而保证大批量生产的正常进行。样品打好后需交客户进行评审确认,以客户确认的样品作为生产实施的依据,并且作为产品验收的标准。在打样过程中,跟单人员作为客户与研发部门之间沟通联系的桥梁,起着重要的作用,既要与客户沟通,又需协调打样的进程。打好的小样由跟单员归纳整理报送客户,了解客户的批复意见及时传达给研发部门。

1. 打样过程中的跟单原则

① 客户的来样要妥善整理并保管,尤其是同一客户的多个订单对应的多个样品,要认真仔细核对,避免出现差错和混淆。

② 客户来样要与相应的订单对应,编号(或单号)要明确且容易区分,有不明确的样品应及时与客户沟通,落实样品的使用方向。

③ 打样过程中应及时了解进程,打好的样品及时送交客户,并跟进客户的批复结果。

④ 抓紧时间,提高工作效率,力争在最短的时间内打出合格的样品以争取客户的信心和更多的订单。

2. 打样操作流程

打样过程是由客户、跟单和研发部门相互协调配合共同完成的,打样操作流程如图 3-2 所示。通过打样工作,要达到下列目的:

① 通过打样研发,积累实践经验。

② 探讨出可行的染色印花生产工艺,以保证大货生产的工艺可行性、产品质量和生产效率。

③ 打出的样品要达到客户的要求,并能够得到客户的确认,以争取实质的生产(加工)订单。

④ 通过打样开发,增加生产技术储备,提高开发能力和技术水平。

⑤ 确保订单顺利完成,尤其是对于多品种、多颜色、多花型、小批量的订单,能够锻炼和提高生产企业的适应能力和应变能力,从而提高竞争能力。

打样过程的组织安排由跟单部门进行,打样的具体实施是由研发部门(或化验室)进行操作,如何能够快速准确打出客户满意的样品,是需要两个部门协作配合才能够完成的。

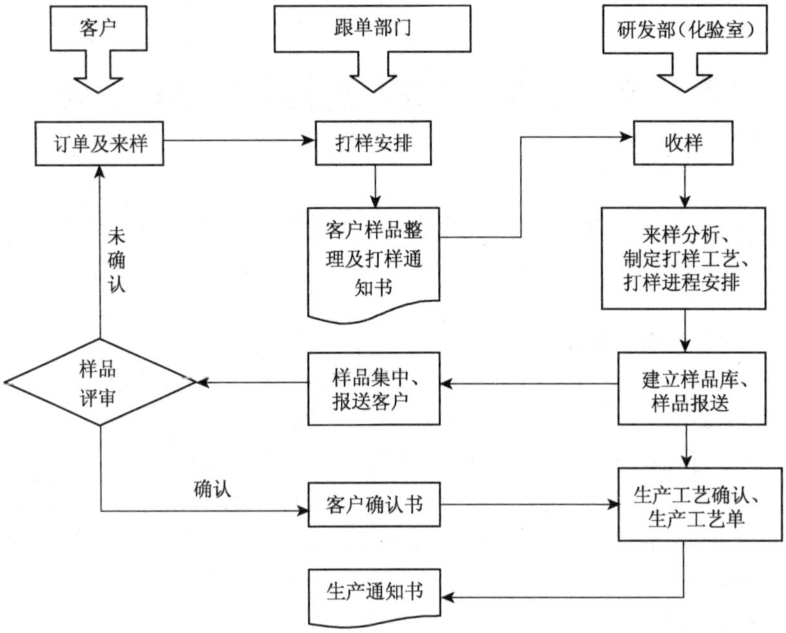

图3-2　打样流程图

二、客户来样及打样

客户来样有两种情况,一种是跟随订单的来样,一种是单纯来样。对于第一种情况,通常来样是针对订单的要求,以合同(订单)附件的形式一同下达给生产企业,打样的时间包括在订单的交货期内。这就要求研发部门提高打样速度和效率,以尽可能短的时间打出样品并得到客户的确认,以争取更长的生产(加工)时间。对于第二种情况,通常客户出于试探性或技术储备的目的,交给生产(加工)企业进行打样,既可以考核和观察企业的技术水平和能力,又可以对以后的订单预先进行准备。因此在打样过程中,应优先保证打出样品的质量符合客户的要求,同时跟单员要提供优质的服务,表现出企业的技术、质量、服务水平,以达到争取客户订单的目的。

1. 客户来样的种类

(1) 颜色样

对于需要染色的产品,客户提供的颜色样品可称为标准原色样。原色样可以是色布样,也可以是标准颜色编号(如 PANTONE 色卡编号),通常面积比较小。客户提供标准原色样时,应注明颜色名称、编号、布种、坯布成份。

(2) 手感风格样

手感风格样品应能够体现出客户所要求的成品手感、风格和质量,通常面积比较大,应有整幅布面宽度,长度为0.5 ~1 m。

(3) 印花样

印花样分为图纸样和成品样,图纸样通常是绘制的彩色图案,另附颜色原样或颜色说明。成品样是印制好的成品面料样品,可以表明最终成品要求的品质。印花样必须有完整的花形图案，能够表示出完整的花形循环。

2. 对打样的要求

客户来样的同时，应附带有具体的技术要求。打样时应按客户的要求进行，通常样品的技术要求包括下列内容：

① 色牢度，通常对摩擦、洗水、日晒等色牢度提出具体要求。

② 染料种类及环保要求。

③ 样品规格及坯布品种成份。

④ 样品的大小和数量，通常染色样的每个色样应有 5 cm×5 cm 大小，3～4 个渐近色差样供客户选择。印花样应至少有一个完整花型图案的面积（碎花图案通常是一个小印花网版的面积）。

⑤ 对色方法。通常采用多功能对色灯箱进行对色。特殊情况下也可采用电脑测色系统进行对色。对色时应在所要求的标准光源条件下，对色样进行对比，评判色差。因不同国家和地区所要求的对色光源的类型不同，同一色样在不同光源下颜色效果也不同，因此应明确规定对色标准光源的类型（表 3-3 列出国际主要通用对色光源类型），从而使双方在相同的标准光源下准确对色，避免因使用的对色标准光源不同而产生偏差。

3. 打样安排

客户的样品，经由业务部门交给跟单部门，由跟单员安排打样进程，下达打样通知书，由研发部实施操作。打样安排过程中，跟单员应进行下列操作程序。

（1）染色标准原样的整理和存档

客户的来样是产品最终验收的标准，是极其重要的技术资料，应做详细的登记和妥善的保管。

① 色样记录应注明单号、色号、色名、坯布组织成份、对色光源以及其他要求。将客户原色样剪开两份。填制一式两份原色样卡，一份随打样通知交研发部门（或化验室）打样，一份存档备案。分剪原色样时，要注意存档色样应留有足够的大小，存放时应避免污浊、变色、潮湿，保持其标准性，以供内部对色使用，并可作为研发部门原样的参比样，从而使打样对色更准确。染色原样资料卡见表 3-4。

② 随同订单（或加工单）一同下达的针对此张订单的原色样，跟单员在登记整理过程中，应与订单进行核对，检查是否有遗漏的色样，或者客户提供的色样不完全，发现问题应及时补齐。

③ 当客户以 PANTONE 卡的编号指定颜色色样时（通常印染企业应备有 PANTONE 色卡），应及时对照 PANTONE 色卡中客户指定色号的颜色与色名是否一致（或接近），最好与客户直接沟通，以确定颜色的正确性，以免产生误解。

（2）印花标准原样的整理和存档

印花样包含有印花图案和套色，分为图纸印花样和实物印花样。

① 图纸花样应复制备份，复制图纸交研发部门打样使用，客户原样需妥善保存，以备内部评审做参比样。条件允许时，最好要求客户提供两份原样，一份用于打样，一份存档。

② 实物原样，应要求客户提供至少有两个完整花型循环的实物样品，以方便打样和存档。

③ 填制一式两份印花原样资料卡，一份存档，一份打样使用。内容应包括单号（批号）、花形编号、套色数量、印花方式、坯布组织及成份等，印花原样资料卡格式见表 3-5。

④ 印花颜色样应贴附在资料卡上，并与印花图案对照，标注清楚套印的颜色。

表 3－3 国际通用对色光源类型

（国际主要通用光源资料）

光源	灯的类型	色温	颜色指数	内容及用途
D75	过滤钨灯（专利）	7 500K	95 +	模拟北天空日光，符合美国视觉颜色评定
D65	过滤钨灯（专利）	6 500K	95 +	模拟平均北天空日光，光谱值符合欧洲、太平洋周边国家视觉颜色标准
D50	过滤钨灯（专利）	5 000K	95 +	模拟中午天空光，在形象艺术中颜色品质、一致性好
D75	含荧光的平均日光（专利）	7 500K	94	符合美国视觉颜色标准，模拟北天空日光
D65	含荧光的平均日光（专利）	6 500K	93	符合欧洲、太平洋周边地区视觉颜色标准，模拟平均北天空日光
D50	含荧光的平均日光（专利）	5 000K	92	模拟北天空日光，在形象艺术中颜色品质、一致性好
Horizon	卤钨灯（白炽灯）	2 300K	95 +	模拟早晨日升、下午日落时之日光，同色异谱测试
Inca A	卤钨灯（白炽灯）	2 856K	95 +	同色异谱测试的典型白炽灯，家庭或商场重点使用的光源
CWF	美国商业荧光灯	4 150K	62	典型的美国商场和办公室灯光，同色异谱测试
WWF	美国商业荧光灯	3 000K	70	典型的美国商场和办公室灯光，同色异谱测试
U30	美国商业荧光灯	3 000K	85	稀土商用荧光灯，用于商场照明，等同于 TL83
U41	美国商业荧光灯	4 100K	85	稀土商用荧光灯，用于商场照明，等同于 TL84
TL83	欧洲商业荧光灯	3 000K	85	稀土商用荧光灯，在欧洲和太平洋周边地区用于商场和办公室照明
TL84	欧洲商业荧光灯	4 100K	85	稀土商用荧光灯，在欧洲和太平洋周边地区用于商场和办公室照明
UV	“黑光灯”，紫外光	BLB	N/A	近紫外线不可视，用于检视增白剂效果、荧光染料等
MV	高强度商业灯	4 100K	70	水银灯，用于一些商场、工厂、街道照明
MH	高强度商业灯	3 100K	65	金属卤化灯，用于商场
HPS	高强度商业灯	2 100K	50	高压钠灯，用于工厂

表 3-4 原色样卡格式

<table>
<tr><td colspan="2">客户</td><td colspan="2"></td><td>单号</td><td></td><td>来样时间</td><td></td></tr>
<tr><td colspan="2">使用坯布</td><td colspan="2"></td><td>坯布成份</td><td></td><td>使用染料</td><td></td></tr>
<tr><td colspan="2">对色光源</td><td colspan="2"></td><td>原样数量</td><td></td><td>建卡时间</td><td></td></tr>
<tr><td colspan="8">原样颜色</td></tr>
<tr><td>颜色名称</td><td></td><td>颜色名称</td><td></td><td>颜色名称</td><td></td><td>颜色名称</td><td></td></tr>
<tr><td>客户色号</td><td></td><td>客户色号</td><td></td><td>客户色号</td><td></td><td>客户色号</td><td></td></tr>
<tr><td>打样色号</td><td></td><td>打样色号</td><td></td><td>打样色号</td><td></td><td>打样色号</td><td></td></tr>
<tr><td colspan="2">色样</td><td colspan="2">色样</td><td colspan="2">色样</td><td colspan="2">色样</td></tr>
<tr><td>颜色名称</td><td></td><td>颜色名称</td><td></td><td>颜色名称</td><td></td><td>颜色名称</td><td></td></tr>
<tr><td>客户色号</td><td></td><td>客户色号</td><td></td><td>客户色号</td><td></td><td>客户色号</td><td></td></tr>
<tr><td>打样色号</td><td></td><td>打样色号</td><td></td><td>打样色号</td><td></td><td>打样色号</td><td></td></tr>
<tr><td colspan="2">色样</td><td colspan="2">色样</td><td colspan="2">色样</td><td colspan="2">色样</td></tr>
<tr><td>颜色名称</td><td></td><td>颜色名称</td><td></td><td>颜色名称</td><td></td><td>颜色名称</td><td></td></tr>
<tr><td>客户色号</td><td></td><td>客户色号</td><td></td><td>客户色号</td><td></td><td>客户色号</td><td></td></tr>
<tr><td>打样色号</td><td></td><td>打样色号</td><td></td><td>打样色号</td><td></td><td>打样色号</td><td></td></tr>
<tr><td colspan="2">色样</td><td colspan="2">色样</td><td colspan="2">色样</td><td colspan="2">色样</td></tr>
<tr><td>颜色名称</td><td></td><td>颜色名称</td><td></td><td>颜色名称</td><td></td><td>颜色名称</td><td></td></tr>
<tr><td>客户色号</td><td></td><td>客户色号</td><td></td><td>客户色号</td><td></td><td>客户色号</td><td></td></tr>
<tr><td>打样色号</td><td></td><td>打样色号</td><td></td><td>打样色号</td><td></td><td>打样色号</td><td></td></tr>
<tr><td colspan="2">色样</td><td colspan="2">色样</td><td colspan="2">色样</td><td colspan="2">色样</td></tr>
</table>

表 3–5　印花原样资料卡

<table>
<tr><td>客户</td><td></td><td>单号</td><td></td><td>来样时间</td><td></td></tr>
<tr><td>花型编号</td><td></td><td>使用坯布</td><td></td><td>坯布成份</td><td></td></tr>
<tr><td>印花方式</td><td></td><td>套色数量</td><td></td><td>建卡时间</td><td></td></tr>
<tr><td>颜色 1</td><td colspan="5" rowspan="16">花型图案

图样</td></tr>
<tr><td>色样</td></tr>
<tr><td>颜色 2</td></tr>
<tr><td>色样</td></tr>
<tr><td>颜色 3</td></tr>
<tr><td>色样</td></tr>
<tr><td>颜色 4</td></tr>
<tr><td>色样</td></tr>
<tr><td>颜色 5</td></tr>
<tr><td>色样</td></tr>
<tr><td>颜色 6</td></tr>
<tr><td>色样</td></tr>
<tr><td>颜色 7</td></tr>
<tr><td>色样</td></tr>
<tr><td>颜色 8</td></tr>
<tr><td>色样</td></tr>
</table>

(3) 打样通知书

跟单员整理客户样品后,应开具打样通知书随同色样交由研发部门(或化验室)进行打样。打样通知书应保留一份存档,作为跟单资料。其格式可参见表3-6。

表3-6　打样通知单

致:研发部(化验室)

现需要对客户的来样进行打小样,请尽快安排完成。具体资料如下:

<table>
<tr><td colspan="3">客户</td><td></td><td>单号</td><td></td></tr>
<tr><td colspan="3">打样完成时间</td><td></td><td>订单交货期</td><td></td></tr>
<tr><td colspan="3">色样数量</td><td></td><td>染料要求</td><td></td></tr>
<tr><td colspan="3">印花方式</td><td></td><td>套色数</td><td></td></tr>
<tr><td colspan="3">使用坯布</td><td></td><td>坯布成份</td><td></td></tr>
<tr><td colspan="3">每色小样数量</td><td></td><td>小样尺寸</td><td></td></tr>
<tr><td colspan="3">染色(印花)色牢度</td><td colspan="3" rowspan="8">其他要求:</td></tr>
<tr><td colspan="2">项目</td><td>等级</td></tr>
<tr><td colspan="2">水洗牢度</td><td></td></tr>
<tr><td colspan="2">汗渍牢度</td><td></td></tr>
<tr><td rowspan="2">摩擦牢度</td><td>干摩擦</td><td></td></tr>
<tr><td>湿摩擦</td><td></td></tr>
<tr><td colspan="2">日晒牢度</td><td></td></tr>
<tr><td colspan="2">升华牢度</td><td></td></tr>
<tr><td colspan="6">附件:
后附客户原样资料　　份,共　　个颜色。</td></tr>
<tr><td colspan="6">备注:</td></tr>
<tr><td colspan="3">主管批准</td><td>签字
年　月　日</td><td>签收</td><td>签字
年　月　日</td></tr>
</table>

制单:　　　　　　　　跟单:　　　　　　　　年　月　日

① 打样通知单应与客户原样一同交研发部门,并进行登记和交接签字,以防止色样丢失。

② 应明确规定打样完成时间,以促进打样效率的提高。

③ 打样的质量要求视客户的要求而定,通常情况下主要是对色样大小(尺寸)和色牢度提出要求,如果客户有其他特殊要求应特别注明。

④ 打样通知单需经主管认可签字后方可交付执行。

⑤ 开具通知单时,应特别仔细地核对客户的订单号、色号、颜色等资料,尤其是核对原样资料卡所列明的内容,不可出现差错,需要提醒或容易混淆的地方,应在备注栏中特别注明。

4. 打样

打样工作由印染企业研发部门(或化验室)进行。通常要经过来样分析、制订工艺及打样进程安排三个阶段,打好的样品还需要进行整理汇总,报送到跟单部门,由跟单部门交客户批核确认。客户认可的样品,可以根据打样工艺制订出批量生产工艺,同时尽快安排中样或大货头缸样的试生产。客户未确认的样品需重新打样,直到客户认可为止。

(1) 来样分析

根据《打样通知单》及客户原样等技术资料,对客户原样进行分析,通过分析初步拟定打样工艺。因此原样分析一定要准确,尤其是对客户的质量要求进行充分研究,以提高打样准确度、打样速度和打样效率。来样分析应注意以下几个方面:

① 根据《打样通知单》的具体技术要求,应特别注意对色光源、色牢度、所用染化料的环保问题、打样数、小样尺寸等。

② 分析坯布成份,确定使用坯布的规格品种。打样用坯布一定要与客户订货要求坯布的成份、品种、规格相一致。坯布成份决定使用染化料的种类和印染工艺。坯布的品种规格决定了成品风格。如果打样用坯布与订货用布不同,同一印染工艺用于不同坯布品种时所表现出来的色光效果是有一定差别的,因此要特别注意坯布的使用。

③ 根据客户的订货质量要求,决定是否对坯布进行相关的前处理工作,以保证将来生产大货时的成品效果与打样效果相一致。对于特殊品种的坯布,如果企业没有相同的坯布,可以要求客户提出足够数量的坯布供打样用。最理想的方式是用客户将来做大货的坯布进行打样,以使打样准确度提高。

④ 某些对环境条件(温度、湿度)比较敏感的颜色,应特别进行研究分析,尤其是对某些回潮率较高的织物(如棉织物、毛织物等),要特别注意对色过程的环境条件。对色时的温湿度不同,有可能表现出来的色光、色彩有差别,因此敏感颜色的试样进行对色时,应尽量将标准原样与打出的小样在相同环境条件下放置一定时间后进行对色。

⑤ 对色光源的使用一定要正确,可以利用标准光源对色灯箱或电脑测配色系统将样品与标准原样在正确的光源下进行对色,判断样品的准确程度。

(2) 制订打样工艺

打样工艺实际上也决定了将来大货的生产工艺,因此打样工艺要科学、合理、准确。打样工艺主要是指染料(或印花浆料)的配方以及印染过程的工序流程、时间、温度、压力等生产工艺参数。确定工艺时应注意以下几方面:

① 染化料配方的确定要准确,以保证打出样品的效果符合客户的要求。染化料配方与坯布成份和印染工艺流程有极大的关系。尤其是多种成份的坯布(3 种以上不同原料所织的坯布),

确定配方时要考虑不同种类染化料的配比和它们之间的相互影响因素。

② 印染工艺的确定，要考虑印染过程中的浴比、温度、压力、时间以及整理工序的各种工艺参数对最终产品质量的影响。尤其是对特殊品种的坯布（如高弹性、高变形性、特殊纤维成份、特殊风格手感要求等），要特别注意印染过程中的工艺参数的兼容性和合理性。

③ 打样过程的工艺配方和技术参数应进行详细记录，以方便将来生产大货时的工艺的制订。特别是对客户未确认的样品进行重新打样时，可参考原有工艺参数依据客户的评判结果对原工艺进行调整和修改，以提高打样效率和准确程度。

④ 电脑测配色系统的使用，极大地提高了打样配方的确定速度，在电脑测配色系统中建立和完善染化料数据库，是提高配方准确度的前提。

（3）打样进程

打样效率的高低，直接影响接单量和客户的信心，因此打样的准确度和效率是打样进程的关键。打样的质量和速度与企业的技术人员素质、设备、染化料、管理等方面有较大的关系，因此打样过程既要速度快，又要质量好，从而树立企业的良好形象。进行打样安排时应注意以下几方面：

① 如果每一批样品在第一次送样后客户的确认率低于50%，会极大影响客户对企业的信心，因此送样前一定要在内部反复审核样品的质量，不可为了赶时间而仓促送样。

② 完善内部的技术、设备、管理等水平，以提高应变能力和竞争能力，适应市场的变化。

③ 打样速度要快，效率要高。尤其是交货期紧急的订单，一定要以最快的速度打出样品交客户批复。因此打样时要合理安排进程，兼顾各个不同订单的进度要求，制订出科学合理的计划，在保证样品质量的前提下尽快交样，提高效率。

④ 通常打样的时间要求是：染色小样（烧杯样）数量在5个样以下，1～2天内打好样品送交客户，5个以上应在3天内交齐；印花样可依据数量的多少以及复杂程度，包括制版时间在内，应在7～10天内交齐。如遇特殊样品或比较难打的样品，应及时与客户沟通，争取客户的谅解，可以适当延长打样时间。

三、样品整理报送及确认

打好的样品需进行整理、记录、编码、存档等工作，由研发部门将样品交跟单部门，由跟单部门统一报送客户批核，具体操作过程如下：

1. 染色样的整理

染色样应制做成样品卡，方便客户批色和保管。在样卡中应注明色号、色名、编号、送样日期、对色光源、色牢度等有关技术数据。色样剪裁要整齐平整，尺寸大小要符合客户要求，将裁剪好的色样牢固粘贴在色样卡上，以防脱落。样卡格式见表3-7。

2. 印花样品的整理

印花样品的大小，应视花型的大小而定，通常对于循环面积较小的花型（或小碎花型）至少应有50 cm×50 cm的面积；大花形应至少有一个完整花形循环面积。印制好的样品应注明花形编号、印版编号、客户名称、套色、订单号等内容。可采用不干胶贴纸的形式，预先印制好样品资料卡，将有关内容填入后，贴附在印花样板上，方便客户区分和批核，同时也方便内部对样品的分类管理。印花样品卡的格式见表3-8。

表 3-7 对色样卡

<table>
<tr><td colspan="8">对 色 样 卡</td></tr>
<tr><td colspan="4">对色光源</td><td colspan="5">色牢度</td></tr>
<tr><td>普通灯</td><td></td><td>INCA</td><td></td><td rowspan="3">水洗
牢度</td><td>棉沾色</td><td></td><td>湿摩擦牢度</td><td></td></tr>
<tr><td>D65</td><td></td><td>UV</td><td></td><td>尼龙沾色</td><td></td><td>干摩擦牢度</td><td></td></tr>
<tr><td>TL84</td><td></td><td>F</td><td></td><td>变色</td><td></td><td>日晒牢度</td><td></td></tr>
<tr><td>CWF</td><td></td><td>HOEON</td><td></td><td rowspan="2">汗酸
牢度</td><td>沾色</td><td></td><td></td><td></td></tr>
<tr><td>D75</td><td></td><td>U30</td><td></td><td>变色</td><td></td><td></td><td></td></tr>
</table>

A

B

C

D

客　　户：______________________

订 单 号：______________________

客户色号：______________________

工厂色号：______________________

品种规格：______________________

送样时间：______________________

客户确认意见：

年　　月　　日

表3-8　印花送样卡

印花送样卡	
客　户	
单　号	
花型名称	
花型编号	
印花方式	
印版编号	
套色数	
坯布规格	
送样时间	
备　注	

表3-9　送样通知单

客　户:________________　　编号:________

地　址:________________

兹将下列染色小样(印花小样)送交贵客,请即批核为盼!

编号	订单号	颜色(花型)	色号(花型号)	客户评语
1				
2				
3				
4				
5				
6				
7				
8				
9				
10				
11				
12				
13				
14				
15				
16				
17				
18				
合计送样数量				

批核:　　　　跟单:　　　　送样时间:　　年　　月　　日

3. 填制送样通知单

送样通知单是一份比较重要的跟单资料，既方便客户收样和批复，同时也方便企业内部记录和管理。通知单要清楚表述所送样品的客户名称、单号、样品编号（色号）、送样时间等内容，随同样品一同送交客户，送样通知单格式见表3-9。

报送样品前，先将样品与送样通知单进行核对，准确无误后将色样卡按通知单上的顺序排列整齐，印花样品应折叠平整，然后进行妥善包装，要注意样品的防潮、防水、防污浊措施，保证样品不发生变色、退色或出现色差现象，保持样品的准确性。

4. 样品确认

样品送出后，跟单员应及时通知客户，提醒客户收到样品后及时回复。客户在批核样品过程中要及时跟进，如果客户批复样品的时间过长，可能会影响到后续大货生产的交货时间。因此在此期间，跟单员要及时与客户沟通，询问结果，促使客户及时回复，争取更多的时间。

客户回复结果，应以书面的形式通知，有时对于货期特急的订单，客户有可能通过电话或口头的形式通知，对于这种情况跟单员应要求客户以书面形式回复（最简单的方式是提醒客户只需在《送样通知单》的批核结果栏中填写清楚结果如何即可）。书面回复可作为跟单和生产的依据，是一份重要的资料，跟单员应妥善保管。

客户确认的样品，跟单员应及时通知研发部门和生产部门，组织实施生产。客户否决的样品应立即以书面形式通知研发部重新打样，并将客户否决样品的原因列明，供研发部门参考改进。

打样和确认过程，是一个反复的过程，最终的目的是使客户能够认可所有样品，从而为下一步的生产实施打好基础。

5. 建立样品资料库

客户确认的样品，应建立样品资料库，将客户的原样及打出经客户确认的样品，集中统一存放。可以建立资料夹，按客户、订单号、样品编号（色号、版号）进行汇集保管，同时将客户和样品确认书附在每一订单的样品资料中，以方便查询检索，尤其是客户有追加订单的情况时，可以调出资料，直接进入生产阶段，省去打样确认的过程，提高生产效率。

样品资料不只是颜色样和印花小样，同时包括客户提供的其他样品（如大货质量样、大货手感样、大货风格样、大货规格样等）。应进行妥善保管，采取防潮、防变色、防霉变、防虫蛀等措施进行存放，专门建立样品存放室，设专人统一管理，将样品资料登记建卡，借阅查看要有相应的纪录，从而达到统一管理，资源共享的目的。

样品资料库的建立，可以起到以下作用：

① 防止样品的丢失、损失，达到安全保存的目的。

② 方便有关人员随时查阅，尤其是技术、研发、跟单部门的人员，在工作中会经常调用查阅样品。样品库的建立，可以帮助有关人员研发、改进产品，解决技术问题，在产品检验及跟单等工作中，有可参考的资料和依据，提高工作效率和准确性。

③ 样品库是印染企业长时间生产实践积累的成果，也代表着企业的实力和成就，是一个非常重要的资源，可以提升企业的形象。

④ 建立样品库，使客户有追加订单或翻单时，可方便地查找以前的资料，使印染生产加工快捷地进入实施阶段，从而进一步提高生产效率，节省时间，适应市场的需求，提高企业的竞争力。

第四节 染整、印花生产加工过程的跟单实践

在打样过程结束后，进入订单的生产加工实施过程。这一过程在客户确认小样后开始进行，有时可能出现一张订单中有多个品种花色，客户确认其中的某些样品，而有些样品还在试小样阶段，但这不妨碍已确认样品的大货生产加工，为了提高生产效率，通常是打样与生产同步进行。将已确认的花色品种先进入大货生产阶段，未确认的样品在陆续确认后进行生产衔接，既保证了生产的连续性，又节省了时间，提高生产效率。

订单的生产实施，通常是由跟单部门的主管人员进行安排，并指定跟单人员对订单进行跟进。大部分印染企业是采用指定跟单员专门跟进某一客户订单的方法，即某一客户的所有订单中的打样、生产、交货等跟单工作，均由某人负责，从而划分清楚跟单责任，方便跟单管理，提高工作效率。这一过程是整个订单生产实施和成品交付的关键过程，跟单工作在这一过程中起到了非常必要和重要的作用，需要跟单员进行实际的操作、协调、管理、汇总，最终能够使订单顺利完成。

一、染整、印花生产过程的跟单流程

生产过程的跟单工作，是印染生产加工过程的核心工作，跟单人员在其中发挥着重要的作用。现代印染企业的生产管理，是以订单为中心由跟单工作串连起来，形成一个高效运作的整体，使企业的生产效率得以有效的提高，从而降低生产成本，提高竞争力。在这一过程中，跟单员要认真仔细、统筹协调。微小的疏忽大意，都可能酿成较大的损失。因此跟单员应树立牢固的责任意识，扎实地做好工作。

印染生产是由生产计划、组织实施、质量监控、生产进程等多方面工作相互协调、有机运作而形成的一个复杂的过程。通过这一过程的进行，最终实现所加工生产的产品保质保量地交付给客户。

生产过程通过跟单操作使生产车间作业、生产计划、生产安排（排缸）、品质控制、仓库管理等工作紧密结合起来，通过相互协调，对企业的生产活动进行有效地计划和控制，可将生产进度、产品质量、完成情况等有关资讯及时反馈给管理人员。同时也可与业务部门的工作相互联结，使其能够及时了解订单接单量、生产实施、产品交付等运作情况，为管理人员提供及时的信息。生产过程的跟单流程见图3-3。

二、染整、印花生产计划安排

订单的完成，是在生产计划指导下实施进行的。对于印染生产企业，同时会面对多个客户、多个订单和多个品种的加工生产，如要有序高效地完成这些订单，应制订周密的生产计划。在将生产计划作为指导原则的前提下，应根据客户的要求和市场的变化，能够及时灵活地进行调

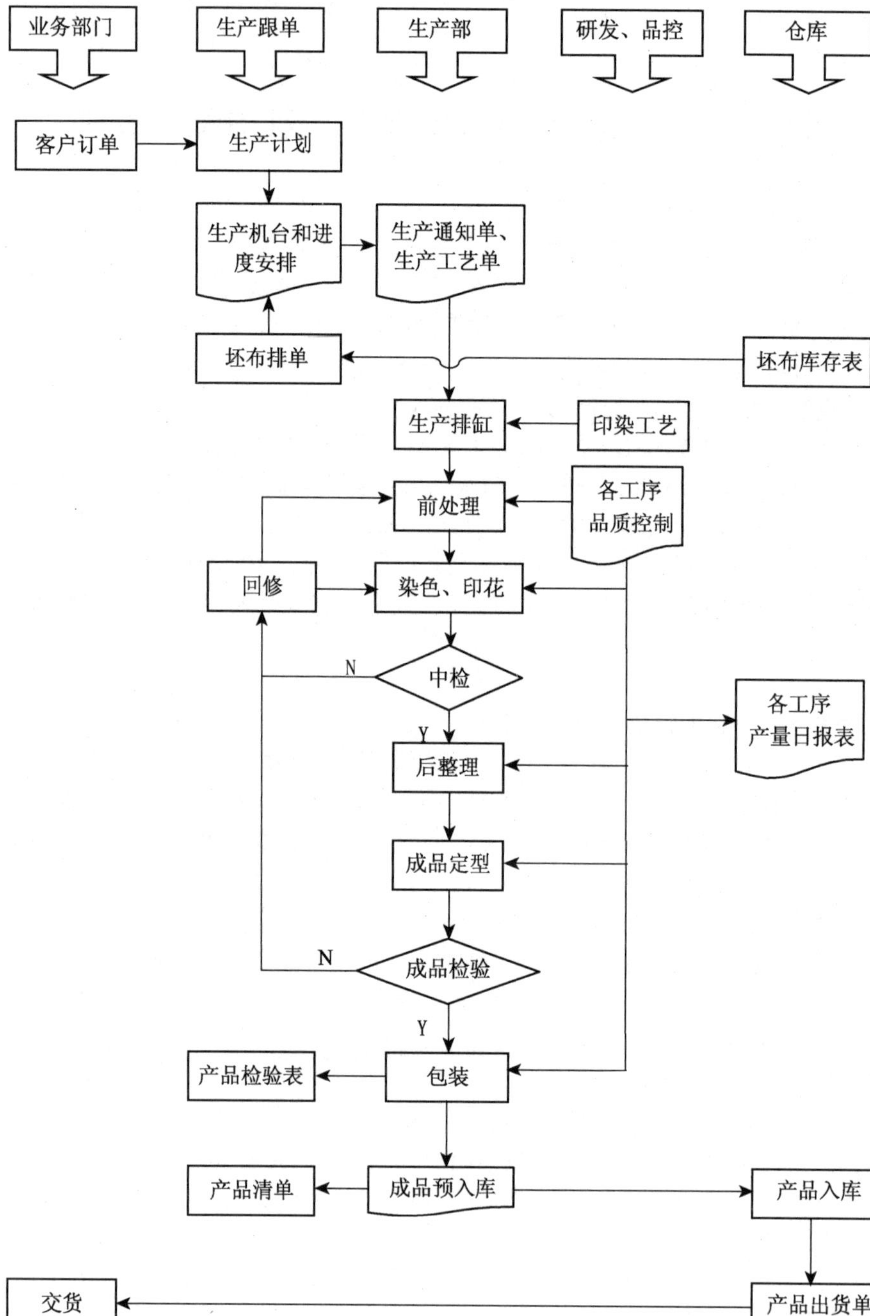

图 3-3　生产过程跟单流程图

整。尤其是针对客户的特急订单、小批量订单、试样订单等特殊情况，可以随机应变，在不影响大局的情况下，优先安排，以达到占领市场先机的目的。

1. 生产计划的制订

制订生产计划，是订单实施的重要步骤，也是跟单工作的重要组成部分。通常由主管生产的管理人员，依据客户的订单数量、品种、交货期等情况，制订生产计划。另一种是针对每一个订单的生产计划，是指依据总计划的要求，针对此订单的具体实施进程进行安排。

(1) 生产总计划

编制生产总计划时，要充分考虑企业所面临的所有订单的订货数量、交货期等情况，既要相互兼顾，又要保证每个订单按时交货。应结合企业的实际生产能力合理统筹。如果出现生产能力不足的情况时，可以考虑通过其他企业的协作进行外发加工，以达到按期完成订单的目的。对于订货数量少(小订单)、交货期紧急的订单，可优先安排。订货数量大、交货期长的订单，可以渐进安排，或采用分批生产、分批交货的方式完成订单。对于产品数量很大，而且交货期短的订单，应考虑在保证产量质量的前提下采用集中生产、突击产量或发外加工的方式促使订单如期完成。

生产总计划表应一式多份，分别送交有关部门和有关人员(如总经理、生产主管、财务部门、跟单部门等)。生产实施过程应按总计划的要求进行，计划的修改或调整应有明确的记录，以保证生产的正常进行，避免差错和混乱，从而保证订单能够顺利完成。

生产总计划表可参考表3-10。

(2) 订单生产计划

订单生产计划是针对某一订单的生产进度安排，通常是由跟单人员依据总计划的安排制订。内容要明确清晰，既能够保证订单的顺利实施，又能够使跟单工作方便有序，要有很好的实用性和可操作性。通常采用订单计划表的形式，方便查阅、汇总、归类和跟进。

订单计划表的主要内容应包括：

① 客户及订单号：按订单资料档案编排，是跟单工作中重要的识别信息。

② 产品品种：明确表示出产品名称、颜色、花型、织物组织等。

③ 产品规格：使用坯布的规格以及印染加工后的成品规格。

④ 生产加工方式及使用染化料的种类。

⑤ 生产加工损耗：规定出损耗的界限。

⑥ 交货期：通常是按订单要求的期限。在实际操作中，最好将期限提前少许，以防止有意外情况发生时有一定的补救时间。

订单生产计划表可参见表3-11。

2. 生产计划实施过程的跟单操作

生产计划安排完毕后，应开展计划的实施工作。在这一过程中主要任务是将生产计划安排转变为实际的生产实施过程，并对生产实施过程加以监督和控制。跟单员需制订一系列的通知、操作、实施等方面的单证，供有关人员执行，有计划有目的地实施生产。

表 3－10　生产计划总表

编号：

客户	单号	批号	品种	数量	签单时间	交货时间	贸易方式	生产方式	备注
合计：									

制单：　　　　审核：　　　　跟单：　　　　日期：

表 3－11 订单生产计划表

编号：

客户	单号	批号	品种	成品规格	颜色(花型)	成品数量	交货时间	加工方式	生产时间	完成时间
合计：										

制单：　　　审核：　　　跟单：　　　日期：

生产计划的实施,主要体现在印染加工排程计划表之中(俗称排缸大表)。通过排程计划表,可以直观地反映出每一生产机台正在生产和即将投产的产品品种、投产时间、加工数量、生产工艺等信息,可以很方便地进行操作管理。其核心就是将生产计划、机台安排、进度安排、生产通知单、生产工艺单、投染(印)坯布明细表等有关单证,集中在生产排程表中,方便有关人员查询了解不同订单的进展情况以及企业整体的生产状态,同时为管理人员提供全面的生产运转资料,使生产管理更加科学有序,提高生产管理效率。

生产计划实施过程,跟单员应进行以下的跟单操作:

(1) 开列生产通知单

通常生产通知单是由跟单员依据订货量和生产状况拟定的。生产通知单随同工艺单一同发至生产部门,同时必须附有所加工坯布的明细表,即每生产加工一个缸次(批次)的坯布,生产通知单、生产工艺单和坯布明细表应跟随每个生产过程直到最后出成品,再回到跟单人员手中进行统计整理归档。此三张单证在各个工序流程的交接过程中,应有完善的交接手续,以便于对各个工序的产量、质量进行统计汇总,使管理人员随时掌握全部的生产进程,方便随时调整协调各个部门之间的工作,使企业能够高效正常地运转。生产通知单见表3-12。

(2) 坯布准备

开具生产通知单的同时,应提前准备好待加工的坯布。印染生产主要是指将毛坯布加工成客户需要的染色印花成品面料。因此,在这里也可以将坯布视为印染生产的原料(当然也包括所使用的染化料)。坯布准备工作的好坏,直接影响印染生产加工的进度。

坯布的准备情况,跟单员可以通过坯布仓库管理部门进行查询,利用查阅收集的有关资料进行坯布调用和排缸。通常,对于客户来坯加工的订单,跟单员应随时咨询客户的坯布准备和进展情况,配合物流运输部门和仓库管理部门,做好坯布的进厂、清点、登记、管理等工作,以便及时掌握坯布的进展情况,方便开展跟单工作。

① 查询坯布的库存情况,包括客户的剩余坯布存量,了解库存坯布的品种、数量、规格。掌握库存坯布是否适用于即将投入生产加工的品种、规格要求。适用的坯布应尽快使用,减少库存。坯布存放时间过长,会使坯布的质量产生变化,容易造成印染质量问题(如折痕、风痕、强度下降等)。

② 对于坯布数量不足的情况,应及时跟进坯布生产情况,追踪客户来坯的进度,尽快备齐所需的坯布,及时整理坯布进厂的统计资料,特殊情况下可直接将刚进厂的坯布调入生产车间投入生产,以保证生产的连续性,避免出现生产停顿而降低生产效率的情况发生。

③ 根据坯布的备存以及订单的具体要求,开列坯布配缸明细表,生产操作人员依据此表进行坯布的配缸、进缸、投染(印)生产。配缸明细表应准确,特别是坯布的匹数和数量要与实物相对照,不可出现差错。计算坯布用量时,要了解或咨询有关技术人员加工损耗率,以使坯布用量准确,避免加工后的成品数量出现多或者少的情况。

坯布配缸明细表可参考表3-13的格式。

(3) 生产工艺的制订

生产工艺是由研发部门根据试样结果总结出的工艺流程和工艺配方,最终形成指导生产的生产工艺单。

表 3-12 印染生产通知单

<table>
<tr><td colspan="7">客户名称:______
客户单号:______ 生产单号:______
生产加工单位:______ 年 月 日</td></tr>
<tr><td>产品名称</td><td colspan="6"></td></tr>
<tr><td>使用坯布</td><td colspan="6"></td></tr>
<tr><td>坯布规格</td><td>平方米克重</td><td>g/m²</td><td>幅宽</td><td colspan="3">英寸 cm</td></tr>
<tr><td>成品规格</td><td>平方米克重</td><td>g/m²</td><td>幅宽</td><td colspan="3">英寸 cm</td></tr>
<tr><td rowspan="2">生产机台</td><td colspan="2">型号</td><td colspan="2">产量</td><td colspan="2">批次(缸次)</td></tr>
<tr><td colspan="2"></td><td colspan="2"></td><td colspan="2"></td></tr>
<tr><td rowspan="2">生产数量</td><td colspan="3">成品数量</td><td colspan="3">坯布用量</td></tr>
<tr><td colspan="3">公斤(米)</td><td colspan="3">公斤(米)</td></tr>
<tr><td rowspan="2">染色</td><td colspan="3">颜色</td><td colspan="3">色号</td></tr>
<tr><td colspan="3"></td><td colspan="3"></td></tr>
<tr><td rowspan="2">印花</td><td colspan="2">花型编号</td><td colspan="2">印版编号</td><td colspan="2">套色数</td></tr>
<tr><td colspan="2"></td><td colspan="2"></td><td colspan="2"></td></tr>
<tr><td>生产时间</td><td colspan="2"></td><td>完成时间</td><td colspan="3"></td></tr>
<tr><td>交货期限</td><td colspan="2"></td><td>交货地点</td><td colspan="3"></td></tr>
<tr><td rowspan="4">生产排缸
(批次)</td><td>缸号(批次)</td><td></td><td>数量</td><td colspan="3">匹 公斤(米)</td></tr>
<tr><td>缸号(批次)</td><td></td><td>数量</td><td colspan="3">匹 公斤(米)</td></tr>
<tr><td>缸号(批次)</td><td></td><td>数量</td><td colspan="3">匹 公斤(米)</td></tr>
<tr><td>缸号(批次)</td><td></td><td>数量</td><td colspan="3">匹 公斤(米)</td></tr>
<tr><td colspan="7">备注:生产工艺按工艺单。</td></tr>
</table>

主管: 制单: 跟单:

表 3-13 坯布配缸明细表

客户名称：______________________________

客户单号：______________ 生产单号：______________

生产加工单位：______________________ 年 月 日

<table>
<tr><td>产品名称</td><td colspan="5"></td></tr>
<tr><td>使用坯布</td><td colspan="5"></td></tr>
<tr><td>坯布规格</td><td>平方米克重</td><td>g/m²</td><td>幅宽</td><td>英寸</td><td>cm</td></tr>
<tr><td>成品规格</td><td>平方米克重</td><td>g/m²</td><td>幅宽</td><td>英寸</td><td>cm</td></tr>
<tr><td>缸号（批号）</td><td colspan="2"></td><td>缸（批）次</td><td colspan="2"></td></tr>
</table>

坯 布 明 细					
编号	坯布号	数量（公斤、米）	编号	坯布号	数量（公斤、米）
1			21		
2			22		
3			23		
4			24		
5			25		
6			26		
7			27		
8			28		
9			29		
10			30		
11			31		
12			32		
13			33		
14			34		
15			35		
16			36		
17			37		
18			38		
19			39		
20			40		

备注：

主管： 制单： 跟单：

生产工艺单是要经过技术主管批核的重要文件，一切生产过程和产品质量控制均是以生产工艺单作为依据。生产过程中的所有操作必须按工艺单的要求严格执行。工艺的落实，是保证产品质量的重要前提。因此作为印染生产企业中的管理、跟单、技术、品控等部门，应严格把关，随时检查监督，从而保证所生产的产品达到客户的质量要求。

跟单人员应跟据工艺单的要求，及时跟进各个工序过程的进度和质量情况。随时掌握订单的进展，并需做详细的统计记录。

印染生产的工艺和方法多种多样，相对比较复杂，因生产加工的坯布品种、规格以及印染设备的不同，其生产工艺和方法有较大的区别，并且加工过程的每道工序，均有其相应的工艺方法和工艺要求。表3-14所示生产工艺单格式，是依据间歇式染色方法的生产过程制订的格式，仅供参考。

(4) 印染生产排程

前面的准备工作完成后，跟单员应配合生产部门的有关人员，依据订单要求的品种、数量、交货期等，根据生产机台的使用状态进行排程。

跟单员将生产通知单、坯布配缸明细表以及研发部制订的生产工艺单一同交由生产部门。由生产部门的排缸人员依据生产情况及生产通知书的要求进行排程。

印染厂为方便管理和安排生产，通常制作一个大型的排程图表展板挂在墙上，将所有生产设备列于其中，并且在每一机台的标识下面留有一定的空位，方便将每一机台每一生产过程的资料内容进行排队挂示。排缸人员开出排缸卡，随同生产通知单、坯布明细表、生产工艺单一起挂示于该机台下面空位进行排队。遇有特殊情况时（如特急单、临时加单、紧急回修等），可以方便随时调整。图3-4所示为生产排程图表示意图。

如图3-4所示，排程表（展板）中每一机台编号下的空位装有挂钩，排缸卡通常用较厚的硬卡纸制作，并留有挂孔。汇集后的资料与排缸卡装订在一起挂入相应机台的下面。通常每一机台下面留5个空位依次排挂待生产的印染单。留在排程表上的挂卡，表示未投产已排缸的印染单。如果投产印染，生产人员将排在第一位的排缸卡（包括有工艺单和坯布明细表）摘下来交生产部门开始进行生产加工，排在后面的染单可递次上移等候生产。通过这种方式可以一目了然地表示出生产车间每一机台的生产情况和待排进程。排缸人员随时排挂更新生产进度。跟单员可以很方便地观察出来每一订单每一缸次的进展情况。

生产排程是一项相对复杂的工作，既要考虑生产能力和机台的生产状况，又要顾及订单的交货时间。在将排缸卡挂入排缸表之前，要仔细了解现有各个订单的生产进展情况，特别要了解已排入表中待加工订单的完成时间和交货时间。对于交货期较长的订单，可以放缓安排生产，将特急的订单优先安排。应注意协调好各个订单的生产顺序，分出轻重缓急，灵活合理地进行排缸，不可因某一订单的特殊情况而影响全局的秩序，给生产管理制造困难。

三、染整、印花生产计划的跟进

生产计划的跟进，重点是从两个方面入手。一方面，是大货样（头缸板）的试生产，通过跟单工作，尽快得到客户的批复。这是一个关键的过程，客户不认可大货样，将无法进行大货的生产，有时需要反复几次花费较长的时间才能够得到客户的确认。这一过程效率、质量的提高，

表 3-14　印染生产工艺单

<table>
<tr><td colspan="6">客户名称：______________ 客 户 单 号：______________
生产单号：______________ 生产加工单位：______________</td></tr>
<tr><td colspan="2">标准色样（印花样）</td><td colspan="3">技术资料</td><td>缸号（批号）：</td></tr>
<tr><td colspan="2" rowspan="5"></td><td colspan="4">产品种类：</td></tr>
<tr><td colspan="4">成品规格：</td></tr>
<tr><td colspan="4">坯布规格：</td></tr>
<tr><td colspan="4">成品数量：　　　　坯布数量：</td></tr>
<tr><td>前处理</td><td colspan="3">时间：　　配方：______________
温度：　　______________
浴比：　　______________</td></tr>
<tr><td>染色工艺</td><td colspan="5">颜色：________ 色号：________ 温度：________ 时间：________
浴比：________ 液量：________ PH：________ 机台：________
配方：
A ______________
B ______________
C ______________
D ______________
E ______________
F ______________
G ______________
H ______________
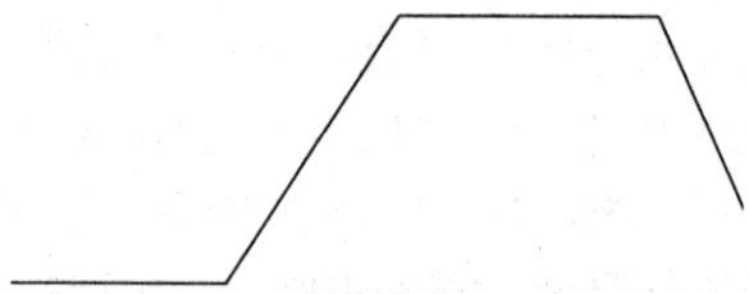
升温曲线</td></tr>
<tr><td>印花工艺</td><td>花型：________
版号：________
套色：________
方式：________
机台：________
机速：________</td><td colspan="2">花型循环尺寸：
____
滚筒（刮板）压力：
____
印浆（刮浆）率：
________</td><td colspan="2">印花浆料配比：
A ________
B ________
C ________
D ________
E ________</td></tr>
<tr><td rowspan="3">后整理工艺</td><td rowspan="3">整理方法：
____
使用设备：
____
时间：________
温度：________
整理剂配比：
____
____
________</td><td rowspan="3">定型工艺</td><td>机台：________
机型：________
机速：________
温度：________
时间：________
拉伸率：
横向：____纵向：____
超喂率：________</td><td>检验要求</td><td></td></tr>
<tr><td>定前规格</td><td colspan="2" rowspan="2">工艺制订：

年　　月　　日</td></tr>
<tr><td>定后规格</td></tr>
</table>

总工程师：　　　　　　生产技术主管：　　　　　　跟单员：

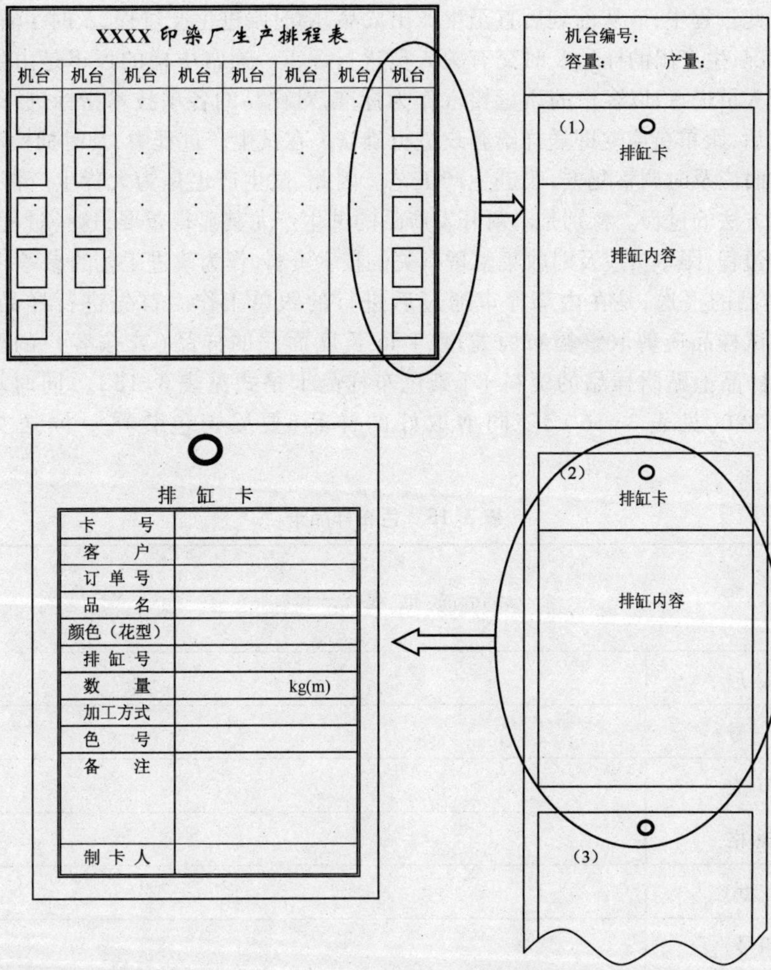

图3-4 印染厂生产排程表格式

是为大货生产赢得时间的保证，也是大货能顺利投产的前提，因此跟单员要特别跟进试生产过程，全面记录整理有关的资料，为生产和技术人员的工作做全面的配合服务，使试生产能够顺利进行。另一方面，是大货的投产跟进，在这一过程中应及时配合生产部门，保证坯布的供应，同时随着生产的展开，做好有关资料的汇集整理，配合生产管理人员协调各生产工序的操作，使订单能够顺利有序地完成。

1. 中样或大货头缸样生产的跟进

当客户批复小样后，应及时进行中样（或头缸）试生产。试生产过程的准备和生产工艺应尽量完善，试出的样品应达到客户的质量要求（包括颜色、花型、手感、风格、色牢度、成品规格等），并及时送交客户确认。

试生产头缸时，生产工艺、染化料配方、坯布品种应与大货生产时一样，特别是坯布的规格，一定要正确。与此同时，跟单员应与生产排缸人员协调生产进度，以最快的速度安排小批量试生产，优先安排生产时间，选择合适的机台，按生产工艺要求进行试生产。

跟单员在此过程中，应从前到后直至生产出成品，随时跟进生产过程，及时了解生产进度和成品的质量情况，生产出的样品及时交有关人员进行评审。通常中样的评审是由生产部、研发部和有关主管人员进行，以客户的质量要求作为标准，对样品的各项技术指标进行测试。企业内部评审通过后，跟单员应立即送样给客户进行确认。在试生产过程中，及时抽检产品质量，达不到质量要求时应及时调整配方，改进生产工艺。因此，试生产也是为大货生产探索出实用成熟的生产工艺方法的过程。特别是对新开发产品的试生产尤其显得重要，这一过程也是不断改进生产技术的过程，跟单员应及时收集整理有关的技术资料，作为改进工艺的参考。

试生产样品的报送，是在内部评审通过后进行的跟单工作。首先进行样品的剪取（采样）。通常中试样品应剪取整幅布面宽度，1 m 长度面积的样品（或按客户的要求而定），折叠整齐，在样品上贴附样品的资料卡（染色布样品卡格式见表 3-15）。同时填制送样记录和送样通知单（见表 3-16），随同剪取好的样品（要妥善包装），一同送交客户进行批复。

表 3-15　色布样品卡

成品布规格卡	
客　　户	
单　　号	
成品布类	
成品规格	
颜色（花型）	
色号（版号）	
缸号（批号）	
布匹编号	
数　　量	公斤　　　米
检验员	
出厂时间	
备注：	

表 3-16 成品送样通知单

客 户：______________________

地 址：______________________ 编号：

兹将下列成品布样送交贵客，请即批核为盼！ 送样时间： 年 月 日

编号	订单号	品种	成品规格	颜色（花型）	色号（花型号）	缸号（生产单号）	成品数量		客户评语
							匹数	数量（公斤、米）	
1									
2									
3									
4									
5									
6									
7									
8									
9									
10									
11									
12									
合计送样数量：									

批核： 跟单：

样品报送后要及时联络客户询问样品的评审结果。客户对于中样的确认,无论通过与否,均应有相应的书面答复材料,此书面资料是跟单和生产的重要依据,跟单员应妥善保管。客户对样品评审的回复,有两种可能性,一种是确认通过,另一种是否决。客户否决的样品,应由有关人员根据客户的否决理由(原因)进行研究改进,再进行试板生产,直至客户确认。客户确认以后的样品,可作为大货生产的标准对照样,进行大货生产,同时技术和研发部门根据客户的质量要求制订出产品质量标准和产品检验标准,供生产质检和品质控制部门使用,以保证产品质量。跟单人员要存留样品,随同客户批复结果妥善保管,作为跟单依据。

2. 大货生产的跟进

头缸样通过确认后,要及时妥善组织大货生产,根据订单的质量要求和交货期,跟进生产进程,以达到保质、保量、按期交货。进行大货生产安排时,应注意以下几方面:

① 要统筹兼顾正在进行中的订单数量和生产进度,协调好生产能力和生产量的关系,依据实际情况,及时与客户沟通,尤其是货期问题,如果确实无法在客户要求的时间内完成订单,应及早通报业务部门和客户(业务部门应了解企业的生产情况,有计划有选择地接单,不可贪多而耽误货期,这样反而对企业不利)。

② 要及时了解客户对样品的批核进度和坯布准备情况,无论是生产销售还是客户来坯布加工,均应考虑坯布的生产进度情况。可协同坯布仓管员随时跟进来坯布情况,以便安排大货生产。

③ 订单的生产实施,应以业务部门的合同条款为准则,明确合同中的各项要求,特别是产品质量要求、订货数量和交货期要求,并以此作为跟单依据进行生产安排。

④ 安排生产进度时,要依据订单品种数量、交货时间、坯布准备情况和客户批板情况,分批次、分阶段进行。不一定等到整张订单的全部坯布到齐或全部样板批复完毕后再进行生产,而要以提高生产效率、加快生产进程为目的,保证交货期。

第五节　品质控制和产品交付的跟单

在生产企业中产品的质量控制不是某一个部门或某一个人的事情,而是全体员工的工作职责。在市场经济的条件下,产品质量体现出企业的信誉和形象,是代表企业竞争力的重要表现,是关系到企业生命力的重要条件。因此应开展全员的质量教育,树立全员的质量意识,以保证企业的发展。产品质量控制,不仅仅是从工艺、技术、设备等方面进行把关,同时包含对员工的工作质量进行检查和监督,落实质量责任,使全体员工在生产工作中,通过高质量的工作保证产品质量的稳定和提高。

产品的交付是生产环节的结束,也是订单完成的标志。产品交付环节出现问题,会影响整个企业的收益。特别是交货期的延误,可能会带来损失。因此,产品的交付在订单投产之初就要全面考虑和统一协调,并科学组织实施,最终把产品安全、准确、保质、保量地交付给客户。

一、品质控制的跟单工作

跟单员对产品质量控制的跟单工作,应从以下几方面开展:

1. 质量跟进

质量跟进的重点是把握几个质量监控点,并对这几个控制点进行有目的的跟进。印染生产加工过程的质量控制是从坯布质量、染化料质量、半成品质量和成品质量四个方面入手,使生产全过程各环节的质量处于有效的控制之中,最终保证出厂成品的质量。

(1) 坯布质量跟进

进厂的坯布,在投入印染加工之前,应进行质量抽查,跟单员应协同品控部门进行抽查工作,并记录检验结果。坯布检验的目的是了解坯布在染整印花过程中可能对产品质量产生影响的因素。坯布本身的质量问题(如棉结、毛羽、油污、色渍、异型纤维等)均会对最终成品的质量造成影响。对于客户来坯进行印染加工的订单,通过坯布检验,对于质量问题严重的坯布,跟单员应及时与客户沟通,反馈坯布质量信息,说明可能产生的后果,征求客户的处理意见。跟单员应熟悉和了解客户对成品质量要求的标准,根据坯布情况尽量给予可行或可用的建议。坯布的质量问题主要表现在坯布的外观疵点,并有可能引致的印染产品的质量问题。坯布疵点对印染成品的影响参见表3-17。

表3-17 坯布疵点对印染成品的影响

坯布疵点	对成品产生的影响	改进建议
布面棉结、毛羽较多	造成成品布面不光滑、有毛绒感、光泽差。棉结的上染性差,易在色布表面产生"白星"现象,降低布面外观效果	采用"食毛"工艺处理,或进行烧毛处理,可以明显改善,但加工成本会上升
纱线条干不均引致的布面云斑、阴影等疵点	无法去除,成品布依然存在此现象	染深颜色可降低云斑,阴影效果,或者做印花产品
粗纱产生的布面结节疵点	无法改善,成品布同样显露	可染深颜色或做印花用
严重油渍、油斑、污渍	可使印染后的布面产生隐条、阴影、上染不匀的现象	进行除油处理或调整煮练工艺可以去除,但会使成本上升
布面严重横档	无法改善	开剪或调换坯布
破损性疵点(破洞、针洞等)	印染的机械运动,会使破损性疵点更加严重	印染前应进行修补处理或调换坯布
纵向稀密路,稀密不匀	对于不严重的稀密路,印染加工可以有少许改善,但成品布依然存在稀密条纹	可先试染小样(搭染)看试样效果是否可以接受
坯布强力较差	成品布强度将比坯布强度略有下降,坯布强力严重不足时,印染加工过程的机械力会造成布匹的破损	不可进行加工,应调换

坯布质量检验结果应记录存档,并报呈客户,以作为跟单依据,以免产生责任纠纷,并依此

适当调整坯布的印染加工工艺，以得到符合要求的成品。由此而产生的加工成本的上升，应由业务部门通知客户，并得到客户的书面确认后方可进行生产。

（2）染化料质量跟进

染化料质量控制和使用应由技术部门具体操作，跟单员应将客户对成品质量要求内容当中的涉及有关染化料的要求内容通报技术部门，特别是有关色牢度和环保方面的要求应详细列明，从而使技术部门在制订印染工艺时，有针对性地选择染化料，以保证成品的质量达到要求。

（3）半成品质量跟进

生产过程每一个环节的质量控制，是最终产品质量的有效保证，跟单员重点应跟进中检环节的半成品质量，收集、汇总、传递质量信息，及时调整改进生产工艺，保证成品质量。

（4）成品质量跟进

成品质量检验是生产过程的最后一个环节，应严格把关重点跟进。成品检验操作应准确客观，真实记录产品质量结果。应要求质检人员按客户的质量要求（或质量标准）逐匹检验，不合格的产品决不能出厂交付。同时跟单员应做好成品质量情况的统计整理工作，上报有关人员。

成品质量的检验，应注意所使用的检验标准、检验程序、检验条件（设备、光源）、检验方法等是否与客户（或标准）的要求相一致，以保证结果的客观性和准确性。通常客户会指派质检人员（QC）到厂抽检成品，跟单员应积极配合，相互交流，以保证产品能够顺利交付。

2. 产品质量问题的统计分析

产品质量情况是从检验结果统计分析出来的，因此，要求跟单员在工作中注意收集记录和整理有关的资料，特别是中检、成品检验的质检报告。另外，应每月进行一次质量分析，将影响产品质量的因素进行深入研究，提出改进措施，进一步提高产品质量。

产品质量问题的统计分析可采用统计表格的方式，分析产生成品质量异常的原因，统计回修量、退货回修量数据，追究造成质量问题的责任，从而达到质量考核、加强管理、提高产品质量的目的。质量分析统计表格式见表3-18。

表中项目“厂内回修数量”是指产品未出厂之前，厂内自检出的不合格产品进行回修的数量，如果此数量较多，说明技术工艺、生产管理存在较多的问题，企业内部应重点在提高技术水平、加强管理上采取措施进行改进，降低回修数量。“出厂退修数量”是指产品交付客户后，由客户检验出的不合格产品进行回修的数量，如果这一项统计数量较多，不但说明技术管理水平出现问题，而且内部质量控制工作同样出现较严重的问题，并且给企业的声誉带来严重的影响。因此企业内部应严把质量关，不合格的产品坚决不可出厂。

二、成品交付的跟单工作

成品交付是印染加工完毕订单的完成标志，也是跟单工作的最后阶段，在这一过程中，跟单员一定要认真仔细，单据和统计数据要准确、清晰，不得出现错漏，否则会造成不必要的损失。成品交付过程包括有验收、入库、出库、交付几个环节，跟单员应与成品仓库管理员密切配合，共同完成成品的交付。

1. 成品的验收、入库工作

对已生产完毕的成品进行质量验收，并做好统计记录。填制入库单证，核对生产数量。

表 3－18 质量分析统计表

质量异常原因	厂内回修数量	出厂退修数量	合计	其中质量责任归属数量							备注
				客户	坯布仓库	印染工序	中检工序	整理工序	定型工序	化验室	
色差											
缸差											
色花											
色渍											
主辅料色差											
错花											
套色不正											
污渍											
色牢度差											
布面不良											
白斑											
克重不符											
缩率不符											
定型不良											
PH 值不符											
折痕											
破洞											
极光											
合计											
印染产量：			质量异常量：			比例：					
整理产量：			质量异常量：			比例：					
定型产量：			质量异常量：			比例：					
出厂总量：			出厂退修量：			比例：					

制表： 跟单： 年 月 日

(1) 质量验收

质量验收是对成品质量的最终认定,也是跟单员最后一次对产品质量的跟进。通常客户会委派质检人员到厂抽验,随机抽验成品数量的20% ~30%,以确认成品质量状况,跟单员应配合工作。客户质检人员应出具检验结果报告,确认是否合格,作为质量验收的依据。

(2) 数量统计核查

统计核查主要是清点数量,统计产量。成品数量通常由生产流程的包装环节统计出来,跟单人员按统计单(磅码单)的资料进行清点核对。应按客户、订单号、缸号(批号)、订货量等项目核对总匹数,并抽验单匹的重量(或长度),发现不符现象,要及时纠正并复查。

这其中要注意一个问题,针织布是以重量为计量单位,而布匹的重量与其回潮率有较大关系,回潮率不同,其重量会有少许变化,因此布匹放置的时间不同,重量可能会有差异。通常如果差异在2%以内,应属正常。

(3) 成品入库

验收完毕后,应办理入库,这是企业管理必要的手续。跟单员开列入库单,并与成品数量统计单附在一起,递交有关部门(如财务部、仓库管理部门等),同时存档作为跟单资料。

入库单和成品数量统计单的格式可参考表3-19、表3-20。

表3-19　成品入库单

客　户:＿＿＿＿＿＿　　入库时间:＿＿＿＿＿＿

订单号:＿＿＿＿＿＿　　编　　号:＿＿＿＿＿＿

品种	规格	数量			交货地点
		匹数	重量	长度	
合计					
备注:					

第　联

主管:　　开单员:　　跟单员:　　仓库管理员:

2. 成品的交付

成品交付是完成订单的最后一道手续,在确认产品数量和质量符合客户要求后,应将产品交付客户。通常交付过程有两种方式,一种是分批交付,一种是一次交付。在交付过程中,跟单工作有下列几点:

表 3-20 成品数量统计单

No:×××××

生产单位:________________ 日 期: 年 月 日

订 单 号:________________ 生产单号:________________

品 种:________________________________

规 格:________________________________

布号	重量(长度)	布号	重量(长度)	布号	重量(长度)

合计:共__________匹 重量:__________kg 长度:__________m

制单: 跟单员: 仓库管理员:

(1) 交付准备

交付前需要准备必要的交付文件或资料,核对订单的要求与所要交付的产品是否相符。联系运输工具并及时通知客户。

① 核对订单:应再次核对客户的订单要求,检查所要交付的成品是否符合订单要求。核查的内容有:

- 订单号和生产单号。

- 成品的数量:包括订货数量和生产数量。
- 产品的质量。
- 产品的名称、品种、规格、颜色、花型。
- 交货时间。
- 交货地点及包装运输的要求。

② 准备交付文件:交付时需准备必要的文件,包括出库单、交货单、发票。

- 出库单是企业内部进行结算和通知仓库的一种凭证,是仓库管理所必须的程序。交付成品需经主管人员批准并备案。仓库管理员依据出库单进行货品的装运。出库单的格式可参考表 3-21。

表 3-21　成品出库单

客　　户:__________　　出库时间:__________
订 单 号:__________　　编　　号:__________
提货单位:__________

品种	规格	数量			交货地点
		匹数	重量	长度	
合计					

备注:

主管:　　开单员:　　跟单员:　　仓库管理员:

第　联

- 交货单是应交付产品的详细资料,交货单的统计要准确无误,数据正确,开具后应由核对人员核对,确保无差错。交货单是货物转运的凭证,货品交付后,应收回客户签收的回执,以此作为客户的收货依据。交货单的内容及格式参见表 3-22。
- 发票是财务部门开具的结算凭证,跟单人员应向财务部门提供有关结算资料,由财务部门依据国家的有关规定开具。

③ 交付方式:有两种方式,即一次交付和分批交付,应根据客户的要求进行交货。

一次交付是指将订单全部完成后,一次将成品全部交付客户,通常用于批量较小的订单。

表 3-22 成品交货单

编号 No: ×××××

客　　户:________________　　交货时间:________________

单　　号:________________　　交货地点:________________

坯布品种:____

规　　格:____

序号	布号	质量(长度)	序号	布号	质量(长度)	缸号	
						颜色	
1			26			色号	
2			27			花型	
3			28			加工项目	
4			29			染色	
5			30			洗水	
6			31			半漂	
7			32			开边定型	
8			33			坯布定型	
9			34			圆筒定型	
10			35			浆边	
11			36			切边	
12			37			制软	
13			38			防缩树脂	
14			39			抓毛	
15			40			吸毛	
16			41			磨毛	
17			42			预缩	
18			43			剪毛	
19			44			食毛	
20			45			装双胶袋	
21			46				
22			47				
23			48				
24			49				
25			50				

备注:	提货人签章: 年　月　日	客户签章: 年　月　日

制单:　　　　审核:　　　　跟单员:

分批交付时，通常客户会安排具体的交付顺序和时间，批量大或多品种的订单，一般采用分批交付方式。

染整印花加工后的成品通常是用于服装的生产。当订单的批量较大、品种较多时，客户会要求先交付一部分成品，使印染加工的同时，可以进行服装的生产加工，以利于争取更多的服装生产时间。对于服装款式品种较多、交货期紧急的订单，客户通常会预先安排好每一品种的交货次序，进行分批交付。

（2）通知客户

交付前的准备工作完毕后，应及时通知客户，将需要交付成品的资料告知客户，以便客户做好接收准备。应以书面形式（如传真、E-mail）通知客户所交付产品的品种、规格、数量、订单号、运输方式、运输时间、运输单位（部门）等有关内容。

3. 结算

结算是交易双方最为关注的问题，通常会在签订合同时做出具体的规定。跟单人员应根据订单约定的结算方式，开出正式的结算通知单，连同发票，一同交给客户，以方便货款的结算。

结算通知单的内容应包括订单号、品种、规格、数量、单价、金额等内容，使客户明确，方便核算。

结算方式通常有货到付款、款到交货、定期结算等方式。

对于长期稳定的客户，定期结算的方式应用较多。当供需双方建立起良好的信誉和合作关系时，通常会采用定期结算的方式。

结算通知是跟单工作中较关键的环节，要及时、准确，绝不允许出现计算错误。结算通知单一般由跟单员起草，经主管或财务部门核准后，将正式文本递交给客户。

结算通知单是一种催办结算的工具，也是使跟单工作更加有序的方法。

结算通知单的形式可参考表3-23。

表3-23 订单结算通知单

客户名称：________________　　日　期：________________
订 单 号：________________　　编　号：________________
兹于______年______月______日将下列坯布交付贵公司，请于______日之内将下述货款（加工费）付回。

品种	规格	数量	单价	金额
合计数量				
合计金额（大写）				

备注：	（本企业名称及财务结算签章） 年　月　日

主管：　　　　开单：　　　　跟单员：

4. 成品交付完成后的跟单工作

订单完成后，跟单人员需将订单跟进过程中的有关单证、资料进行汇总、编制、报送和归类存档。

在跟单过程中，有许多有关订单的各类资料、往来文件等，应进行归纳整理，并进行相关的统计工作。

(1) 需要整理的资料

需要整理的资料有客户订单、生产通知单、工艺单、成品出入库单、成品交货单、验布记录、结算单，与客户之间往来的记录、传真等。

(2) 需要报送主管及财务部门的资料

需要报送主管及财务部门的资料有客户订单正本、成品出入库单、成品交货单及客户签收回执、结算单。

(3) 需要统计计算的指标

需要统计计算的指标有损耗率、产品合格率、产量、交货量。

第四章

服装成衣生产跟单

第一节　服装成衣生产跟单流程

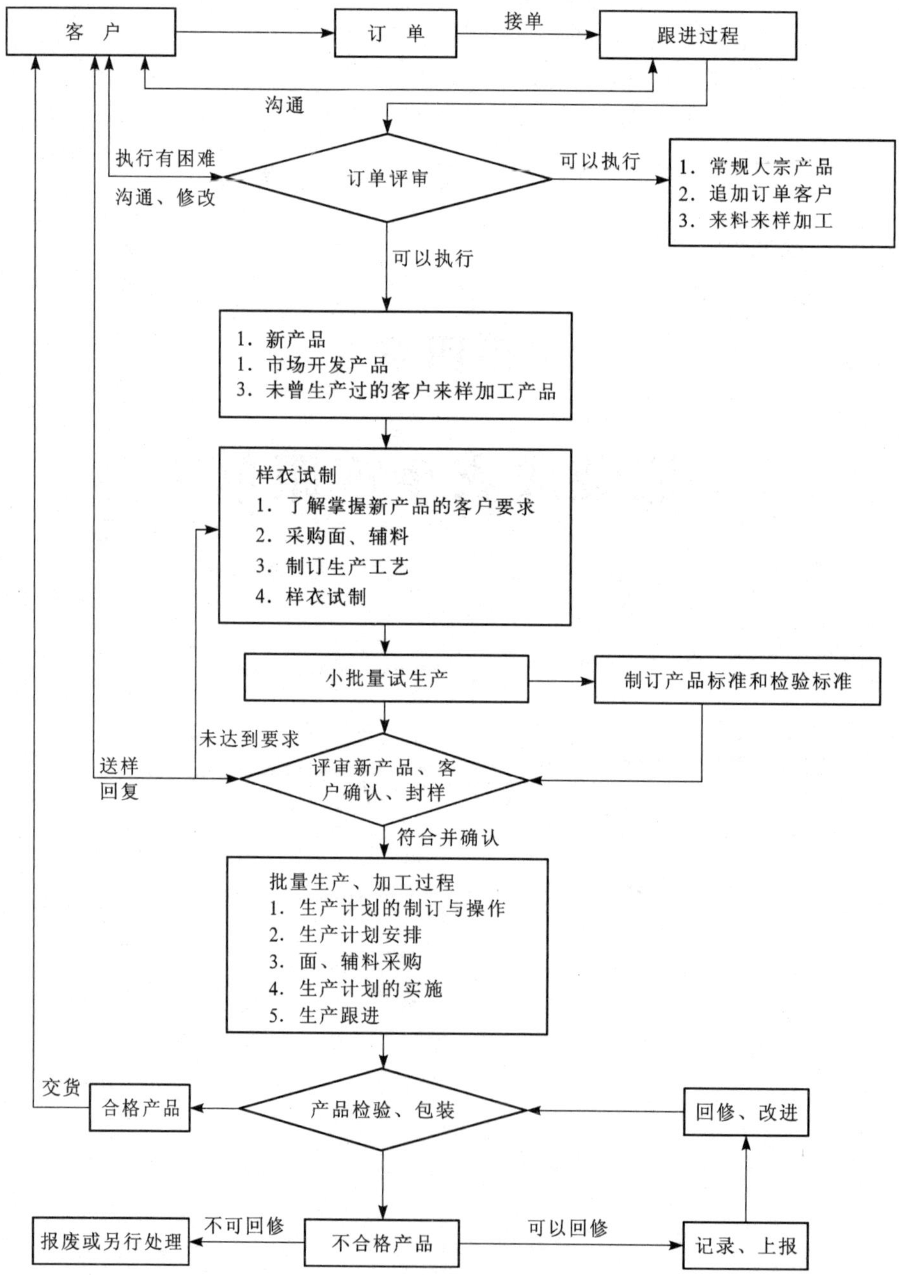

图 4-1　服装跟单流程图

跟单工作是服装生产企业中极其重要的工作，是实现企业效益的重要过程。把跟单工作做好，是每一位跟单员的工作目标。图 4-1 详细地表示出服装跟单的整个过程。通过流程图，可以清晰地分析出服装跟单的任务、过程、方法。

由图 4-1 可以看出，服装跟单主要有两种形式。一种形式是样衣产品跟单，另一种形式是大宗产品跟单。下面分别对跟单的流程逐一进行分析。

第二节　成衣订单评审

在对客户所下达的订单进入实质性执行、实施和生产之前，需要对订单进行综合评审工作，即所谓的审单。订单通常是在企业经营部门与客户进行沟通和营销工作之后，与客户达成的产品交易协议。审单的目的则是进一步确认客户订单的要求，使其更具有可操作性，从而保证订单任务顺利实施。

一、订单评审的目的和意义

订单的评审，就是对双方共同正式签订的合同进行充分地商讨，通过评审使订单内容更具有可操作性，使跟单员通过与客户沟通充分理解订单的要求，便于执行。通常要达到以下目的：

① 订单可否实施，执行过程中是否有困难。

② 根据订单量的大小，确认生产企业本身是否有能力完成订单任务。

③ 分析对公司企业是否有效益，包括短期效益和长远效益、经济效益和社会效益。

④ 分析确认是否需要协助单位共同完成订单任务。

⑤ 可否在合同期内交货，完成订单。

⑥ 是否需要与客户沟通，订单在实施过程中有无无法克服的困难。订单若有变动之处，需要与客户商议并达成共识，得到确认。

⑦ 制订出订单的实施方案，交生产制造部门投产。

二、订单评审的内容

1. 评审内容

主要确认订单要求的服装的款式造型特征，面、辅料以及工艺要求等。需注意以下两方面内容：

① 审核生产加工资料是否完整，包括款式，面、辅料小样和完整的工艺单。如果某些环节，如面、辅料样尚未确认，则需与客户沟通确认。

② 审核面、辅料是否容易购买，特殊品种的材料是否需要专门订制。订制的货期是否能够满足生产要求。如印花面料，或者是绣花服装，必须提供印花或绣花样稿。如无样稿，需与客户沟通确认，并要保证工期按时完成。

2. 附件评审

服装产品的订单内容，很多是在附件中反映出来的，内容丰富。主要包括：样衣，面、辅料小样的样板,加工工艺要求,质量检验标准,服装成品规格及包装装箱要求,等等。对附件的审定,要与订单的要求相结合,确认与订单合同内容一致无误,资料全面完整。若有疑问要及时与客户沟通落实。

3. 价格审核

审核订单要求的交货价是否合理。对价格的审核需注意以下问题:

① 价格包括的内容是否全面,如运输、包装、保险等费用是否含盖。订单中是否对其他费用作出了明确规定。

② 价格的合理性,是否符合市场动态。

③ 价格核算是否准确无误,不同品种的不同价格相互之间有无混淆,总金额是否正确。

4. 产品质量要求审核

对订单要求的产品质量进行评价,是否有不合理或无法达到的要求。需注意以下两个方面:

① 有无出现生产中无法达到的要求,特别是有些客户对服装专业技术缺乏了解时,容易产生误解,提出超出常规的质量要求。在这种情况下,应及时与客户沟通并耐心细致地做出解释,使客户接受并更正不合理的要求。

② 特殊的质量要求是否提供明确的参照标准或样品。

5. 交货期的审核

审核交货期是否在合理的时间范围内。

① 对老客户常规的产品,应该检查是否有存货,若有库存,可实现尽快交货。

② 对于大宗订单应采用分批交货的方式,在规定期限内完成。如果在交货期内无法完成订单,应及时与客户沟通,进行延期。

③ 对于未曾接手过的有特殊要求的产品,应将交货期适当延长,为样衣试制留出足够的时间。对于需要进行特制外加工的工艺,要考虑加工时间,留出充分的时间进行生产。

6. 订单的其他条款评审

主要包括交货地点、结算方式、违约责任、运输、包装方式等。

① 交货地点要明确,客户需提供交货地点、联系人、联系方式等有关资料。通常客户将此类资料附在附件中。对于服装生产,一般交货地点是客户指定的仓库、商场和专卖店。

② 结算方式应在订单中明确规定。通常内销单是以人民币进行结算。外销单要特别注意,通常以外币进行结算,要明确外币结算的汇率,或在确定价格时互相达成协议,以免由于汇率的变动产生纠纷。

③ 违约责任是双方未能正常完成履行订单条款时所应担负的责任。在订单中应明确规定因违约而应承担的责任。

④ 运输包装方式应在订单中明确规定。应注意避免在运输过程中造成损失。

三、订单的文本形式

通常有正式文本合同和非正式订单两种形式。

1. 正式文本合同

对于新开发的客户或者产品数量较大的交易,需拟定正式文本合同。在某些非正式的产品交易情况下，也需使用正式文本合同。

正式文本合同非常严谨地规定交易双方所应承担的义务。内容主要包括：品名、单位、规格、数量、单价、总金额、用途、交货期、运输方式、收货单位、结算方式、包装要求、保险、违约责任以及交易双方代表的签字确认等。

合同文本的格式多种多样。可以采用国家统一规定的通用合同文本格式，也可以根据实际情况自行制订文本格式。合同的具体内容和格式见表4-1。

表4-1 服装企业订货文本合同格式

订购合同(订货单)

甲方：(供方)__________ 合同(订单)编号：__________

乙方：(需方)__________ 签订时间：__________

品名	规格	数量(箱)	单位(件)	单价(元/件)		总值(元)		折合外汇
签约对方				合约号订货日期			备注	
买主国别或地区						保险级别		
供货单位			要货单位					
付款方式			成交条件及地点				装货期限	
货号	色号	品名	规格	数量(箱)		单价(元/件)	总金额(元)	交货期
外包装：1. 木箱 2. 纸板箱 3. 纸箱 内包装：透明薄膜袋 商标： 提供商标： 交货地点： 交货期： 年 月 日					备注：			

1. 交货时间:请将上列货品于________年________月________日之前交付。

2. 交货地点:请将货品交于________________________________。

3. 运输方式:货品运输采用______方式,运输费用由______担负。

4. 产品质量要求:按________________进行验收或按下列质量要求进行验收。

5. 服装包装方式:________________________。

6. 服装运输过程中需进行________保险,保险费用由________担负。

7. 结算方式:对于此单订购,甲方预付________%订金,待交货完毕后________________付予乙方。预付订金额:________________。

8. 违约责任:________________。

9. 仲裁:双方产生贸易纠纷时,依《合同法》进行裁决。

10. 未尽事宜,双方另行协商。

11. 备注:本合同一式两份,甲、乙双方各执一份。

甲方:　　　　　制衣公司	乙方:　　　　公司
地址:	地址:
联系方式:电话:	联系方式:电话:
传真:	传真:
E-mail:	E-mail:
联系人:	联系人:
甲方代表:(签字、盖章)	乙方代表:(签字、盖章)

正式文本合同通常是一式两份,甲乙双方分别保管,作为订单执行依据。正式文本合同必须是合同原件。但有时在对客户进行充分沟通和了解以后,对于比较紧急的订单,也可通过传真方式将合同文本传给对方,传真件也可作为确认交易的凭证和依据。

2. 非正式合同订单

通常对于一些老客户,或者是客户对已执行的订单进行数量追加、常规产品或曾经生产过的产品、来料来样加工等,客户会采用传真、电子邮件、手写便笺、电话口头表达等方式传送订单信息。非正式合同只是指订单的格式和保留形式不是使用正式文本订单的形式。采用此类形式订单,通常是长期合作、信誉良好,并且双方合作顺利,关系融洽的客户。此类订单内容简明扼要,通常包括:品种、规格、数量、交货期等。对在订单中未列出的费用、金额、质量标准等,通常是指按照以往的单价和质量要求执行。这就要求跟单员对该客户以往的订单,尤其是近一个时期的订单资料要保存完整,以便查找。通过已执行完成的订单,可以进一步了解客户要求。对于一些常规的大宗服装订单,质量要求通常是以行业内大家共同遵循的原则,即所谓的行业标准执行,或者是与客户长期业务往来中形成的默契。

四、订单评审的操作

订单评审工作应由负责人和部门主管负责,对订单内容逐一核对。审单时要充分考虑企业现有的资源,包括人力、物力、财力、生产能力、技术水平等。以及其他可以利用的资源,做出最终判定。不可强求,但也不能轻易放弃,否则,都会造成不必要的损失。在操作过程中,签订合同双方对订货单进行充分商讨,跟单员要将评审信息及结论填报于表4-2中。

表 4-2 订单评审信息表

序号	评审内容	确认	有疑异	商议结论
1	产品定位			
2	价格审核			
3	质量标准			
4	交货期			
5	交货地点			
6	结算方式			
7	运输包装			
8	违约条款			
9	附件评审			
10	其他事宜			

双方签字： 年 月 日

五、订单评审结果

经过对订单充分评审以后，对订单做出明确的判定结果：

① 订单可以实施，及时安排跟单及有关人员进行组织生产。

② 订单修订后可以实施，应及时与客户沟通，提出修订意见，争得客户谅解。当客户同意更改修订并确认后，方可实施订单。

③ 订单无法实施，应及时与客户沟通，并做出相应解释，以免客户产生误解。

第三节 服装成品样衣试制

经过订单评审后确认可以生产的订单，需进行生产前的样品试制。订货生产的样品试制是根据客户的来样或样品任务书中的款式图，设计出纸样（结构图），按照一定的加工工艺试制出样衣。

一、样衣试制的目的

1. 进一步确认订单生产的款式及规格尺寸

通过样衣试制，充分了解产品的特征，探索和研究出一套符合生产条件、保证产品质量、提高生产效率的生产加工工艺和方法。根据客户提供的规格尺寸，内销产品通常应按国家号型标准来确定，样品一般选用中间号型，即女上衣为160/84A，女下装为160/68A；男上装为170/

88A，男下装为170/76A。如果是外销产品，则按照客户要求的规格尺寸，中间号型规格尺寸的样衣确定以后，可根据中间号型的样板，缩放出其他规格尺寸的系列样板。

2. 进一步确认与来样加工相符的面、辅料

在订单生产中，有些客户只提出用料要求而不提供原材料及其小样，则需根据客户对产品的要求选择面、辅料。尽量选择与客户要求相一致的材料。如果没有完全符合要求的材料，则需选择相近的材料，制成样衣后供客户确认，客户同意后，方可正式使用。在实际生产中，也有一些客户提供主要的面料和里料，其他各种辅料则需按照客户要求自行选择，制成样衣，待客户确认后投入生产使用。

3. 根据订单要求制订合理的加工工序，并预测工时

加工工序和工时是实现生产过程、编排工序的依据，也是服装企业制订生产定额和成衣核算的重要依据。通过样衣试制，可以摸索出生产过程中即省时、省力，又能够保质、保量的生产工艺流程，并同时记录每个工序的加工时间（即工时）。

4. 测算材料消耗量

在样衣试制过程中，对该产品生产所用的各种材料进行测定，计算出耗用量，为批量生产时采购用料和成衣核算提供依据。

5. 测定工艺技术参数，为生产加工提供工艺参数

工艺技术参数主要包括裁剪厚度或层数，缝纫线张力，缝迹密度，机针号数，缝迹类型，整烫温度，时间和压力，以及各部位的缝制工艺要求等，为制订生产工艺、设备调试提供依据。

二、样衣试制的准备工作

1. 全面分析样衣或订单要求，做到心中有数

对所要试制的样衣进行全面的技术条件和工艺要求分析，设计出该产品实施所需要的设备、工具、材料、工艺要求等，以及工艺操作工序分析，做好记录。对于样衣产品的关键技术要求部分，要做好分析和实施方案，并做好必要的记录及说明。

2. 面、辅料的准备工作

根据订单所提供的面、辅料的技术要求，准备好所需各种材料，逐一审核所有材料的规格、品种、颜色、数量，与订单要求相符。材料的选用对于样衣试制，必须使用正品，一般情况下不允许使用代用品和等级品，以保证样衣充分反应产品的原貌，便于客户确认。

3. 设备、工具的准备工作

准备好试制样衣所需的各种生产加工设备工具。并按照试制样衣用材料的特性和工艺要求，对各种设备的工艺参数进行调试。如缝线的张力，针迹密度，缝纫速度，以及熨烫设备的温度、压力和时间等。并处于备用状态。

4. 样衣试制人员的配备

样衣试制由从事新产品开发的技术较全面的人员来完成。试制人员一般要求具有一定的技术水平和素质，在技术上和质量分析判断上有一定的分析问题和解决问题的能力，使试制过程中出现的有关技术问题及时得以发现和处理，该人员一般也兼做生产线工人的培训或对外加工的零活、特殊服装进行技术指导。人员素质要求技术上过得硬，有较强的事业心、责任感，善于发现和及时解决生产过程中的问题，为制订生产技术文件及相关信息资料收集做好准备工作。

三、样衣试制的程序

样衣试制的流程图如 4-2 所示。

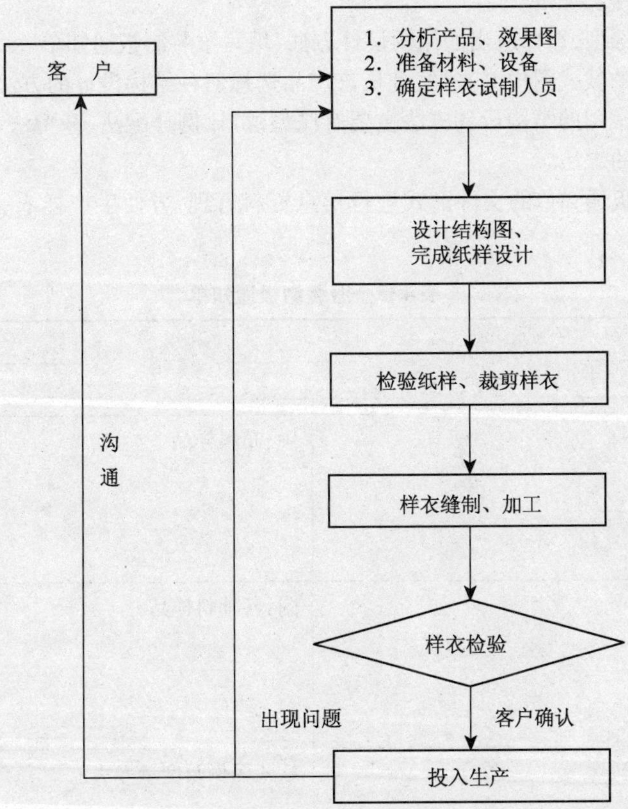

图 4-2 样衣试制流程图

1. 分析效果图(款式图)或来样

在订单生产过程中,客户提供所需服装的款式图或者效果图,如果是来样加工,则提供样品。要确认生产企业是否能够达到生产该产品的水平和需满足客户的要求,首先要生产出样衣来进行确认。分析款式图或来样,要完成以下工作:

① 分析订单生产服装的款式造型和特征。

② 分析生产加工服装的结构特征,如各部位的轮廓线、结构线、装饰线的位置和造型,以及零部件的设计要求。

③ 选择与订单任务要求相适应的面料及辅料。

④ 对订单要求进行工艺分析,确定加工工艺和加工方法。

2. 设计结构图及纸样

（1）设计和确定样品规格及各主要控制部位服装的尺寸

样衣的规格一般选用中间号型，一般内销服装需按照国家号型中的中间标准体，即女上装160/84A，女下装160/68A；男上装170/88A，男下装170/76A。外销订单可根据销往国家的中间规格尺寸选择样衣规格。如果是客户来样加工，可按照客户提供的实样测量成品的规格，或者依据客户要求选择样衣规格。

（2）根据款式选型，选择适当的结构设计方法，填写服装制板通知单

根据客户提供的款式图样或来样，分析该产品选择何种结构设计的方法，更能准确、便捷地表达出设计要求。常用的结构设计方法主要有原型法、比例分配法、基型法、立体造型设计法和平面与立体相结合的方法。

通常以服装制板通知单的文件形式进行信息资料管理，方便生产样衣、成衣。表4-3是其中一种表达形式。

表4-3 服装制板通知单

<table>
<tr><td colspan="3">客户：________ 板单编号：________ 款式：________
数量：________ 完成日期：________</td></tr>
<tr><td>面料</td><td>布料组织：
布料规格：
颜色：
用布量：</td><td>附：布料样品</td></tr>
<tr><td>辅料</td><td>衬布与用量：
拉链：
钮扣：
缝线：</td><td>附：各辅料样品</td></tr>
<tr><td colspan="2">尺码表（各部位尺寸）：</td><td>款式图例及度量方法：</td></tr>
<tr><td colspan="2">车缝工序、工时及制作注意事项：</td><td>裁剪及品质检查：</td></tr>
<tr><td colspan="2">成品处理：</td><td>包装要求：</td></tr>
</table>

承制单位：________ 制表：________

① 板单编号：为方便各生产部门对号领料、裁剪、车缝及包装等生产工作，编制板单编号。其编号与批量投产生产制造通知单一致，便于跟单员业务管理。

② 款式：主要是指款式名称，使生产样衣、成衣的各部门更加了解订单生产的类型和式样。

③ 面料：为了生产制作样衣时更加明确面料的成份，要正确使用面料，使样板设计更加准确。

④ 辅料：为了在样板制作时明确辅料配料，在通知单中列出制作成衣样衣各种辅料的名称和规格等。

⑤ 尺码表：填写成衣的成品规格及主要细部的规格尺寸，包括定位尺寸。

⑥ 车缝工序及工时：填写生产制作样衣的每道工序及生产时间，为批量生产提供生产安排依据。

⑦ 布料辅料样品：生产制作样衣的面、辅料小样，通常要贴一小块面、辅料实物，使各生产环节了解和掌握使用面料的情况。

⑧ 款式图及度量方法：在样板制作通知单中绘制出样衣的款式平面图，图中准确地表达结构线及造型，并注明测量的方法及部位。

⑨ 裁剪及品质检查：详细阐述裁剪等工艺环节的质量标准及注意事项，作为产品质量检验的品质标准。

⑩ 制作注意事项：填写制作时特殊部位或特殊工艺的注意事项和工艺要求。

服装样板制作通知单一式三份，分别报送上级主管、样衣生产部门及客户各一份。

（3）绘制样品纸样

选用适当的结构设计方法，依据订单要求的款式造型，绘制样衣纸样，主要有衣片及各种零部件和里料、辅料纸样，并加放缝份和贴边处理。在纸样上注明样片名称、布纹方向、各工艺符号及件数。认真核对有无错误标记和遗漏现象。

3. 确认、修正纸样与立体效果之间的补正

对于一些特殊效果的部件或装饰，若对纸样的设计没有把握，则可采取应用坯布或实际面料先制成样品，如一些特殊造型的领子、袖子，在人台上进行观察，必要时可做相应的补正工作，以获取立体效果的视觉信息，做到心中有数，从而避免造成不必要的经济损失。必要时也要征求客户的意见，得到确认。

4. 样衣缝制加工

根据订单要求，首先选择缝制方法、缝型、缝迹和熨烫方法等，制订既简单、合理，又能满足客户需要的加工工艺。样衣缝制过程中要做好记录，如加工形式、加工方法、设备选型、加工时间、浮余时间、加工顺序等。

5. 样衣的审视和检查

样衣加工完成后，要对其进行评价。检验款式造型，面、辅料选择，加工工艺，加工质量，规格尺寸等方面是否符合订单要求。如果发现问题及时纠正和提出修改意见。若属于无法补正的问题，则要与客户沟通，得到客户的理解和确认。如果存在大的、根本性问题，则需要重新试制样衣。

样衣试制后，可与客户确认产品纸样、工艺、工序说明、工时记录等，并留作技术档案资料。

四、客户确认样衣

在样衣试制完成后，跟单员要与客户沟通，以得到客户的确认，并填写样衣确认、鉴定表（如表4-4所示）。其内容主要包括：

① 面、辅料选择是否合适。

② 服装规格、样板板型、加工工艺等是否达到客户的技术要求。

③ 试制样衣实物客户是否满意。

表 4-4　样衣确认、鉴定表

订单编号		通知单批号		号型系列	
产品型号		产品名称		订货客户	
试制车间(小组)		试样负责人		生产数量	
样衣试制数量		小批量生产试制量		备注	
试制中存在的问题					
双方协商处理意见					
双方确认(签字):　　　年　月　日					

五、封样

样衣试制完成,送交客户最终确认后,对有关资料进行存档,就叫作封样。封样具有以下目的和作用。

① 澄清客户对产品材料,新产品,某些服装因素、技术问题未表达清楚的问题。

② 可通过封样来处理由于某种原因,样衣在试制后无法达到原订单要求的问题。

封样在经双方共同确认并办理有关条文认可后,填写封样单(表 4-5),加盖封样章,方可生效。

表 4-5　服装产品的封样单

产品名称		合同号	
销往地区		商标	
规格尺寸		生产批量	
封样记录			
封样结论　　签名:			

年　月　日

其内容主要包括:

① 产品名称:指封样产品的名称。

② 规格:指成品规格尺寸。

③ 封样记录:要将封样过程中双方达成的协议明确记录下来。

④ 封样结论:明确表述封样结果,是否同意投产。

⑤ 封样的日期必须填写清楚,以明确责任。

第四节 服装生产过程中的跟单工作

生产过程中的跟单工作是跟单操作流程中的重要过程。此过程中,跟单的环节较多,工作量也最大。因此在这一过程中跟单要细心,操作要准确,尽量避免出现差错。这一环节的跟单任务主要有以下几项:

① 生产计划的制订与操作。

② 生产计划安排。

③ 面、辅料采购或织造、染整。

④ 生产计划的实施。

⑤ 生产跟进。

一、生产计划的制订与操作

企业的生产计划是生产管理工作的重要内容,也是组织企业生产活动,实现生产过程有效控制的依据。服装企业的生产计划是根据客户订单要求(如生产产品品种、质量、数量、成本、交货期等)来制订的。生产计划的制订是订单实施过程中的关键组成部分,由跟单人员具体操作和实施。生产计划通常采用两种形式:一种是生产总计划,另一种是每个订单的生产计划。

1. 生产总计划的编制

生产总计划是由部门主管根据订单的情况进行编制的。为了保证如期交货,将有关产品款式设计、物料采购、生产制造、包装运输等作业,按作业分工要求,规划出生产加工开始和完成的日期,并落实到有关车间、部门,使各部门了解各自在计划中所承担的责任及与其他部门的关系,既要相互兼顾,又要保证每个订单的交货时间。同时,还可根据服装企业自身的生产能力,合理统筹安排生产。通常是订单数量少、货期紧急的要优先安排,订单数量大、交货期长的可以稍后安排,以免占用大量资金。订单数量大、交货期短的可以将其中一部分交其他服装企业协作共同完成订单,即所谓的外发加工,以保证在订单要求交货期内按时交货。外发加工会增加成本,通常情况下应在充分发挥本企业的生产能力的条件下,尽量减少外发加工的数量。

表4-6表示生产任务的总体安排计划情况。生产总计划表一经排定,不要轻易更改,否则会打乱整个生产安排及进度,造成差错和损失。计划总表应一式几份,根据企业的实际情况,分别送交有关人员和部门(如总经理、生产主管、财务部门、跟单员等)。

表 4-6　×××年××月××日生产总计划表

客户	单号	品种	数量	交货期	本企业生产量	外发加工			跟单员
						加工厂家	数量	交货期	
备注：									

总经理：　　　　　　　　生产主管：　　　　　　　　填表：　　　　　　年　　月　　日

2．订单计划的编制

每一个订单的生产计划，由跟单人员根据总计划表的进程安排来制订。订单计划的制订要明确、清晰，既要保证订单任务顺利完成，又要使跟单工作方便有序，可操作性强。订单计划要将作业分配到工作地和操作者，明确作业开始的时间和完工的时间。表 4-7 所示为订单生产计划表。表格中是按照每日生产计划安排的。

表 4-7　订单生产计划表

日期：

制单号 No				品名				生产组别			
部门	日										
	1	2	3	4	5	6	7	8	9	10	11	12
裁剪												
分配												
缝纫												
外加工												
整烫												
包装												

二、生产计划安排

在制订完成生产计划编制工作后，应立即将计划任务下达到生产部门或加工厂家。通常采取生产任务通知单的形式下达到生产部门。为了使生产部门能够领会客户的意图和要求，在通知单中必须要写明订货的所有要求。生产任务通知单如表 4-8 所示。

表 4-8 服装生产任务通知单

制单号：________ 客户：________ 合约号：________ 款式：________ 布料：________ 交货期：________ 填表日期：________			
颜色 数量 尺码		包装说明	辅料
			商标
			拉链
			钮扣
			吊牌
尺码 尺寸 部位		制作要点	图 解
胸围			
身长			
领围			
		度量方法	

制表：________ 生产厂长：________

生产任务通知单内容主要包括制单号、客户、合约号、款式、面料、辅料、交货期、成衣规格尺码、颜色、包装说明、制作要求及款式图解等。

在生产计划安排过程中，跟单员应注意以下工作内容，及时与服装加工企业联系，确认生产计划是否可以执行。

① 确认生产任务通知单中的内容表达清晰，生产企业完全能够准确理解。如果有不清楚的地方，要及时沟通，解释清楚，做到准确无误。

② 确认能够按照生产任务通知单的开工时间执行，并能够在交货期内交货。

③ 确认原材料运输、送交、收取等环节的操作执行过程，安排好运输工具及交接方式等。

④ 确认交货方式、交货地点、时间等。如：是分批交货，还是一次性交货，交货的具体安排，

等等。

⑤ 做好生产计划安排工作的记录,并报呈上级主管。

对于外发加工方式,应建立密切的联系和沟通渠道,填写《外协单位登记表》(表4-9)。登记内容既包括正常的联系方式,又应包括外协单位较详细的介绍,如:企业规模、生产能力等。另需填写生产企业生产线及设备登记表(表4-10),有利于跟单员了解企业生产能力情况,安排生产任务。

表4-9　外协单位登记表

登记时间:　　　　资料编号:

<table>
<tr><td>名称</td><td colspan="5">(中英文)</td></tr>
<tr><td>地址</td><td colspan="3"></td><td>邮编</td><td></td></tr>
<tr><td>电话</td><td></td><td>传真</td><td></td><td>E-mail</td><td></td></tr>
<tr><td>联系人</td><td></td><td>电话</td><td></td><td>手机</td><td></td></tr>
<tr><td colspan="6">企业基本情况简介</td></tr>
<tr><td colspan="6"></td></tr>
<tr><td colspan="6">备注:</td></tr>
</table>

表4-10　生产线及设备情况表

流水线	生产品种	设备名称/型号	产地	设备台(套)数	备注
一组					
二组					

三、面、辅料的采购或织造、染整

服装生产加工用料要根据客户要求,进行织造、染整(跟单具体操作已在第二、三章讲解)。有些常规面、辅料,可以通过采购获取。

采购是公司企业向外界做出的购物行为,以获得所需的原料。其目的是在获得保质、保量和适时物料的原则之下,尽量降低总成本。

1. 跟单人员在物料采购时应注意的问题

① 要以订单客户提供的原料小样为依据,采购所需原材料。如果在购买过程中遇到困难,需与客户及时沟通,取得客户的认可方可执行。

② 要注意维持物料的持续供应,保证订单的生产任务顺利进行。

③ 避免物料的重复购买。

④ 要注意确保物料的品质质量标准,做好购买验收工作。

⑤ 货比三家,以最低的成本获得所需的原材料、品质和售后服务。

2. 面、辅料采购的方式

面、辅料采购的方式主要有两种:一种是集中采购,另一种是分散采购。这两种方式各有优缺点。集中采购通常是用于大批量的采购任务,其优劣分析如下:

① 集中采购可享受折扣优惠,且易获得所需物料。所获得的产品品质一致,可以尽量避免如面料每一匹布之间会有色差等问题。集中采购有利于采购技术的专业化,并可节省订购成本。其缺点是作业流程较长,弹性小,对紧急采购任务不能及时完成,容易丧失商机和价格。

② 分散采购,采购周期短,订购速度快,并可有效地利用当地资源,易于管理。但分散采购订购成本高,一般情况下享受的折扣优惠较少,由于需多次采购,容易形成每批货之间的误差,对产品的质量造成影响。

3. 面、辅料的采购方法

采购的方法有很多种,如:议价、比价、招标、询价现购或市场选购等多种方法。

(1) 议价

通常是跟单员以商议的方式来决定购买物料的价格。其适用于:

① 急需购买的物料。

② 供应商无其他竞争对手,仅此一家。

(2) 比价

跟单员通过函告的方式与厂商联系,指定日期前来报价,通过议价的方式选定购买的厂商。其适用于:

① 购买的厂商不足三家。

② 购买的物品不易公开招标。

③ 若公开招标,有可能有违标现象发生。

(3) 招标

若物料的供应商在三家以上,则跟单员可以通过公告的方式,请供应商定期前往报价,以公开标价的方式选定供应商。

(4) 询价现购

如果采购的物料数量少且价值不是很高,跟单员可以直接向市场询明价格,现货采购。这种方式又被称为市场选购。

跟单员在采购过程中,应常与供应商保持联络,确保购买物料的品质、数量和交货准时。对于大批量的采购,要及时跟催,以保证生产顺利进行。

4. 面、辅料的采购跟单管理

(1) 面料订购单

跟单员在订购原材料时,要填写面料订购单。面料订购单如表 4-11 所示,其填写内容解释如下:

① 产品名称:指所生产订货服装品种的名称。
② 数量:指订单订货的数量。
③ 规格:指该产品的服装成品规格名称。
④ 颜色:指订单任务中服装产品面料的颜色。
⑤ 名称:指面料产品的名称。
⑥ 生产厂家:指生产该面料的企业名称。
⑦ 门幅:指选用面料的幅宽。
⑧ 平均单耗:指单件产品生产所消耗的面料的平均用量。
⑨ 合计数:指所需采用该种面料的总量。

表 4-11 面料订购单

订货单位		规格 / 数量 / 颜色								
合同号										
订货单号										
产品名称										
数量										
交货日期										

面 料							
名称	生产厂家	型号	色号	门幅	平均单耗	合计数	备注

采购人: 年 月 日

此表一式三份,上级主管、跟单员、生产厂家各一份。

(2) 辅料配件订购单

跟单员在购买辅料及配件时填写此单,主要作用是明确所需辅料及配件的品种名称、色号、平均单耗以及配件名称、规格、色号、数量等。如表 4-12 所示。

(3) 原材料检验报告单

为了对所需采购的原材料进行确认,必须对原材料进行订购前检验,以确保生产正常进行,并填写表 4-13,每一原材料填写一张单子,并贴附面、辅料小样。

表 4-12　辅料、配件订购单

订货单位		产品名称	
合同号		数量	
订货单号		交货日期	

规格		数量		颜色	

衬料、里料、袋布							
生产厂家	辅料名称	型号	色号	门幅	平均单耗	合计数	备注

配件							
名称	规格	色号	数量	名称	规格	色号	数量

订购人：　　　　　　　　　　　　　　　　　　　　　　　　年　　月　　日

表 4-13　原材料检验报告单

合同号		货单编号		款式		产品名称	
原料名称		色号		花型		原料等级	
总数		抽验数		抽验率		生产单位	

两头色差：	样品：	
两边色差：		
匹与匹之间色差：	强力	
	缩水率	
疵点情况：	密度	
	耐热度	
抽验结果：	订货意见：	

检验员：　　　　　　　　　　　　　　　　　　　　　　　　年　　月　　日

(4) 原辅材料补充和采购确认单

对再次补充进货的原辅材料,应在质量上严格把关,确保每批采购原料的品种、牌号、型号、规格、颜色和质量保持一致,可参考表 4-14。

表 4-14　原辅材料补充采购确认单

日期:________　　　　　　　　　　编号:________

合同号		订单号		品名型号	
规格		数量		颜色	
样品实物:		确认意见:			

制单人:　　　　　　　　　　审核人:

(5) 原材料正面标样卡

跟单员为了保存资料,对每款产品可制作原材料确认样卡,其主要依据为原材料订购单、检验报告等,并将原材料做成小样,贴在样卡上(见表 4-15),主要用于确认:

① 审查所有原辅材料的品名、型号、规格、数量是否与客户要求相一致。

② 对所有的原辅材料审查其面、里、衬、线、配件等色彩、搭配是否符合要求。

③ 所有生产所需的原辅材料是否配备齐全,有无遗漏。

④ 审核订购所有生产用原材料数量是否齐备。

表 4-15　原材料确认样卡

编号:________

合同号		品名		款式	
订单号		地区		数量	
面料色号					商标样
面料贴样					
衬里料色号					
衬里料贴样					
用线					吊牌样
线带夹贴样					
辅料类					
					洗涤成份标记样
确认意见:					

填卡人:　　　　　　　　　　年　月　日

(6) 原料正面确认卡

虽然原料正反面的识别属于一般常识,但由于现代服装潮流中有许多款式利用正反面镶拼来取得较好的设计效果,也有一些产品客户要求用反面作为服装正面来设计服装。因此,在批量生产过程中,为了避免出现差错,用填报原料正面确认卡(表 4-16)来进行面料管理。

表 4-16 原料正面确认卡

编号:________

合同号		品名		款式	
订单号		地区		数量	
原料正面贴样					
色号					
用线					
要求					

制单人:________

年　月　日

(7) 原辅料入库单

跟单员对于采购回来的原辅料,经验收后要办理入库手续,填报入库单(表 4-17)。入库单的有关信息主要包括:供应商、物品编号、名称、规格、数量、单价、金额,以及入库时间、存放地点等。

表 4-17 原辅料入库单

编号:________

物品名称	品名	规格	单价	数量	金额	批号	产地	供应商	存放地点
合计(大写):									

主管:　　合计:　　保管:　　跟单员:　　年　月　日

(8) 原辅料出库单

跟单员根据生产任务需要填写原辅料出库单，经主管审批后，方可凭此单到仓库提取原材料。此单也是原材料使用和结算的记录文件。其内容主要包括原辅料名称、规格、批号、数量、金额、使用单位等。具体格式可参考表4-18。

表4-18　原辅料出库单

客　　户：________　　　　开单时间：________

订 单 号：________　　　　编　　号：________

使用单位：________

编号	品名	规格	数量	单价	金额	批号	产地	生产商
合计金额(大写)：								
备注：								

主管：　　　开单：　　　跟单：　　　保管：　　　年　月　日

(9) 原辅料提货单

跟单员根据生产通知单填写原辅料提货单。内容包括编号、原辅料名称、规格、单位、数量等。具体格式可参考表4-19。

表4-19　原辅料提货单

提货单位：________　　　　开单时间：________

生产单号：________　　　　编　　号：________

提货地点：________

编号	品名	规格	单位	数量	批号	备注
提货地点：			电话：		联系人：	

主管：　　　开单：　　　跟单：

提货单一式几份，分别送交提货人员、跟单员等。提货时交仓库管理员。

四、生产计划的实施

在完成了前期的所有准备工作之后，就要进入实质性的生产任务和实施阶段。

1. 生产计划实施过程中跟单员的工作任务

① 按照生产作业任务的进度，做好各项生产作业任务的准备工作，如面、辅料的采购运输到位、提供生产工艺技术要求等。

② 注意严格控制生产作业的日程进度，及时发现各种问题，并采取对策处理，消除有可能造成的损失和隐患。

③ 对所跟进的订单定期核实，汇总生产进度执行情况，并对生产动态过程进行分析，提出改进生产管理和提高生产效率的建议。

④ 随时监控服装生产过程中的产品质量问题，如发现问题，及时分析产生的原因，并加以处理。

2. 跟单过程中生产计划实施的原则

跟单员在实施生产计划时，特别要注意避免出现两种情况。一种情况是急需生产的货物生产不出来，另一种情况是没有到交货期的货生产了一大堆，导致占用较大面积的仓库。因此，在执行生产任务时，一定要按照合理的实施原则，使生产过程顺畅。可参照以下原则实施生产计划：

① 按照交货期实施的原则。可根据客户货单交货期时间前后的方式，妥善安排生产顺序。交货期急的，优先安排。此项原则是安排生产实施方案的基本原则。

② 按照客户实施的原则。对于重要的客户应当重点安排，在众多的客户之中，应有轻、重之分。

③ 按照工序的原则。对各工序的加工时间应给予关注，工序多、加工时间长的工序，在实施生产过程中要特别注意。

④ 按照瓶颈工作的原则。对于加工难度大、机器负荷重的工序，要予以特别注意，避免出现停产现象。

在实施生产计划的过程中，跟单员还要注意掌握生产产品的质量问题，认真学习生产工艺制单、工艺制造说明、产品质量要求等技术文档，做好质量监控工作。

五、生产跟进工作

生产跟进是跟单员的重要环节，下面分别阐述在此项工作中跟单员的工作任务及操作方法。

1. 跟单员在生产跟进中工作的内容

在生产过程中，尤其是对于多品种、小批量生产方式，掌握其生产的整体动态过程是非常重要的工作内容。也就是要求跟单员有相应的专业技术知识。可通过调查各种产品或零部件的生产过程来掌握生产进度。调查生产过程可按照以下步骤进行：

① 了解和掌握各品种的加工进度，即何种产品已经生产加工到何种工序。

② 了解和掌握各种工序在制品的状况，如某订单品种正在何种工序上加工生产。

③ 了解和掌握生产进度的快慢，比较计划进度与实际生产是否相符，判断生产进程是否正常。

2. 跟单员在生产跟进工作过程中的操作方法

跟单员在生产跟时进程中，可按照图 4-3 进行跟进工作。

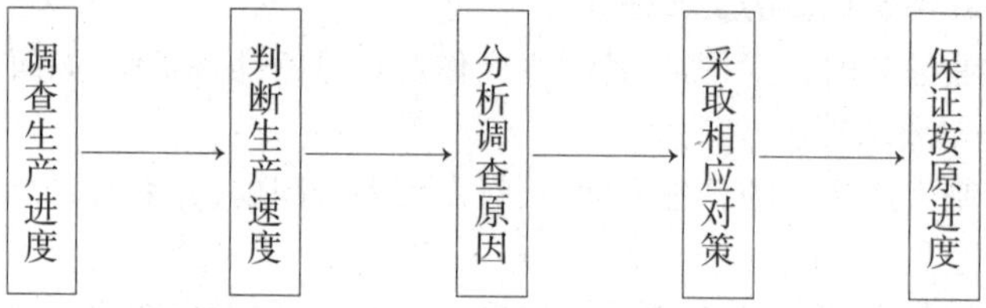

图 4-3　跟进工作操作方法

跟单员在跟进工作过程中，要经常检查作业的实际进度，并与工作计划进度相对照。如果发现实际生产进度落后于计划安排进度时，要及时调查产生原因，督促有关人员采取改进措施，保证按原计划进度进行生产。

跟单员在跟进过程中，要从以下几个方面进行全方位的跟进工作：

① 采购进度的跟进。面、辅料的采购要严格执行标准的计划，完成采购时间，加以严格控制。

② 外协生产任务的跟进。要特别注意委托的外企业加工生产的成品或半成品时间的控制，以保证交货期。

③ 生产过程的进度跟进。

④ 订单任务完成的整体进度跟进。包括从接到客户订单到物料分析、订购等方面的整体时间进度的控制。

第五节　服装跟单技巧与应用

服装跟单员在跟单过程中，首先应学习和掌握相关的服装专业基础知识，并不断积累经验，掌握和发现技巧。跟单技巧有综合信息资料汇编、建立各类联络档案资料、制订工作日制等，要使跟单工作安排有序，信息畅通，高效无误。

一、建立综合信息资料汇编

跟单工作要进行妥善管理。在跟单的实际操作过程中，每一位跟单员通常要面对多个客户和多个订单，这就要求跟单工作管理科学化、规范化和有序化，做到忙而不乱，提高工作效率，做到准确无误。跟单信息管理主要分为两种：一种是单项订单的信息资料，我们在第四章第二节已经阐述；另一种是综合信息资料汇总，是在单项订单信息资料的基础上，进行汇编综合而成。其目的是使信息综合使用，更趋于合理和便捷，提高跟单的工作效率和质量。下面分析综合信息资料建立的方法、技巧和各类统计汇编表格的编制。

1. 跟单进度汇总表的编制

订单运行的进度状况，可通过编制跟单进度汇总表来实施。通常进度汇总表由跟单员自己制订，以便及时了解订单的进程，及时发现问题和采取相应措施解决问题，使跟单工作顺利进行。跟单进度汇总表被称为生产跟踪表(如表4-20)。

表4-20　跟单进度汇总表

客户	单号	品名	规格	交货期	下单时间	订单数量	已交数量	差数	生产日期

跟单员：

跟单进度汇总表同时也是各个订单资料的汇编,可以运用电脑现成的办公软件进行汇编,如Office中的Excel表格,建立订单进度。表格中内容项目说明如下：

① 下单时间:是订单经过客户确认后开始生产的时间。

② 累计产量:是指服装产品生产加工完成的数量。

③ 交货数量:指分批交货的产品,已经交付的数量。

④ 差数:指订单数量与交货数量之差。实际表明的是未交货的产品数量。

对于跟单进度汇总表的编制和运行要按照以下要求进行：

① 对于本企业生产加工的服装订单,可以定期(通常是每天)由生产车间统计人员报送产量报表,跟单员填写生产进度汇总表。

② 对于外发加工的服装订单,要求加工企业定期(通常是每天)报送生产统计报表。可以通过传真或E-mail方式报送生产任务完成进度情况。

③ 在进行信息资料汇编时,要做到准确无误。

④ 每天要更新产量进度信息。跟单进度汇总表中的数字是动态变化的,因此在跟单工作中,对所收到的统计资料要及时更新进度表,以保证及时了解和掌握订单的进程。

⑤ 跟单员要及时、定期地向有关部门和人员报送跟单进度汇总表。进度汇总表不仅是跟单人员的助手,同时它也是订单信息的综合进度反映。对于上级主管、营销部门来说都是需要及时掌握的重要信息。跟单员可以每两天向上级主管和营销员上报一次汇总表。特殊订单可每天上报一次,以便及时掌握生产进度状况。

2. 原料使用统计表的编制

原材料使用状况信息统计是跟单人员执行订单的一项重要工作保障。整理和统计原料信息,可以方便跟单员随时查阅,及时跟进原料使用、库存和订购的状况,以保证原料的供应。原料使用状况统计通常是每月一次,及时准确把握原料的使用信息。填报原料储存数量进行统计(如表4-21),目的是分析原料使用和备存的情况,便于主管人员及时调整原料的储备,以适应市场和生产的需要。

表 4-21　每月面、辅料盘存表

年　　月面、辅料盘存表　　　　　　　　　　　　　　　　　　年　　月　　日

品名	规格	批号	产地	供应商	数量	单价	金额	备注
合计：			数量：			仓管：		跟单：

盘存：　　　　　　　　制表：　　　　　　　　仓管：　　　　　　　　跟单：

盘存表中的数字与原料台账中的数字应该是相吻合的，即原料台账中的原料进、销、存，尤其是库存数应与盘存表中的库存数相一致。如果发现不相符现象，一定要及时弄清原料去向，以免造成损失。

除此以外，为了及时了解原料的使用情况，跟单人员还应定期编写原料使用情况报表。通常是 2～3 天填报一次，以供有关人员，包括跟单员参考。原料使用情况可采用表格的形式进行统计（如表 4-22）。

原料使用情况报表填写说明：

① 品名：指原料，主要是面、辅料的名称。

② 规格：指面、辅料的规格。

③ 批号：购买时产品的批号。

④ 产地：指原材料的生产地。

⑤ 供应商：指供应面、辅料的客户名。

⑥ 库存数量：指上一次报表中的“结余数量”。

⑦ 订单号：指订单的编号。

⑧ 用量：指面、辅料的使用量。

⑨ 结余数量：指填写报表时的实际库存余量。

面、辅料的信息统计工作，一定要认真严谨，以确保数据准确和及时。原料的台账、盘存表、使用记录报表，应与各订单的调拨、出入库单等资料相吻合，避免出现错漏现象。并且如果一但出现问题时，方便查找原因，使企业对原料的订购、使用管理更加完善。

3. 产品产量信息汇总表的编制

对于服装生产加工企业，其产品就是服装成品。产品产量的统计和汇总，是跟单工作的一项重

要内容。主要包括服装产品生产日报表、日报汇总表以及月产量报表和产品库存信息的统计。

表 4-22　原料使用情况报表

年　月　日

品名	规格	批号	产地	供应商	库存数量	使用情况						结余数量	备注
						订单号	用量	订单号	用量	订单号	用量		

制表：　　　　　　　　　　　　　　　　　　　　　　　　　　　　跟单：

(1) 服装产品生产日报表

产量的统计汇总工作通常是采用报表的形式进行归纳和统计。生产日报表表现跟单员所跟订单每日的产量进度情况。它体现了每日的实际工作状况，便于发现生产中的问题，及时采取措施加以解决。服装产品生产日报表的格式可参考表 4-23。

表 4-23 中填表内容说明如下：

① 订单号：指所接订单的编号，与合同书中的一致。

② 产品编号：指该订单中某一产品的编号。

③ 产品名称：指所加工生产的产品的品名。

④ 计划产量：指当日生产该品种产品的计划产量。

⑤ 当日产量：指制表当日实际生产的产量。

(2) 服装产品生产日报汇总表

对生产日报表进行再加工，跟单员将生产日报表中的资料整理后，填写生产日报汇总表（如表 4-24）。生产日报汇总表可反映出一段时间内（如一个月），生产任务完成的总进度情况，便于跟单员掌握生产进度的动态过程。

表 4-23　服装产品跟单生产日报表

生产单位：				日期：	
订单号	产品编号	产品名称	计划产量	当日产量	备注
合计：					

制表：　　　　　　　　　　　　　　　　　　跟单：

表 4-24　服装产品生产日报汇总表

生产部门	月生产计划	月实际产量	日期 订单号	1	2	3	4	5	……	31
合计										

制表：　　　　　　　　　　　　　　　　　　跟单：　　　　年　　月　　日

(3) 服装产品月生产报表

服装产品月生产量反映跟单员所跟进订单各生产部门每月的产量汇总。主要是用于跟单工作的宏观管理,也是对生产部门进行考核的主要依据。对于企业财务部门的财务结算也是重要的参考资料。

表 4-25 服装产品月生产量报表

填表时间截止　　月　　日

生产企业	订单号	生产单号	品名	规格	产量	备注
合计						

主管:　　　　制表:　　　　跟单:

(4) 服装产品库存信息统计表

对于库存产品通常要定期进行盘存,一般是一个月一次。产品盘存的主要目的是为了了解和掌握服装成品的库存是否合理,为主管人员经营策略的调整和决策提供可靠的参考依据,同时也反映出企业资金的占用情况。库存量大,表示企业经营的产品出现了问题,应分析原因,及时调整。因此,跟单人员配合好仓管员做好盘存工作,具有重要的意义。服装产品盘存表的格式,可参考表 4-26。

4. 服装产品交货信息统计表

服装产品交货信息统计表是跟单员对某一时期的所跟订单的交货情况汇总。跟单员做好该表格的统计工作,并送报上级主管及相关部门,有利于协调各部门之间的工作,互通信息,使管理工作更加有序。具体格式可参考表 4-27。

5. 服装产品结算统计表

结算是供需双方合作的最为关心的问题。结算信息的汇总工作为企业的主管人员和财务部门提供可靠的参考依据,全面反映出结算工作的进展程度,有利于经营策略的及时调整和正确决策。结算统计工作实际上是将跟单过程中各个订单的结算通知单的信息进行汇编,建立一个方便查阅的报表,集中全面地反映结算信息,从而使结算工作条理化、有序化。

表 4-26　服装产品盘存表

品名	规格	订单号	生产单号	生产单位	上月结存		本月进货		本月付出		月末结存	
					数量	金额	数量	金额	数量	金额	数量	金额
合计：												

盘存：　　　　　　　　制表：　　　　　　　　跟单：　　　　　　　　仓管：

表 4-27　服装产品交货信息统计表

客户	订单号	品名	规格	件数	单位	数量	金额	备注
合计：								

制单：　　　　　　　　审核：　　　　　　　　跟单：　　　　　　　　年　　月　　日

结算统计表通常是每月进行一次，由跟单人员编制，交财务部门进行审核。通常情况下服装企业主要有产品销售结算报表（表 4-28），订购面、辅料结算报表（表 4-29）和外发加工结算报表（表 4-30）。

二、建立相关客户的资料汇编

相关客户指的是与跟单工作有关联的企业，或者将来有可能发生业务往来的单位。与服装跟单员相关的客户主要有：面、辅料供应商、客户和外协加工单位。

表4-28 服装产品销售结算统计表

客户	订单号	品名	规格	交货期	数量	单价	金额	已收金额	差额
合计：		总金额：				已收金额：		差额：	

制表： 财务： 跟单： 年 月 日

表4-29 订购面、辅料结算统计表

品种	规格	供应商	订购编号	到货时间	数量	单价	金额	已付金额	差额
合计：			总金额：				已收金额：		差额：

制表： 财务： 跟单： 年 月 日

表 4-30　服装企业外发加工结算统计报表

订单号	生产单号	加工单位	品名	规格	交付时间	数量	单价	金额	已付金额	差额
合计：			总加工金额：				已付金额：		差额：	

制表：　　　　　　　　　　财务：　　　　　　　　　　跟单：　　　　　　　　年　　月　　日

建立相关客户资料汇编的主要目的是：

① 便于跟单员工作任务的顺利完成，可以随时查找到有关信息资料。

② 便于企业内部其他人员与客户的沟通和联络。

③ 为实现客户信息资源共享而建立起一个平台。

④ 提高跟单工作效率。

相关客户资料通常可通过企业的有关人员和部门（如跟单员、主管人员、经营部门），也可以通过其他媒介（如网络、报纸、电视、广告等）进行收集和汇编整理。客户信息资料可以采取表格的形式，并分别汇编成册，建立客户名录信息、原料供应商名录和外协加工单位名录。

1. 客户名录信息的建立

为了使跟单工作更加条理化和有序化而建立客户个人档案。客户个人档案的建立，使得客户信息能够完整、准确、清晰地保管和存放，便于有关人员随时查阅。单独建立客户名录信息汇总档案，也是为了避免与其他信息资料混肴，使档案资料整理更加规范化。

（1）客户档案资料记录

客户档案资料主要包括能够及时准确反映客户较全面信息的内容，如：客户名称、法人代表、地址、主管负责人姓名、开户银行、帐号、税务登记号、跟单联系人姓名、联系方式、企业概况等。其格式可参考表 4-31。

企业概况中介绍企业生产的主要产品、生产能力、人员、设备情况介绍等。将客户登记表汇编成册，就形成客户名录信息。

表 4-31 客户登记表

客户登记表

建立时间： 资料编号：

<table>
<tr><td colspan="4">名称： （中英文）
地址： （中英文）
电话（Tel）： 传真（Fax）：
网址（Http）： E-mail：
法人代表： 电话： 手机： E-mail：
主管代表： 电话： 手机： E-mail：
跟单人员： 电话： 手机： E-mail：

开户银行： 帐号：
税务登记号：</td></tr>
<tr><td colspan="4">企业概况：</td></tr>
<tr><td colspan="4">备　注：</td></tr>
</table>

表 4-32 原料供应商登记表

建立时间： 资料编号：

<table>
<tr><td colspan="5">供应商： （中英文）
地　址： （中英文）
电话（Tel）： 传真（Fax）：
网址（Http）： E-mail：
法人代表： 电话： 手机： E-mail：
主管代表： 电话： 手机： E-mail：
主要业务员： 电话： 手机： E-mail：

开户银行： 帐号：
税务登记号：</td></tr>
<tr><td colspan="5">产品供应情况</td></tr>
<tr><td>名称</td><td>规格</td><td>日供应能力</td><td>单价</td><td>备注</td></tr>
<tr><td></td><td></td><td></td><td></td><td></td></tr>
<tr><td></td><td></td><td></td><td></td><td></td></tr>
<tr><td></td><td></td><td></td><td></td><td></td></tr>
<tr><td></td><td></td><td></td><td></td><td></td></tr>
<tr><td></td><td></td><td></td><td></td><td></td></tr>
<tr><td></td><td></td><td></td><td></td><td></td></tr>
<tr><td></td><td></td><td></td><td></td><td></td></tr>
<tr><td></td><td></td><td></td><td></td><td></td></tr>
</table>

(2) 原料供应商名录的建立

跟单员在原材料采购过程中,为了便于采购,提高工作效率,可以及时查找到原材料供应商的信息,尤其是在原材料增补购买时,建立原料供应商名录就显得非常有必要。同样可以采用原料供应商登记表(表4-32)的方式,进行具体操作。

将原料供应商登记表汇编成册,便可建立原料供应商名录。

(3) 外协加工单位名录的建立

在订单生产过程中,经常会出现自身加工企业生产能力不足,无法按时完成加工任务,或者是订单产品本企业不具备加工条件的情况,这就需要采取送外加工订单的方式,由外加工单位协助完成加工任务。建立外协加工单位名录,是为了便于查找到加工企业,并与其保持联系,高效准确地完成订单任务。同样可以采取填写外协加工单位登记表(表4-33)的方式。

表4-33 外协加工单位登记表

建立时间: 资料编号:

企业名称: 地　　址: 电话(Tel): 网址(Http): 法人代表: 主管代表: 主要业务员: 开户银行:	电话: 电话: 电话: 帐号:	(中英文) (中英文) 传真(Fax): E-mail: 手机: 手机: 手机:	E-mail: E-mail: E-mail: 税务登记号:	
企业基本情况介绍:				
设备情况				
设备名称	型 号	台套数	可加工产品品种	备注

企业基本情况介绍主要是说明企业的基本情况,如企业生产产品的类型、职工人数、流水线

数、生产能力及对企业的总体印象。将外协加工单位登记表汇编成册即成为外协加工单位名录汇总资料。

2. 建立资料档案夹

跟单档案资料工作的另一个技巧，是通过建立资料夹的方式，便于存放跟单工作中的有关文件、资料。资料夹可以参考下列方式建立：

① 将每一订单的所有信息资料归档在一个资料夹内。

② 建立信息资料分类夹。如上述的客户档案资料夹、原材料供应商资料夹、外协加工单位名录资料夹。

③ 建立各类生产技术管理档案资料夹。如面、辅料检验方法及标准，服装成品检验质量标准，等等。

④ 各类规章制度文件夹。

资料夹通常使用纸制或塑料文件夹，要坚固耐用。

为了便于对某一订单有关资料信息的查询，将涉及这一订单的所有资料，按照《服装工艺术语》，使用国家标准规定用语，采用6开规格，整理档案资料，其内容包括：

① 封面样张（表4-34）。

表4-34　服装产品生产订单档案（封面）

<table>
<tr><td colspan="2">合约号</td><td colspan="2"></td><td colspan="2">订单号</td><td colspan="2"></td></tr>
<tr><td colspan="2">型　号</td><td colspan="2"></td><td colspan="2">客户名</td><td colspan="2"></td></tr>
<tr><td colspan="8">本卷编　自　起
年　月　日
制日期　至　止</td></tr>
<tr><td>本卷页数</td><td></td><td colspan="2">保管期限</td><td colspan="2"></td><td>密报</td><td></td></tr>
</table>

② 卷内目录（表4-35）。

③ 分类编目索引（表4-36）。

④ 分类编目说明。

在对服装产品进行分类编目时，其编制内容主要包括五个部分。第一部分代表服装穿着性别，如男装为M，女装为W，男童为B，女童为G。第二部分代表服装的材料成份，如毛织物为W，全棉织物为C，丝绸织物为S，麻织物为L，化纤织物为T，涤棉织物为TC，毛涤织物为WT，毛皮为F。第三部分代表产品代号，也就是表4-36中的代号。第四部分代表生产年度。第五部分为序号。

如：女长袖全棉衬衣

则表示为：WC1—99—01

服装产品档案的密级分为机密、秘密和一般三种。国家优质名牌产品和获得专利权的产品为机密档案，部、市优质产品或企业专卖店高档次产品可归为秘密档案，其他则属于一般档案。保管期一般分为长期、5年、3年三种。机密类保存档期为长期，秘密类为5年，其他一般类为3年。

表 4-35　卷内目录

序号	内　　容	单据来源	拟订	份数	页数	备　　注
1	服装生产合同书(订货单)					
2	订单评审表					
3	服装样板通知单					
4	服装样板鉴定表					
5	服装产品封样单					必须有确认章签字
6	服装生产制作通知单					
7	跟单员月生产计划安排表					
8	面料订购单					
9	辅料配件订购单					
10	原材料检验报告					
11	原辅料入库单					
12	原辅料出库单					
13	原辅料补充采购确认单					必须有确认章
14	原辅料提货单					
15	服装生产工艺单					含执行文件
16	生产进度日报表					含执行记录
17	服装半成品检验表					含检验记录
18	服装成品检验表					含检验记录
19	服装成品入库单					
20	服装成品出库单					
21	服装成品交货单					
22	装箱搭配单					
23	订单结算通知单					

表 4-36 分类编目索引

<table>
<tr><td>1</td><td>服装性别</td><td>男装</td><td>M</td><td>女装</td><td>W</td><td>男童</td><td>B</td><td>女童</td><td>G</td></tr>
<tr><td>2</td><td>织物成份</td><td>全棉
化纤</td><td>C
T</td><td>丝绸
涤棉</td><td>S
TC</td><td>毛
毛涤</td><td>W
WT</td><td>麻
毛皮</td><td>L
F</td></tr>
<tr><td rowspan="15">3</td><td>代号</td><td colspan="3">产 品</td><td>代号</td><td colspan="4">产 品</td></tr>
<tr><td>1</td><td colspan="3">长袖衬衫</td><td>15</td><td colspan="4">连衣裙(有袖、无袖)</td></tr>
<tr><td>2</td><td colspan="3">短袖衬衫</td><td>16</td><td colspan="4">两件套</td></tr>
<tr><td>3</td><td colspan="3">无袖衬衫</td><td>17</td><td colspan="4">三件套</td></tr>
<tr><td>4</td><td colspan="3">睡衣、睡衣套装</td><td>18</td><td colspan="4">(背心)马甲</td></tr>
<tr><td>5</td><td colspan="3">晨衣、睡袍</td><td>19</td><td colspan="4">游泳衣、裤</td></tr>
<tr><td>6</td><td colspan="3">长裤</td><td>20</td><td colspan="4">饭单、围兜</td></tr>
<tr><td>7</td><td colspan="3">短裤</td><td>21</td><td colspan="4">西服</td></tr>
<tr><td>8</td><td colspan="3">内裤、运动裤</td><td>22</td><td colspan="4">礼服</td></tr>
<tr><td>9</td><td colspan="3">茄克衫、拉链衫、T 恤</td><td>23</td><td colspan="4">学生服</td></tr>
<tr><td>10</td><td colspan="3">中山服</td><td>24</td><td colspan="4">婴儿装</td></tr>
<tr><td>11</td><td colspan="3">长大衣</td><td>25</td><td colspan="4">宾馆服</td></tr>
<tr><td>12</td><td colspan="3">中大衣</td><td>26</td><td colspan="4">标志服(军服、制服)</td></tr>
<tr><td>13</td><td colspan="3">短大衣</td><td>27</td><td colspan="4">防寒服、羽绒服</td></tr>
<tr><td>14</td><td colspan="3">风雨衣</td><td>28</td><td colspan="4">沙滩服</td></tr>
<tr><td>4</td><td colspan="9">(公元)年度</td></tr>
</table>

第五章

服装产品质量跟单

服装质量的好坏是服装产品在市场竞争中的基础因素，特别是在市场竞争较为激烈的情况下，良好的产品质量是每个服装企业必须具备的基础条件，它不仅决定了服装成品的销售成绩，同时也影响企业的信誉和前途。因此产品质量是企业生存的根本，必须予以重视，并管理到位。

服装产品质量管理是在质量方面指挥和控制服装从初级原料到成品销售一系列流通过程的协调活动，通常包括制订质量方针和质量目标、质量策划、质量控制、质量保证和质量改进等工作。具体来说，服装产品质量管理是指为了经济高效地生产出满足用户需要的优质产品，而采取的各种手段和措施，目的是企业内各个部门相互协作进行产品开发、设计、生产及售后服务，使消费者对企业的服装产品感到满意。

第一节　服装质量管理和检验

质量管理是从质量检验的基础上发展起来的，因此，在服装生产过程中，进行质量检验是服装产品质量管理不可缺少的重要组成部分，同时也是服装厂质量管理的基本手段之一，是服装质量跟单的主要工作内容。

服装质量检验本身是一项较复杂的工作，它涉及到服装生产当中的各个环节，因此，明确质量检验的作用，制订合理的检验指标，正确地选择运用相关的检验方法，对检验进行恰当的管理，是服装企业获得良好产品质量的基本保障。

一、质量检验

服装产品质量检验是指用某种方法对产品或其加工过程进行一种或多种特性的测量、检查、试验、度量、评估，并将这些测量结果与评定标准加以比较，以便确定每件产品及其加工过程的优劣，确定整批产品合格与否。由于工人个体操作差异及机器状况差异，生产线上生产出的产品质量与所要求的质量相比，通常有一定的差距，对于这些差距，检验人员根据一定的标准来判定产品合格与否。通常执行的标准是：属于允许范围内的差距判定为合格品；超出允许范围内的差距判定为不合格品。

1. 质量检验的作用

（1）杜绝质量隐患，对产品质量进行把关

质量跟单员通过对采购进厂的面、辅料进行检验测试，在生产加工过程中对样板、半成品及成品质量进行检验，将不合格产品加以分类和剔除，在源头和生产中杜绝质量隐患，使得不合格面、辅料无法进入生产，不合格半成品无法流入下道工序，不合格产品无法出厂。

（2）预防不合格品产生，纠正错误操作

通过对生产各个环节的质量检验，及时发现问题，采取措施并加以纠正，预防不合格产品的产生，纠正可能产生质量问题的不合格操作，使各工序处于稳定的生产状态。

（3）积累检验数据，提高质量管理水平

通过对各个环节检验资料的分析整理，掌握质量情况和变化规律，以便为改进设计、提高质量、加强管理提供必要的信息和依据。

(4) 提高生产效率,增加经济效益

质量检验虽增加了企业的支出,但是从长期发展的角度来看,可以使企业提高生产效率,减少不必要的经济损失,从而带来更大的经济效益。

质量检验只是控制产品质量的一个基本手段,起到区分产品合格与否,或者划分产品质量等级的作用,达到"劣质产品不出厂"的目的,是一种防范手段,其本身创造不出质量。

2. 质量检验工作内容

为使质量检验能真正达到预期目的,服装企业的检验部门必须提前做好以下工作:

(1) 明确检验内容

在检验之前,掌握企业或车间所追求的质量目标,将检验项目明确细化,并确保切实可行。

(2) 选择检验方法

明确检验的要求和方法,同时,要与收货单位(订货方)保持一致。

(3) 确定质量指标

质量指标是企业考虑了行业及生产加工厂的各种因素后,制订出的在一定时期内要达到的质量水平目标,质量水平目标包括产品质量和生产过程中的工作质量水平。

① 所需要确定的产品质量水平目标通常以量化指标的形式反映出来,比如要求整批产品合格品率在98%以上等等。在实际生产中经常用到的量化指标有以下形式:

- 合格品率。指服装成品中,合格品占全部成品的百分比。其中,合格品是指符合质量标准和技术要求的服装成品。计算合格率时,应等一批产品全部加工完成(包括修整、调片)之后,再进行计算。

$$合格品率 = 合格品数/整批产品数 \times 100\%$$

- 质量等级。首先根据质量标准对产品逐条进行检查,并评比记分,所得分数即为产品质量评分,在此基础上按质量评分的高低,将产品划分为优质、一等、二等、三等各种级别。
- 等级率。指某等级的产品在合格品中所占比例。

$$等级率 = 某等级产品数/合格品数 \times 100\%$$

② 生产过程中的工作质量水平指标用以反映该批产品生产过程的质量水平,可以帮助质量管理人员监控生产过程,辅助提高生产过程质量管理水平。所用到的统计数据有如下形式:

- 返修率。指在送检的产品中,退回重新加工修改的产品在全部送检产品中的比例。

$$返修率 = 返修品数量/全部送检产品数量 \times 100\%$$

- 调片率。因原料疵点或加工中人为因素造成的坏片数量在所需材料总数中的比例,可通过两种方法计算得出。

$$调片率 = 调片耗用材料数/正常耗用材料数 \times 100\%$$

$$调片率 = 折算后的调片数(件或条)/生产总数(件或条) \times 100\%$$

- 漏检率。指不合格产品漏过前道检验,在后道检验中检查出的比例。

3. 成品缺陷与等级判定

（1）成品缺陷判定

根据我国服装标准规定，按照产品不符合标准和对产品使用性能、外观的影响程度，缺陷主要有以下三类，见表 5-1。

表 5-1　服装成品缺陷级别

缺陷级别	对产品使用性能的影响	对产品外观的影响	是否符合标准规定
严重缺陷	严重	严重	严重不符合
重缺陷	不严重	不严重	较严重不符合
轻缺陷	较小	较小	不符合

除此之外，一般的成品缺陷判定中还包括致命缺陷。所谓致命缺陷，是由于生产过程中管理不善，服装等纺缝制品中存在残断针（包括缝针、大头针等），导致给穿着者带来安全隐患的缺陷。上世纪 80 年代，因服装中残断针所造成的消费者伤害事件频频发生，这促使日本政府以立法形式颁布消费者权益保护法规，以加强对残断针的控制。此法例中规定严禁断针残留在衣物，特别是内衣和婴幼儿服装中。根据这一法规，生产、经销的产品如有残断针存在，其生产者、销售者都将受到重罚，如给消费者造成伤害还要进行赔偿。服装生产及贸易企业为避免因残断针造成经济损失，应在产品出厂前进行检针操作，对经检针合格的产品，悬挂或加贴检针标志。

对于具体的服装产品，缺陷的判定依据不同，需参考相应的产品标准而定。

（2）成品等级判定

成品等级判定以缺陷的有无和轻重程度为判定依据，抽样样本中的单位成品以缺陷的数量及其轻重程度划分等级，批等级则以抽样样本中各单位产品的品级数量划分。单件（样本）依各类服装产品的不同，各等级限定允许存在缺陷的具体数量有所差异，批量产品的等级判定如表 5-2 所示。

表 5-2　批量产品等级判定表

批等级	等级判定标准
优等品批	样本中的优等品数 90%，一等品数 10%
一等品批	样本中的一等品数 90%，合格品数 10%
合格品批	样本中的合格品数 90%，不合格品（不含严重缺陷）数 10%

抽验中各批量判定数若符合标准规定，为判定合格的等级批出厂；抽验中各批量判定数不符合标准规定时，应进行二次抽验，抽验数量增加一倍，如仍不符合标准规定，应全部整修或降等。

二、AQL 抽样检验

1. AQL 简介

AQL（Acceptable Quality Level/Acceptance Quality Limited）可接受质量水平或可接受质量限，是根据或然率的数学原理引伸出来的，并按照美国军用标准 105D（MIL-STD-105D）所规定的抽样方法而设计。此方法的各个步骤包括从一批货品中随意抽样，然后检验样本，再根据被检查样本的品质决定整批货是否可验收。在 AQL 抽样检验中首先需指定不同批量所需抽取的样本数量，同时规定有关检验程序的可接受质量限，即每 100 件货品中最多可允许的次品数量，作为平均数值以决定检验样品是否合格。AQL 是检验的一个参数，不是标准。AQL 普遍应用于服装、纺织品检验上，针对服装、纺织品的各个生产阶段的质量控制检验，都可以使用 AQL 抽样检验。比如原料采购阶段，对于加工生产的原材料可以在货源处、收货处或在组装成成品的任一环节中使用 AQL 抽样检验方法进行检验；也可以在加工过程中对半成品使用 AQL 抽样检验方法进行检验；还可以在包装前或者包装后对成品使用 AQL 抽样检验方法进行检验。

2. AQL 抽样检验的方法和步骤

在抽样检验标准中，接受质量限 AQL 被作为一个检索工具。根据 AQL 检索的抽样方案，当被检验批的质量等于或者小于该 AQL 值，则检验批被接受。所以 AQL 值也是可接受和不可接受的分界线。

对应于不同的质量水平或要求，AQL 有 26 种规定的数值：

0.010	0.015	0.025	0.040	0.065	0.10	0.15	0.25	0.40	0.65
1.0	1.5	2.5	4.0	6.5	10	15	25	40	65
100	150	250	400	650	1 000				

不同的 AQL 标准应用于不同物质的检验上。根据服装加工的特征，常用的 AQL 值有 1.0，1.5，2.5，4.0。对于普通的服装和品质良好的纺织品，以 2.5，4.0 应用最为广泛；高级名贵物品通常要求严格检验，适用的 AQL 值为 1.5。不同的数值体现了不同的质量水平，AQL 值越小，允许的瑕疵数量就越少，说明品质要求越高，检验就相对较严。在通常情况下，由买方决定采用何种抽样计划和 AQL 值。

抽样计划分三种：单次、二次和多次抽样计划。根据检验的要求和产品的品质不同，每个抽样计划可分为三级进行：标准、严格和宽松。服装产品通常采用单次和二次标准抽样计划。

① 确定抽样样本字码：从抽样样本量字码表中可以看出，检验水平共分为七级：其中四个为普通检验，另三个为特级检验。除非特别要求，成衣检验通常采用Ⅱ级普通检验。依照表 5-3，根据整批待查产品的实际批量和选定的检验水平，在表中找到样本字码。

② 确定抽样检验表：根据抽样次数类型和检验严格度，从抽样方案表中选定应该使用的抽样表（如表 5-4）。

③ 检索接收（Ac）或拒收（Re）判定值：用交叉法在抽样表上检索。首先根据样本字码，在抽样表第一列样本字码栏确定行数；然后根据接受质量限 AQL 确定列数。由此可以在行列交叉处得到一组数字或者箭头，如果交叉点为一组数字，则该组数字即为判定值，并同时在该行中得到样本量。如果交叉点为箭头，则应沿着箭头所指方向直到碰到第一组数字，该组数字即为

表 5-3 抽样样本量字码表

批量 N	特殊检验水平				普通检验水平		
	S-1	S-2	S-3	S-4	Ⅰ	Ⅱ	Ⅲ
2～8	A	A	A	A	A	A	B
9～15	A	A	A	A	A	B	C
16～25	A	A	B	B	B	C	D
26～50	A	B	B	C	C	D	E
51～90	B	B	C	C	C	E	F
91～150	B	B	C	D	D	F	G
151～280	B	C	D	E	E	G	H
281～500	B	C	D	E	F	H	J
501～1 200	C	C	E	F	G	J	K
1 201～3 200	C	D	E	G	H	K	L
3 201～10 000	C	D	F	G	J	L	M
10 001～35 000	C	D	F	H	K	M	N
35 001～150 000	D	E	G	J	L	N	P
150 001～500 000	D	E	G	J	M	P	Q
500 001 及其以上	D	E	H	K	N	Q	R

判定值，也同时在该行中得到样本量。

④ 产品检验：从所要检验的产品中，按照检索出的抽样方案中规定的样本数，随机抽取样品，依照订单中双方约定的检验标准对抽样产品进行检验。在检验中，应检查完随机抽取的全部样品。如果某批检验所抽取的全部样品数为 m，在检验第 n 件样品时（此时 $n<m$），发现含疵病产品数已经超过拒收数，仍需检验完全部 m 件样品。因为检验除了得到“接收”或“拒收”结果外，还可以反映该批货物的品质水平，并且积累历史数据，用以判断供应商的资质，辅助调整对该供应商的检验方案。

⑤ 统计所有不合格品并计数。

⑥ 用统计出的不合格品数或者不合格数对照抽样表中的 Ac 和 Re，判断整批货物是接收还是拒收。

单次抽样计划-普通检验实例应用一：

有一批服装的订单数是 3 000 件，质量检查采用一次抽样方案，批量的合格质量水平（AQL）为 2.5，检查水平为普通检验Ⅱ级检验水平，检查的严格度为正常检查。通过查表可得，按照 AQL 2.5 标准抽查 125 件，次品数≤7 就通过（Pass），次品数≥8 就不合格（Fail）。

单次抽样计划-普通检验实例应用二：

订单数为 7 件，按 AQL 2.5 标准抽查 5 件，无次品就通过（Pass），有一件次品就不合格（Fail）。如果按照 AQL 4.0 标准则只抽查 3 件，无次品就通过。

表 5-4 正常检验一次抽样方案

样本量字码	样本量	接受质量限(AQL)																									
		0.010	0.015	0.025	0.040	0.065	0.10	0.15	0.25	0.40	0.65	1.0	1.5	2.5	4.0	6.5	10	15	25	40	65	100	150	250	400	650	1 000
		Ac Re	Ac Re	Ac Re	Ac Re	Ac Re	Ac Re	Ac Re	Ac Re	Ac Re	Ac Re	Ac Re	Ac Re	Ac Re	Ac Re	Ac Re	Ac Re	Ac Re	Ac Re	Ac Re	Ac Re	Ac Re	Ac Re	Ac Re	Ac Re	Ac Re	Ac Re
A	2	↓	↓	↓	↓	↓	↓	↓	↓	↓	↓	↓	↓	↓	↓	0 1	↓	↓	1 2	2 3	3 4	5 6	7 8	10 11	14 15	21 22	30 31
B	3	↓	↓	↓	↓	↓	↓	↓	↓	↓	↓	↓	↓	↓	0 1	↑	↓	1 2	2 3	3 4	5 6	7 8	10 11	14 15	21 22	30 31	44 45
C	5	↓	↓	↓	↓	↓	↓	↓	↓	↓	↓	↓	↓	0 1	↑	↓	1 2	2 3	3 4	5 6	7 8	10 11	14 15	21 22	30 31	44 45	↑
D	8	↓	↓	↓	↓	↓	↓	↓	↓	↓	↓	↓	0 1	↑	↓	1 2	2 3	3 4	5 6	7 8	10 11	14 15	21 22	30 31	44 45	↑	↑
E	13	↓	↓	↓	↓	↓	↓	↓	↓	↓	↓	0 1	↑	↓	1 2	2 3	3 4	5 6	7 8	10 11	14 15	21 22	30 31	44 45	↑	↑	↑
F	20	↓	↓	↓	↓	↓	↓	↓	↓	↓	0 1	↑	↓	1 2	2 3	3 4	5 6	7 8	10 11	14 15	21 22	↑	↑	↑	↑	↑	↑
G	32	↓	↓	↓	↓	↓	↓	↓	↓	0 1	↑	↓	1 2	2 3	3 4	5 6	7 8	10 11	14 15	21 22	↑	↑	↑	↑	↑	↑	↑
H	50	↓	↓	↓	↓	↓	↓	↓	0 1	↑	↓	1 2	2 3	3 4	5 6	7 8	10 11	14 15	21 22	↑	↑	↑	↑	↑	↑	↑	↑
J	80	↓	↓	↓	↓	↓	↓	0 1	↑	↓	1 2	2 3	3 4	5 6	7 8	10 11	14 15	21 22	↑	↑	↑	↑	↑	↑	↑	↑	↑
K	125	↓	↓	↓	↓	↓	0 1	↑	↓	1 2	2 3	3 4	5 6	7 8	10 11	14 15	21 22	↑	↑	↑	↑	↑	↑	↑	↑	↑	↑
L	200	↓	↓	↓	↓	0 1	↑	↓	1 2	2 3	3 4	5 6	7 8	10 11	14 15	21 22	↑	↑	↑	↑	↑	↑	↑	↑	↑	↑	↑
M	315	↓	↓	↓	0 1	↑	↓	1 2	2 3	3 4	5 6	7 8	10 11	14 15	21 22	↑	↑	↑	↑	↑	↑	↑	↑	↑	↑	↑	↑
N	500	↓	↓	0 1	↑	↓	1 2	2 3	3 4	5 6	7 8	10 11	14 15	21 22	↑	↑	↑	↑	↑	↑	↑	↑	↑	↑	↑	↑	↑
P	800	↓	0 1	↑	↓	1 2	2 3	3 4	5 6	7 8	10 11	14 15	21 22	↑	↑	↑	↑	↑	↑	↑	↑	↑	↑	↑	↑	↑	↑
Q	1 250	0 1	↑	↓	1 2	2 3	3 4	5 6	7 8	10 11	14 15	21 22	↑	↑	↑	↑	↑	↑	↑	↑	↑	↑	↑	↑	↑	↑	↑
R	2 000	↑	↑	1 2	2 3	3 4	5 6	7 8	10 11	14 15	21 22	↑	↑	↑	↑	↑	↑	↑	↑	↑	↑	↑	↑	↑	↑	↑	↑

⇩—— 使用箭头下面的第一个抽样方案，如果样本量等于或超过批量，则执行100%检验。

⇧—— 使用箭头上面的第一个抽样方案。

Ac—— 接收数。

Re—— 拒收数。

表 5-5 正常检验二次抽样方案

样本量字码	样本	样本量	累计样本量	接受质量限(AQL) 0.010 Ac Re	0.015 Ac Re	0.025 Ac Re	0.040 Ac Re	0.065 Ac Re	0.10 Ac Re	0.15 Ac Re	0.25 Ac Re	0.40 Ac Re	0.65 Ac Re	1.0 Ac Re	1.5 Ac Re	2.5 Ac Re	4.0 Ac Re	6.5 Ac Re	10 Ac Re	15 Ac Re	25 Ac Re	40 Ac Re	65 Ac Re	100 Ac Re	150 Ac Re	250 Ac Re	400 Ac Re	650 Ac Re	1 000 Ac Re
A				⇩	⇩	⇩	⇩	⇩	⇩	⇩	⇩	⇩	⇩	⇩	⇩	⇩	⇩	*	⇩	⇩	*	*	*	*	*	*	*	*	*
B	第一	2	2	⇩	⇩	⇩	⇩	⇩	⇩	⇩	⇩	⇩	⇩	⇩	⇩	⇩	*	⇧	⇩	0 2	0 3	1 3	2 5	3 6	5 9	7 11	11 16	17 22	25 31
	第二	2	4																	1 2	3 4	4 5	6 7	9 10	12 13	18 19	26 27	37 38	56 37
C	第一	3	3	⇩	⇩	⇩	⇩	⇩	⇩	⇩	⇩	⇩	⇩	⇩	⇩	*	⇧	⇩	0 2	0 3	1 3	2 5	3 6	5 9	7 11	11 16	17 22	25 31	⇧
	第二	3	6																1 2	3 4	4 5	6 7	9 10	12 13	18 19	26 27	37 38	56 37	
D	第一	5	5	⇩	⇩	⇩	⇩	⇩	⇩	⇩	⇩	⇩	⇩	⇩	*	⇧	⇩	0 2	0 3	1 3	2 5	3 6	5 9	7 11	11 16	17 22	25 31	⇧	⇧
	第二	5	10															1 2	3 4	4 5	6 7	9 10	12 13	18 19	26 27	37 38	56 37		
E	第一	8	8	⇩	⇩	⇩	⇩	⇩	⇩	⇩	⇩	⇩	⇩	*	⇧	⇩	0 2	0 3	1 3	2 5	3 6	5 9	7 11	11 16	17 22	25 31	⇧	⇧	⇧
	第二	8	16													1 2	3 4	4 5	6 7	9 10	12 13	18 19	26 27	37 38	56 37				
F	第一	13	13	⇩	⇩	⇩	⇩	⇩	⇩	⇩	⇩	⇩	*	⇧	⇩	0 2	0 3	1 3	2 5	3 6	5 9	7 11	11 16	⇧	⇧	⇧	⇧	⇧	⇧
	第二	13	26												1 2	3 4	4 5	6 7	9 10	12 13	18 19	26 27							
G	第一	20	20	⇩	⇩	⇩	⇩	⇩	⇩	⇩	⇩	*	⇧	⇩	0 2	0 3	1 3	2 5	3 6	5 9	7 11	11 16	⇧	⇧	⇧	⇧	⇧	⇧	⇧
	第二	20	40											1 2	3 4	4 5	6 7	9 10	12 13	18 19	26 27								
H	第一	32	32	⇩	⇩	⇩	⇩	⇩	⇩	⇩	*	⇧	⇩	0 2	0 3	1 3	2 5	3 6	5 9	7 11	11 16	⇧	⇧	⇧	⇧	⇧	⇧	⇧	⇧
	第二	32	64										1 2	3 4	4 5	6 7	9 10	12 13	18 19	26 27									
J	第一	50	50	⇩	⇩	⇩	⇩	⇩	⇩	*	⇧	⇩	0 2	0 3	1 3	2 5	3 6	5 9	7 11	11 16	⇧	⇧	⇧	⇧	⇧	⇧	⇧	⇧	⇧
	第二	50	100									1 2	3 4	4 5	6 7	9 10	12 13	18 19	26 27										
K	第一	80	80	⇩	⇩	⇩	⇩	⇩	*	⇧	⇩	0 2	0 3	1 3	2 5	3 6	5 9	7 11	11 16	⇧	⇧	⇧	⇧	⇧	⇧	⇧	⇧	⇧	⇧
	第二	80	160								1 2	3 4	4 5	6 7	9 10	12 13	18 19	26 27											
L	第一	125	125	⇩	⇩	⇩	⇩	*	⇧	⇩	0 2	0 3	1 3	2 5	3 6	5 9	7 11	11 16	⇧	⇧	⇧	⇧	⇧	⇧	⇧	⇧	⇧	⇧	⇧
	第二	125	250							1 2	3 4	4 5	6 7	9 10	12 13	18 19	26 27												
M	第一	200	200	⇩	⇩	⇩	*	⇧	⇩	0 2	0 3	1 3	2 5	3 6	5 9	7 11	11 16	⇧	⇧	⇧	⇧	⇧	⇧	⇧	⇧	⇧	⇧	⇧	⇧
	第二	200	400						1 2	3 4	4 5	6 7	9 10	12 13	18 19	26 27													
N	第一	315	315	⇩	⇩	*	⇧	⇩	0 2	0 3	1 3	2 5	3 6	5 9	7 11	11 16	⇧	⇧	⇧	⇧	⇧	⇧	⇧	⇧	⇧	⇧	⇧	⇧	⇧
	第二	315	630						1 2	3 4	4 5	6 7	9 10	12 13	18 19	26 27													
P	第一	500	500	⇩	*	⇧	⇩	0 2	0 3	1 3	2 5	3 6	5 9	7 11	11 16	⇧	⇧	⇧	⇧	⇧	⇧	⇧	⇧	⇧	⇧	⇧	⇧	⇧	⇧
	第二	500	1 000					1 2	3 4	4 5	6 7	9 10	12 13	18 19	26 27														
Q	第一	800	800	*	⇧	⇩	0 2	0 3	1 3	2 5	3 6	5 9	7 11	11 16	⇧	⇧	⇧	⇧	⇧	⇧	⇧	⇧	⇧	⇧	⇧	⇧	⇧	⇧	⇧
	第二	800	1600				1 2	3 4	4 5	6 7	9 10	12 13	18 19	26 27															
R	第一	1 250	1 250	⇧	⇧	0 2	0 3	1 3	2 5	3 6	5 9	7 11	11 16	⇧	⇧	⇧	⇧	⇧	⇧	⇧	⇧	⇧	⇧	⇧	⇧	⇧	⇧	⇧	⇧
	第二	1 250	2 500			1 2	3 4	4 5	6 7	9 10	12 13	18 19	26 27																

⇩—— 使用箭头下面的第一个抽样方案，如果样本量等于或超过批量，则执行100%检验。

⇧—— 使用箭头上面的第一个抽样方案。

Ac—— 接收数。

Re—— 拒收数。

* —— 使用对应的一次抽样方案(或者使用下面适用的二次抽样方案)。

当订单数量≤抽查件数时，将该订单数量看作抽查件数，抽样方案的判定数组，即[Ac，Re]，保持不变，Ac——Accept（合格判定数），Re——Rcject（不合格判定数）。

二次抽样计划-普通检验实例应用一：

有一批服装的订单数是5 000件，质量检查采用二次抽样方案，批量的合格质量水平（AQL）为4.0，检查水平为普通检验Ⅱ级检验水平，检查的严格度为正常检查。通过查表可得，数量5 000在Ⅱ级普通检验一栏中相应的字码是L（如表5-5），在普通检验二次抽样方案表中，按照AQL 4.0标准有两个抽样数量。第一个是125，接收数是≤7，拒收数是≥11。如果在第一次检验后，所发现的次品数量介于7～11之间，即8件、9件或10件，就要进行第二次检验。第二次检验的抽样数量也是125（即总的抽样数为250件），接收数为≤18，拒收数为≥19。在二次抽样检验时，所得的次品数量是累积计算的，也就是说如果第一次抽样检出10件次品，第二次抽样检出6件次品，两次抽样检出的次品数为16件，低于拒收数19件，这时整批5 000件服装将被接收。

第二节 服装生产前质量跟单

在服装产品的生产过程中，必须安排专门部门或人员对订单生产进行有效的质量控制，确保产品符合质量要求。质检员（QC，Quality Controler）是负责质量监控的专门人员，负责订单生产过程中的质量控制，查验成品的质量水平，制作验货报告，作为加工厂交货与客户付款的重要依据。

企业架构不同，其产品质量跟单操作流程也各有特点，但是质量控制工作的核心都是一样的。主要是监控成衣生产全过程的工艺程序、制作方法是否符合设计要求，根据客户与服装企业共同订立的标准、要求，利用检查仪器对服装产品进行品质检测和鉴定；检验产品执行成衣标准的情况；按照订单执行过程中双方协商的质量标准，检验面料、工艺及成品规格，同时做好检验记录，将检验结果与客户沟通，确认产品质量。

图5-1所示为服装产品品质保证流程。图5-2所示为质检员在质量控制过程中的工作内容。

一、质量检验的准备工作

1. 搜集资料

① 样板实物，包括成衣生产样板，成衣尺寸表，面、辅料核准样板，面、辅料测试报告等。

② 质检部确定的质量目标。

③ 生产部下达的生产单、工艺单、包装要求、生产进度表及出货安排表等。

④ 查货抽样标准表。

2. 选定项目

依照生产进度，全程质量查验，包括样板、原材料、半成品、首件成品、批量成品、整烫、包装等。

3. 选择标准

根据在订单合同中与客户约定的检验标准和抽样方法。

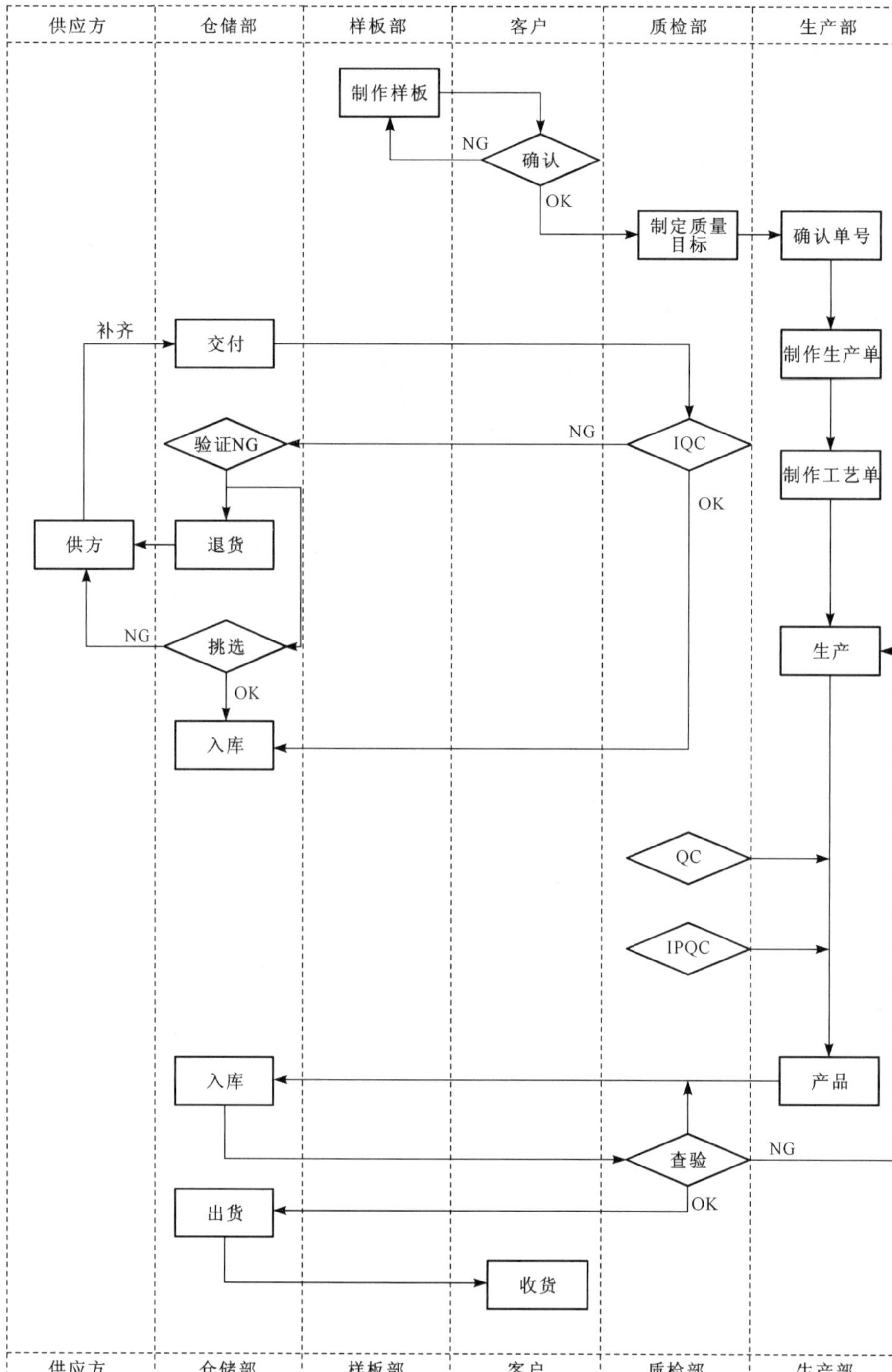

图5-1 服装产品品质保证流程

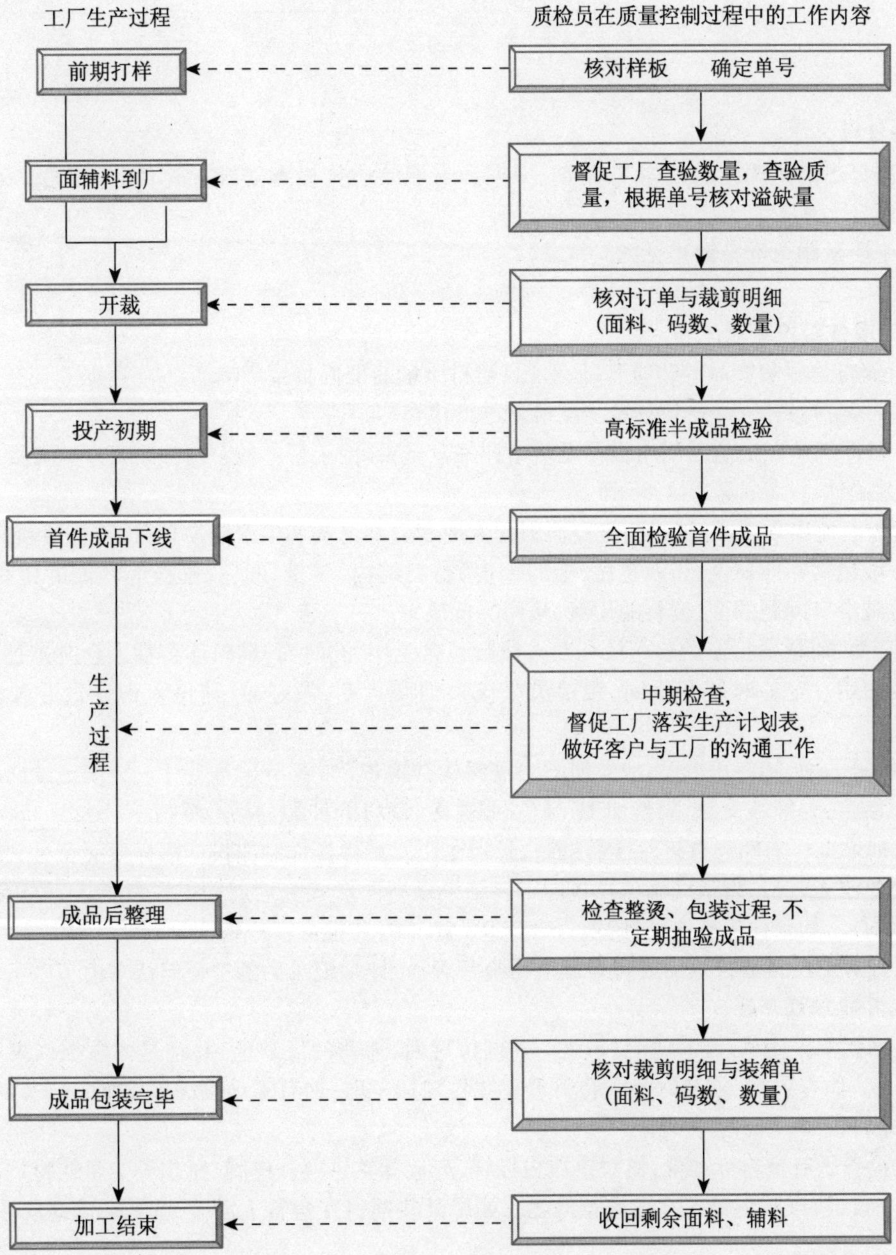

图5-2　质检员在质量控制过程中的工作内容

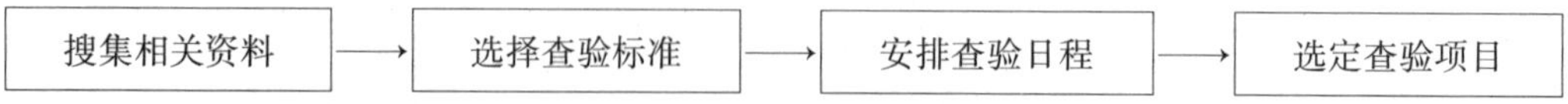

图5-3 质量跟单准备流程

4. 安排日程

根据订单的生产周期，对生产初期、中期和末期的质量检查安排查验日期，并通知工厂，要求予以配合。

整个质量跟单准备流程见图5-3。

二、生产准备阶段查验工作

面、辅料是服装产品的物质基础，对面、辅料质量的把握直接影响产品的质量。

① 面、辅料到厂后，要在数量和质量上进行检查。

- 督促工厂在最短时间内根据发货单详细盘点，并由工厂签收。若出现短少现象要亲自参与清点并确认。
- 为避免出现因面、辅料的疵点而引起大面积成品退货和生产延期现象，需要检验面、辅料质量，一般包括布匹长度、布匹宽度、经纬密度、组织结构、重量、颜色、疵点等方面的检查，通过检查，可减少有问题的面、辅料的用量，从而降低成本。

由于面、辅料检验要用验布机和专人执行验布工序，同时面、辅料还要在入仓时进行停留检查，需要占用一定的时间和空间，跟单员应该根据交货期，做好面、辅料入库计划并及时督促跟进。

对购进的面、辅料检测后，应及时填写进料检查报告(如表5-6、表5-7)，详细记录面料的成分、组织结构、经纬纱支数、染整加工、颜色、幅宽等，辅料的种类、成分、形状。

② 如果工厂前期没有进行样品试制，必须尽快安排样板部制作投产前样板交至公司或客户确认，在整改无误后，将最终确认样板的审核结果以书面形式分别通知工厂负责人、质检部和生产部技术科。如果样板有改动，则填写表5-8、表5-9，并报送客户确认。

③ 校对工厂裁剪样板后方可对其进行板长确认，详细记录后的单耗确认书由工厂负责人签名确认，并通知其开裁。

④ 根据双方确认后的单耗要与工厂共同核对面、辅料的溢缺值，并将具体数据以书面形式通知公司。如有欠料，须及时落实补料事宜并告知加工厂；如有溢余则需督促加工厂节约使用，并做好余料核对，杜绝浪费现象。

⑤ 检查所有辅料标准卡，核对审核主标签、产地标签、拉链、皮牌、钮扣等主要辅料是否与客户要求一致，检查辅料是否存在质量问题。如果某些辅料在资料上没有列明，需寄送客户审核、确认。

⑥ 如果订单需要洗水后整理，要查验洗水测试板的质量情况。

⑦ 详细了解包装方法，如分色包装、纸箱尺寸与重量，尾箱成品能否混杂尺码，是否需要打带以及编制装箱单要求等细节。

表 5-6 面料验收表 I

<table>
<tr><td>供应商</td><td></td><td>品 名</td><td></td><td>规 格</td><td></td><td>批 量</td><td></td></tr>
<tr><td>采购单号</td><td></td><td>送货单号</td><td></td><td>交货日期</td><td></td><td>检验日期</td><td></td></tr>
<tr><td colspan="2">外包装及标识</td><td colspan="2">□</td><td colspan="3">验收批与送检单核对</td><td>□</td></tr>
<tr><td colspan="2">规格尺寸</td><td colspan="6">抽样方案[;] 不合格品累计:</td></tr>
<tr><td rowspan="2">检验项目</td><td rowspan="2">技术要求</td><td colspan="6">检 验 结 果</td></tr>
<tr><td>□1</td><td>□2</td><td>□3</td><td>□4</td><td colspan="2">□5</td></tr>
<tr><td>卷长(m)</td><td></td><td></td><td></td><td></td><td></td><td colspan="2"></td></tr>
<tr><td>克重(g/m²)</td><td></td><td></td><td></td><td></td><td></td><td colspan="2"></td></tr>
<tr><td>幅宽(mm)</td><td></td><td></td><td></td><td></td><td></td><td colspan="2"></td></tr>
<tr><td>密度(根/英寸)</td><td></td><td></td><td></td><td></td><td></td><td colspan="2"></td></tr>
<tr><td colspan="2">外观质量</td><td colspan="6">抽样方案[;] 不合格品累计:</td></tr>
<tr><td rowspan="2">检验项目</td><td rowspan="2">技术要求</td><td colspan="6">检 验 结 果</td></tr>
<tr><td>□1</td><td>□2</td><td>□3</td><td>□4</td><td colspan="2">□5</td></tr>
<tr><td>色差</td><td></td><td></td><td></td><td></td><td></td><td colspan="2"></td></tr>
<tr><td>纬斜</td><td></td><td></td><td></td><td></td><td></td><td colspan="2"></td></tr>
<tr><td>门幅不齐</td><td></td><td></td><td></td><td></td><td></td><td colspan="2"></td></tr>
<tr><td>经向疵点</td><td></td><td></td><td></td><td></td><td></td><td colspan="2"></td></tr>
<tr><td>纬向疵点</td><td></td><td></td><td></td><td></td><td></td><td colspan="2"></td></tr>
<tr><td>损伤、异斑等</td><td></td><td></td><td></td><td></td><td></td><td colspan="2"></td></tr>
<tr><td>破洞、跳花等</td><td></td><td></td><td></td><td></td><td></td><td colspan="2"></td></tr>
<tr><td>破边、豁边</td><td></td><td></td><td></td><td></td><td></td><td colspan="2"></td></tr>
<tr><td>针眼边</td><td></td><td></td><td></td><td></td><td></td><td colspan="2"></td></tr>
<tr><td>脏迹及受潮</td><td></td><td></td><td></td><td></td><td></td><td colspan="2"></td></tr>
<tr><td>以上疵点累计</td><td></td><td></td><td></td><td></td><td></td><td colspan="2"></td></tr>
<tr><td>备注</td><td colspan="7"></td></tr>
<tr><td>检验结论</td><td colspan="3">□合格 □ 不合格 □待判</td><td colspan="2">检验:</td><td colspan="2">审批:</td></tr>
<tr><td>不合格处置</td><td colspan="2">质检部意见及建议:

签名:</td><td colspan="3">采购部意见及建议:

签名:</td><td colspan="2">主管领导批示:

签名:</td></tr>
</table>

表 5-7　面料验收表 II

供应商：　　　　　　　　　面料货号：　　　　　　　　　服装订单号：

面料种类		规格		批次		数量	
交货期				收货时间			
外观查验							
抽查数量							
查验内容							
查验结果							
查验人：				日期：			
洗水测试							
测试数量							
测试内容							
测试结果							
测试人：				日期：			
其他测试							
测试数量							
测试内容							
测试结果							
测试人：				日期：			
备注							

表 5-8　样板审核表

款式编号		季节		客户	
样板工艺单号		样板类型		样板尺码	
面料		颜色		洗水方式	
样板生产部		交样板期限		评板负责人	
审核记录：					
图示：					
审核人：			审核日期：　年　月　日		

表 5-9　样板修改登记表

款式编号		样板工艺单号		客户	
季节		面料		颜色	
更改日期	更改记录				负责人

第三节　服装生产中质量跟单

一、中期检查流程

质量跟单人员在开裁阶段、加工厂完成第一件成品时、完成一半成品时、全部成品将要完成时，分别开展三次中期检查。

中期检查主要针对产品的以下内容是否符合既定要求和标准进行检验：

① 面料、辅料有无疵点。

② 成品款式。

③ 半成品、成品的颜色、尺寸。

④ 关键工序的车工技术水平、工艺质量。

⑤ 产品绣花或印花。

⑥ 熨烫、洗水后的成品手感、尺寸、工艺。

检验完成后应及时填写裁床质量检查报告（如表 5-10）和半成品质量检查报告（如表 5-11）。裁床质量检查报告应记录面、里料裁片的码数、色差情况等，对裁片的质量进行评估。半成品质量检查报告应当记录款式、制作工艺、半成品尺寸等是否符合要求。

跟单员投产初期必须每个车间、每道工序高标准地进行半成品检验，如有问题要及时向工厂负责人和相应管理人员反映，并监督、协助工厂落实整改。

每个车间下机首批成品后，要对其尺寸、做工、款式、工艺进行全面细致的检验，出具尺寸度量报告、检验报告书及整改意见。尺寸度量报告应将成衣实际尺寸与制单要求的尺寸做比较，填写尺寸误差值。度量成衣尺寸，应每色每码各抽取 3 件样品进行测量，取平均值为度量结果，记录在报告中，如有问题应及时提出整改。

在生产中期，跟单员可以下生产车间在任何工作位置上随意抽取样本做检查。若要达到有效地巡察检查的目的，跟单员必须制订标准的巡察方法、巡察时间和采取预定次数的方法，并登记每一次检验的情况。中期检查的抽样标准可根据不同客户的随机抽样标准制订；巡查时间可以采取在不规律时间进行检查；检查的次数与成衣的复杂性有关，生产量大的抽查次数可增多，高档产品对品质要求严格，如各部位的尺寸规格、线迹形态等，要加强质量检测。

通过半成品检验，可减少生产大量有疵点的成衣，在生产中检验，可以控制半成品的质量，出现问题的产品会被立即修正。同时还可以减少半成品的次品率，减少修改次品的时间，使产品品质保持统一。在查验过程中，如发现问题，要及早同厂方沟通。

针对客户跟单员或公司巡检到工厂所提出的制作、质量要求，要监督、协助加工厂落实到位。

表 5-10 裁床质量检查报告表

<table>
<tr><td colspan="5">文件编号：　　　　　　年　　月　　日</td></tr>
<tr><td>订单：</td><td>客户：</td><td colspan="3">款式：</td></tr>
<tr><td>款号：</td><td>数量(件)：</td><td colspan="3">颜色：</td></tr>
<tr><td colspan="5">拉布方法：________ 第______床 拉布层数：________</td></tr>
<tr><td colspan="5">唛架尺寸：________</td></tr>
<tr><td colspan="3">铺料</td><td>是</td><td>否</td></tr>
<tr><td colspan="3">铺料宽度是否与布幅度吻合？</td><td></td><td></td></tr>
<tr><td colspan="3">纸样是否正确？</td><td></td><td></td></tr>
<tr><td colspan="3">丝绺(布纹)是否正确？</td><td></td><td></td></tr>
<tr><td colspan="3">排料线条是否圆滑？</td><td></td><td></td></tr>
<tr><td colspan="3">裁片数量是否齐全？</td><td></td><td></td></tr>
<tr><td colspan="3">尺码是否正确？</td><td></td><td></td></tr>
<tr><td colspan="3">裁片</td><td></td><td></td></tr>
<tr><td colspan="3">底、中、面层大小是否有差异？</td><td></td><td></td></tr>
<tr><td colspan="3">裁片边缘是否散口？</td><td></td><td></td></tr>
<tr><td colspan="3">裁片线条是否正确？</td><td></td><td></td></tr>
<tr><td colspan="3">裁片编号是否正确？</td><td></td><td></td></tr>
<tr><td colspan="3">布头、布尾的拉布宽余位是否符合标准？</td><td></td><td></td></tr>
<tr><td colspan="3">整理裁片(执扎)</td><td></td><td></td></tr>
<tr><td colspan="3">工票内容是否与裁片配合？</td><td></td><td></td></tr>
<tr><td colspan="3">同一捆(扎)裁片是否有色差？</td><td></td><td></td></tr>
<tr><td colspan="3">其他</td><td></td><td></td></tr>
<tr><td colspan="5">问题：</td></tr>
<tr><td colspan="5">检查员：________ 裁床主任：________ 质控部主任：________
日　期：________ 日　　期：________ 日　　　期：________</td></tr>
</table>

表 5-11　半成品质量检查报告表

<table>
<tr><td colspan="6">文件编号：　　　　　　　　　　　　　　　　　　　　年　　月　　日</td></tr>
<tr><td colspan="2">订单：</td><td colspan="2">客户：</td><td>款式：</td><td>款号：</td></tr>
<tr><td colspan="2">数量(件)：</td><td colspan="2">颜色：</td><td>洗水方法：</td><td>缝制组别：</td></tr>
<tr><td colspan="6">车间初期　[　]　　车间中期 [　]　　车间末期 [　]
成品洗水后[　]　　包装中期 [　]　　包装末期 [　]</td></tr>
<tr><td colspan="2">面料/物料</td><td colspan="2">手工艺</td><td colspan="2">包装/后处理</td></tr>
<tr><td>面料</td><td></td><td>外观效果</td><td></td><td>洗水后颜色</td><td></td></tr>
<tr><td>拉链</td><td></td><td>缝型</td><td></td><td>洗水后手感</td><td></td></tr>
<tr><td>主商标</td><td></td><td>扣眼</td><td></td><td>整洁</td><td></td></tr>
<tr><td>洗水商标</td><td></td><td>针步密度</td><td></td><td>烫工</td><td></td></tr>
<tr><td>钮扣</td><td></td><td>钮扣/包头钉位置</td><td></td><td>吊牌</td><td></td></tr>
<tr><td>包头钉</td><td></td><td>口袋位置</td><td></td><td>腰牌</td><td></td></tr>
<tr><td>缝纫线</td><td></td><td>商标位置</td><td></td><td>袋牌</td><td></td></tr>
<tr><td>其他</td><td></td><td>下摆</td><td></td><td>塑料袋</td><td></td></tr>
<tr><td></td><td></td><td>套结</td><td></td><td>纸箱/资料</td><td></td></tr>
<tr><td></td><td></td><td>其他</td><td></td><td>其他</td><td></td></tr>
<tr><td></td><td></td><td></td><td></td><td></td><td></td></tr>
<tr><td colspan="6">评议：
抽查件数：________件</td></tr>
<tr><td colspan="2">检查员：__________
日　期：__________</td><td colspan="2">车间主任：__________
日　　期：__________</td><td colspan="2">质控部主任：________
日　　　期：________</td></tr>
</table>

二、中期检查内容

1. 裁剪过程质量检查

裁剪工艺是服装生产工艺的首道工序，根据需要开裁服装面料、辅料、里料、衬料等。裁剪前要先根据样板绘制出排料图，根据完整、合理、节约的基本原则铺料、画样、开裁。

（1）铺料质量检查

铺料要四齐。一齐是起手要齐；二齐是其中一边布边要齐；三齐是接头要齐；四齐是拖布落手要齐。

铺料要平整。每层面料必须铺平，不能有折痕或皱折；每铺一层面料必须要抚平，不能有松有紧，以免裁片大小不均，影响产品的质量及规格；铺料时要将每层面料丝缕回直归正，纬斜超过标准规定的，必须矫正好以后才能投产；铺料时要注意如灯芯绒、格绒等面料的方向性，此类面料每层需保持同一方向，以保证裁片方向的一致；条格面料铺料时需对条对格。

铺料长度要准确。铺料长度准确十分重要，铺长了浪费原料，铺短了不能排料。因此要加强对工人的技术培训，提高工人的铺料技术能力、熟练程度；掌握原料自然回缩率，做好预缩准备工作；了解原料性能，根据原料的软硬、紧松、厚薄程度铺料。

铺料层数要准确，厚度要适中。层数准确是指要严格按裁剪搭配单规定的各档规格铺料，不能多铺也不能少铺。铺料厚度取决于材料的厚度及电剪刀刀口架的高度，一般要便于开刀。

（2）画样质量检查

画样是开裁的依据，为此要求划样十分严谨和准确。画样的基本要求有：

① 画样线条要清晰、连续。

② 画样大小准确依据裁片大小。

③ 画样是否合理套排。

④ 画样符合标准允许的拼接范围及丝缕规定。

⑤ 组合部位是否注明对刀标记以及各部位的定位标记。

（3）裁剪准备工作的检查

为确保裁剪质量，在裁剪前必须认真做好以下工作：

① 核对生产工艺单，包括产品名称、型号、销往地区、规格搭配、色彩搭配、裁剪数量等。

② 核查原辅料匹长、幅宽、花色、等级等。

③ 核查原辅料的正反面及拼接范围是否符合规定。

④ 检查样板组合块数是否齐全，样板式样是否符合订单要求。

⑤ 检查样板中各部位横、直、斜的丝缕规定方向是否标准。

⑥ 明确画样要求，例如单片画样还是对合画样，或是否有对格、对条、拼花等要求。

⑦ 掌握裁片质量标准，了解各部位丝缕允许偏斜程度。

前衣身：使用纱向为经纱，以前领口宽、前中心线或前胸宽为准，不允许有偏斜。

后衣身：使用纱向为经纱，以背宽线、后领口宽线或腰节以下背中线为准，偏斜不大于0.5 cm，条格面料不允许偏斜。

袖子：使用纱向为经纱，以前袖缝为准，大袖倾斜不大于1 cm，条格面料不允许偏斜，前后袖缝须对条对格（插肩袖以袖山深线为准）。

领面：使用纱向为纬纱，以领中心线为准，偏斜不大于0.5 cm，条格面料不允许偏斜，后领中心线处条须与衣身纵条对齐，领串口处纵条须与驳头处纵条对齐。

袋盖：使用纱向为纬纱，以袋盖前止口线为准，与衣片纬向线平行，条格面料与前衣片条格纵横相对合（特殊设计除外）。

裤腰：使用纱向为经向，条格面料不允许偏斜。

（4）开刀裁剪质量检查

裁剪时需要保证裁剪的精度，因此在开裁的过程中要保证以下质量：

① 裁剪刀路要清楚。裁片四周要求顺直、圆顺，不能有缺口或锯齿形。

② 裁片准确。裁片各边的横线、直线、弧度、曲线与样板要相符。左右需要对称的裁片，要左右对称相符。

③ 裁片整齐。整叠裁片的截面要垂直，不能歪斜。

④ 打刀口、钻眼准确。是指打刀口的位置、钻眼的深浅都要准确。

对裁片质量进行检查，这在服装行业中称为“验片”。验片的目的是及时发现有质量问题的裁片，可以针对不合格的裁片进行修正或调片，避免由于裁片的质量问题，造成整件成品的质量问题。验片内容包括：

① 裁片的刀口、钻眼定位标记是否准确。

② 裁片的规格、尺寸、形状是否与样板相符。

③ 上下层裁片对比，是否相符。

④ 裁片表面疵点如色差，经、纬、斜丝缕是否符合技术标准规定。

2. 缝制过程质量检查

缝制工艺是服装生产加工的关键环节，不同的款式，工艺标准不同，缝制工艺即按照不同的工艺标准生产不同款式的服装。

（1）缝制质量要求

① 各部位缝合线迹顺直，无跳线、脱线，且缝制整齐牢固、平服、美观。

② 起针和落针时回针固缝，缝制底面线松紧适宜。缝合后的部位，不能有针板、送布牙所造成的痕迹。

③ 缝制滚条、压条宽窄一致、平服。

④ 袋布的垫布要折光或包缝。

⑤ 增加袋口的强度，挖袋时，袋口两端要打结或回针。

⑥ 袖窿、领串口、袖缝、摆缝、底边、袖口以及挂面里口等部位要叠针，以免衣面与夹里两层不平服。

⑦ 锁眼无偏斜，扣与眼位要相对。钉扣后收线打结须牢固。

⑧ 商标位置端正，号型标志要准确、清晰。

⑨ 成衣规格允许误差不超出规定范围。

（2）常用缝迹要求

① 明线：每 3 cm 14 ~ 17 针。

② 手工针：每 3 cm 不少于 7 针，肩缝、袖窿处每 3 cm 不少于 9 针。

③ 三线包缝：每 3 cm 不少于 9 针。

④ 手拱止口：每 3 cm 不少于 5 针。

⑤ 三角针：每 3 cm 不少于 5 针。

⑥ 机器锁眼：每 1 cm 为 12 ~ 14 针。

⑦ 手工锁眼：每 1 cm 不少于 9 针。

⑧ 钉扣:细线每孔 8 根线,粗线每孔 4 根线,且缠脚高不能小于止口的厚度。

(3) 缝制过程允许拼接范围

① 挂面:挂面拼接允许两接一拼,且拼接时应避开扣眼位。

② 领里:领里拼接允许两接一拼。

③ 裤腰:女裤后裤腰允许接一处,高档产品拼接缝必须在侧缝或后裆缝处。

④ 裤裆:裤后裆允许拼接,拼接后必须同后裤片纱向一致。

3. 整烫过程质量检查

熨斗对服装的半成品、成品施加一定时间的压力、温度及湿度,使服装造型挺括的过程即是整烫工艺。

整烫工艺要严格按照操作规定及安全要求做到"三好、七防"。"三好"即整烫温度掌握好,服装平挺、质量好,服装外观效果好;"七防"即防烫黄、烫焦、变色、变硬、水渍、极光、渗胶。

下面介绍几种常见衣物的熨烫流程和质量标准。

(1) 衬衫

① 熨烫流程:

领子—袖子、袖口—肩部—后身—前身(前襟、贴边、衣身)。

② 质量标准:

- 领子平服、挺括,有圆势,后领烫死。
- 两肩平服、对称。
- 袖口成圆形,不起折皱,袖口钮扣部位不留印痕。
- 衣袖沿腋下部位接缝处烫平整。
- 前襟贴边整齐挺直,钮扣部位不留印迹。
- 前后身平服、挺括。

(2) 西服

① 熨烫流程:

领子正反面—左前肩部—左后肩部—右前肩部—右后肩部—左前身—左侧身—右前身—右侧身—后身衬里—后身—左前襟衬里—小翻领翻好烫成形—左右袖。

② 质量标准:

- 整体应自然平服、整洁,曲线造型美观,线条流畅,不变形。
- 领子内外平整、挺括、圆活、周正。领子的弧面部位平挺成弧形,不应出现棱角,折领线两端平服呈弧形、不压实的状态。单排扣领口下端应留 5 ~ 6 cm 活口;双排扣领口应全部压实。
- 肩部自然成型,平挺、圆活、袖拢无抽缩。垫肩熨平,与袖子的拼缝处没有曲折感。
- 前身应平挺、无抽缩、胸部挺括丰满、左右对称。不留钮扣印。
- 后身应平挺、不翘。
- 口袋应平直、合拢,袋盖应平挺、不翘、不露里布,口袋面不留盖子印,袋布平整。
- 袖子应平挺、圆活、袖口齐,钮扣边平直整齐,袖后缝自袖口起 10 cm 起缝烫直。男士西服袖子应前圆、后压,袖线在肘以下;女士西服袖子应全部烫圆。
- 衣服里衬应平整、服帖、背膗拉直并压实。
- 下摆应平直并压实。

(3) 西裤

① 熨烫流程：

里衬—劈缝—口袋—腰头—四条裤线对齐熨整—裤脚。

② 质量标准：

- 全裤表面平挺、烫迹分明、无袋印、无烫痕、无亮光。
- 腰头平挺、圆活、无抽缩、裤襻端正。
- 门襟平挺、无抽缩。
- 前后四条烫迹中线自然垂直、挺括。
- 由里裆至裤脚，内、外裤缝全部对正、对齐，最大误差不应大于0.5 cm。
- 裤脚平整，裤脚下口成一条直线，同时内侧与外侧平齐。
- 袋口平直合拢，袋布平整，后袋盖不留印。

(4) 西裙

① 熨烫流程：

衬裙烫平—裙内反面接缝烫开压死—裙腰—裙身—裙襟开衩。

② 质量标准：

- 全裙烫成圆形。
- 裙腰自然平服。
- 裙身平整。
- 裙襟熨烫自然不留印痕。
- 裙后开衩处无印痕、无极光。

4. 包装过程的质量检查

包装是使用一定的材料、容器及辅助物对产品进行的安全、美化方面的处理，目的就是保护流通中的产品、方便运输、便于识别、促进销售。

(1) 内包装要求

① 内包装材料可以采用纸、塑料袋、纸盒、衣架等材质，要求包装材料清洁、干燥、无特殊异味。

② 两周岁及以下婴幼儿服装、与皮肤直接接触的服装的内包装材料不可使用金属类材质。

③ 纸包装要折叠端正，包装牢固。

④ 塑料袋包装的材质、规格应与产品相适应，封口应牢固；产品装入塑料袋要平整、松紧适宜；使用印有文字及图案的塑料袋，文字及图案应印在塑料袋外面，其颜料不得污染产品。

⑤ 纸盒包装的大小应与产品相适应，产品装入盒内松紧适宜。

⑥ 附有衣架包装的产品，应端正平整。

(2) 外包装要求

① 外包装材料可采用纸箱等材质，要求包装材料清洁、干燥、牢固。

② 纸箱内应衬垫具有保护产品质量作用的防潮材料。

③ 纸箱盖、底封口应严密、牢固，封箱纸贴正、贴平。

④ 内外包装大小适宜。

⑤ 箱外可用捆扎带等捆扎结实、卡扣牢固。

第四节　服装生产后质量跟单

成品进入后整理车间，需随时检查实际操作工人的整烫、包装等质量，并不定期抽验包装好的成品。要做到有问题早发现、早处理，尽最大努力保证产品质量和交期与合同一致。

订单所有产品生产完成后，质检员到仓库对已经包装好的成品进行随机抽样，如果交货期较急，也可从已经包装的成品和预备包装成品中分别抽样检查，但质检员要如实反映生产进度，将实际生产进度写入质检报告，由厂方签字确认。

一、成品检验标准

1. 采用标准

FZ/T 80004—2006。

2. 标准适用范围

本标准规定了服装成品出厂检验的规则。

本标准适用于以纺织织物为主要原料，成批生产的服装成品的出厂检验。

3. 引用标准

GB250 评定变色用灰色样卡。

GB5296.4 消费品使用说明 纺织品和服装使用说明。

GB18401 国家纺织产品基本安全技术规范。

FZ/T 80002 服装标志、包装、运输和贮存。

二、成品检验环境与设备

1. 检验环境

① 采用灯光检验时，应采用青光或白光日光灯，其照度不低于750 lx。

② 采用室内自然光检验时，应避免阳光直射被检产品，光源射入方向为北向左上角。

③ 使用与成品相适应的标准。

④ 使用与成品相适应的人体模型架。

⑤ 使用的检验量具需经计量认可。

⑥ 测定色差程度时，被测部位需纱向一致，视线与被测物成45°角，距离60 cm目测，按GB250样卡对比。

⑦ 测定外观疵点时，疵点样卡上的箭头需顺光线射入方向。

⑧ 按标准规定需检验，但企业无检验条件的项目，可委托省、市级以上法定授权的检验机构进行检验。

成品检验是服装成品在出厂前，依照相应的产品标准和封样标准，对成衣规格、缝制质量、整烫质量等进行检验。

2. 检查设备、工具

① 检查工作台(宽 1 m 以上,长 2 m 以上,台面铺设白布一层)。应保证台面清洁光滑,防沾服装或损伤服装。

② 人体模型架。一般检验西装、外衣时常用。

③ 评定变色用灰色样卡(GB250)。

④ 外观疵点样照、缝制起皱样卡等。

三、成品质量检验

服装成品末期检查应针对下列具体内容是否符合既定要求和标准进行检查。

① 款式,面、辅料等。

② 制作工艺、绣花或印花的质量。

③ 产品颜色与手感。

④ 成品的尺寸、颜色、尺码分配情况。

⑤ 商标、吊牌。

⑥ 包装材料、包装方法与装箱尺码。

如有问题必须查明原因并及时解决。

在成品检验完成后质检员应出具成品质量检查报告(如表 5-12),详细记录成品尺寸,颜色,款式,面、辅料,制作工艺,洗水后整理,熨烫,包装,商标,吊牌等的检查情况,根据订单的质量标准,对成品的质量做出是否合格的结论,作为加工厂出货与客户付款的有效凭证。成品质量报告由质检员出具,经加工厂负责人签字确认,加工厂、服装贸易公司、客户各存一份,作为加工厂出货和客户付款的依据之一。

表 5-12 成衣质量检查评估结论

评估结论	评语	出货安排
质量合格,可以出货	经查验,成品的款式,规格,颜色,面、辅料,制作工艺,洗水后整理,包装等符合订单的质量规定	质量合格,安排出货
有小问题,担保出货	经检查,成品的总体质量合格,但存在质量上的小问题	在加工厂法人代表签名担保的条件下,以担保形式出货
返工修正,重新查验	经检查,发现部分成品或成品个别局部未达到订单的质量要求,需返工修正	经返工修正,改良产品质量达到订单的质量要求,通过重新查验合格后,方可安排出货
质量较次,拒绝出货	经检查,发现成品有较大的质量问题,成品质量不合格	1. 返修也不能达到订单的质量要求(如款式错误),不能安排出货 2. 经返修两次仍不能有效改良质量,不能安排出货

四、不同品类服装成品质量检验

1. 衬衫检验

（1）参照标准

GB/T 2660—2008。

（2）外观检验

① 领子：领角左右对称，长短一致；领面平服，松紧适宜；领外口顺直不反翘，领窝圆顺；滚条宽窄一致，不松不紧并保持面料弹性。

② 肩型：左右对称；肩缝顺直。

③ 袋盖、贴袋：左右、高低、大小一致；左右弧度对称；贴袋兜口松紧适宜。

④ 门襟：顺直，平服，长短一致；里襟不能长于门襟。

⑤ 袖子：袖山基本无吃势；袖窿一圈圆顺；袖子左右长短一致，袖型一致，袖位对称；左右袖口宽窄一致，长短一致；左右袖开衩高度、宽窄一致，开衩处不可纰裂。

⑥ 底摆：圆顺，平服；折边宽窄一致。

⑦ 钮扣：订缝牢固，无线毛；缠脚线高低适宜，线结不外漏。

⑧ 锁眼：按板位点眼，见扣锁眼；开刀到位，无线毛。

⑨ 对条/格：前、后身左右对称；左右幅与门襟相对；袖左右对称；腋下与大身对横条；领后中与后背对条/格；领前条/格对称；袋与大身对条/格。

另外，各部位线路整齐、牢固、平服，上下线松紧适宜，避免起皱，无浮线、跳线、断线现象，驳线不可太多且不能出现在显眼位置，针距符合要求，不能过疏过密。

（3）尺寸检验

① 衬衫成品规格主要测量部位和要领如图 5-4、表 5-13 所示。

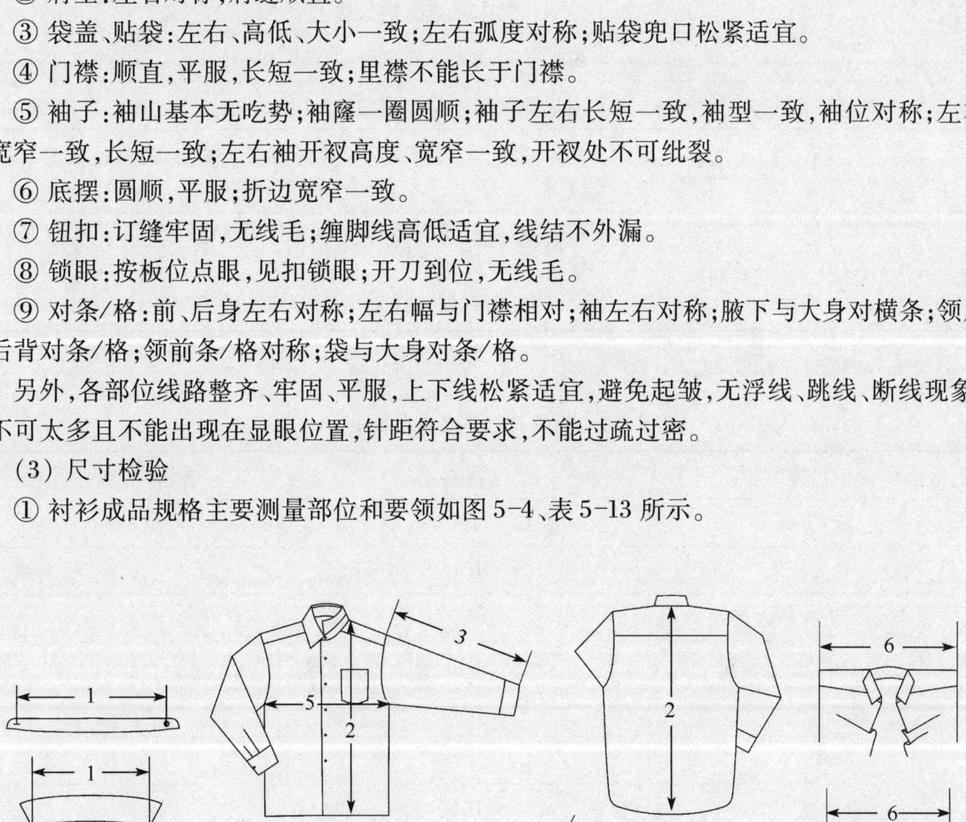

图 5-4 衬衫测量示意图

表 5-13 衬衫主要测量部位和方法

<table>
<tr><th>部位编号</th><th colspan="2">部位名称</th><th>测量方法及要领</th></tr>
<tr><td>1</td><td colspan="2">领大</td><td>领子摊平横量，单立领量扣中到眼中的距离，翻折立领量上领下口，翻折领量上领下口，其他领量下口</td></tr>
<tr><td>2</td><td colspan="2">衣长</td><td>男衬衫：前后身底边拉齐，由领侧最高点垂直量至底边
女衬衫：由前身肩缝最高点垂直量至底边
圆摆：由后领窝中点垂直量至底边</td></tr>
<tr><td rowspan="2">3</td><td rowspan="2">长袖长</td><td>连肩袖</td><td>由后领窝中点量至袖口边</td></tr>
<tr><td>绱袖</td><td>由袖子最高点垂直量至袖口边</td></tr>
<tr><td>4</td><td colspan="2">短袖长</td><td>由袖子最高点量至袖口边</td></tr>
<tr><td>5</td><td colspan="2">胸围</td><td>扣好钮扣，前后身放平（后折拉开），在袖底缝处横量（周围计算）</td></tr>
<tr><td>6</td><td colspan="2">总肩宽</td><td>男衬衫：由过肩两端、后领窝向下 2.0～2.5 cm 处为定点水平测量
女衬衫：由肩袖缝交叉处，解开钮扣放平测量</td></tr>
</table>

② 尺寸检验要严格按照尺寸表，见表 5-14、表 5-15、表 5-16。

表 5-14 衬衣尺寸正负差（单位 cm）

<table>
<tr><th colspan="2">部位名称</th><th>衬衫</th><th>有填充物的衬衫</th></tr>
<tr><td colspan="2">衣长</td><td>1.0</td><td>1.5</td></tr>
<tr><td colspan="2">领大</td><td>0.6</td><td>0.6</td></tr>
<tr><td rowspan="2">长袖长</td><td>连肩袖</td><td>1.2</td><td>1.6</td></tr>
<tr><td>绱袖</td><td>0.8</td><td>1.2</td></tr>
<tr><td colspan="2">短袖长</td><td>0.6</td><td>—</td></tr>
<tr><td colspan="2">胸围</td><td>2.0</td><td>3.0</td></tr>
<tr><td colspan="2">总肩宽</td><td>0.8</td><td>1.0</td></tr>
</table>

表 5-15 针距密度表

项目	针距密度	备注
明暗线	3 cm 不少于 12 针	—
绗缝线	3 cm 不少于 9 针	—
包缝线	3 cm 不少于 12 针	包括锁缝（链式线）
锁眼	1 cm 不少于 12 针	—
钉扣	每眼不低于 6 根线	—

表 5-16　1.0 cm 及以上条格面料对条格规定(单位 cm)

部位	对条、对格规定	备注
左右前身	条料对中心条、格料对格互差不大于 0.3	格子大小不一致,以前身三分之一上部为准
袋与前身	条料对中心条、格料对格互差不大于 0.2	格子大小不一致,以袋前部的中心为准
斜料双袋	左右对称,互差不大于 0.3	以明显条为主(阴阳条不考核)
左右领尖	条格对称,互差不大于 0.2	阴阳条格以明显条格为准
袖头	左右袖头条格顺直,以直条对称,互差不大于 0.2	以明显条为主
后过肩	条料顺直,两头对比互差不大于 0.4	—
长袖	条料顺直,以袖山为准,两袖对称,互差不大于 1.0	3.0 以下格料不对横,1.5 以下条料不对条
短袖	条料顺直,以袖山为准,两袖对称,互差不大于 0.5	2.0 以下格料不对横,1.5 以下条料不对条

(4) 色差检验

将衬衣色差与贴在检验台上的色卡进行对比检验。衬衣色差规定:表面部位(领面、过肩、口袋、袖头面、大身)色差高于 4 级;其他部位(如袖缝、摆缝等)色差 4 级;衬布影响或多层料造成的色差不低于 3~4 级。

(5) 疵点检验

检验顺序须自上而下、从左至右,由外向里检验,先平面检验,再立体检验。检验时需对照疵病样照进行比较。

不同的服装,不同的部位,对疵点的要求程度亦不相同。衬衫各部位划分和原料疵点在各部位允许存在数量的划分如图 5-5、表 5-17 所示。

图 5-5　衬衫各部位疵点规定示意图

表 5-17　衬衫各部位疵点规定(单位:cm)

疵点名称	各部位允许存在程度			样卡序号
	0 部位	1 部位	2 部位	
粗于一倍粗纱 2 根	0	长 3.0 以下	长不限	5
粗于二倍粗纱 3 根	0	长 1.5 以下	长 4.0 以下	6
粗于三倍粗纱 4 根	0	0	长 2.5 以下	7
双经双纬	0	0	长不限	8
小跳花	0	2 个	4 个	90
经缩	0	0	长 4.0,宽 1.0 以下	10
纬密不匀	0	0	不限	11
颗粒状粗纱	0	0	0	12
经缩波纹	0	0	0	13
断经断纬 1 根	0	0	0	14
搔损	0	0	轻微	15
浅油纱	0	长 1.5 以下	长 2.5 以下	16
色档	0	0	轻微	17
轻微色斑	0	0	0.22 以下	18

(6) 整烫检验

① 整烫平服、整洁,无烫黄、水渍、污渍及亮光等。

② 整烫关键部位:领、袖、门襟。

③ 领型左右基本一致,折叠端正、平挺。

④ 一批产品的整烫折叠规格应保持一致。

(7) 标志、包装、运输、贮存检验

成品的标志、包装、运输、贮存检验按照 FZ/T 80002 执行。

2. 茄克衫检验

(1) 参照标准

FZ/T 81008—2011。

(2) 外观检验

① 领子:平服、不反翘;缉明线部位不允许有接线、跳针。

② 袖子:绱袖圆顺,前后基本一致。

③ 袋、袋盖:方正、圆顺;前后、高低一致;袋口须回针缉牢。

④ 锁眼:定位准确,大小适宜,扣与眼对位,整齐牢固;眼位不偏斜;针迹美观、整齐、平服。

⑤ 钉扣:牢固,扣脚高低适宜,线结不外漏;不得钉在单层布上(装饰扣除外),绕脚高度与扣眼厚度相适宜,缠绕三次以上(装饰扣不缠绕),收线打结需结实完整。

⑥ 四合扣:上下扣松紧适宜;牢固、不脱落;扣与扣眼及四合扣上下要对位。

⑦ 拉链:绱拉链辑线平服;链带顺直;左右高低一致。

⑧ 商标:位置端正;号型、成份及洗涤标志准确清晰。

另外,各部位缝制平服,线路顺直、整齐、牢固;针迹均匀,上下线松紧要适宜;起止针处须回针辑牢;各部位缝份不小于 0.8 cm,所有外漏缝份必须包缝;对称部位基本一致。

(3) 尺寸检验

① 茄克衫成品规格主要测量部位和要领如图 5-6、表 5-18 所示。

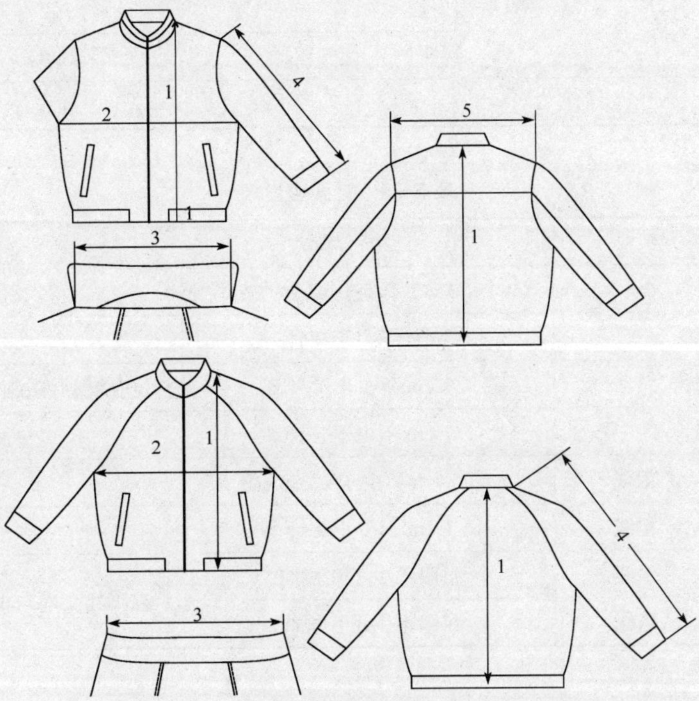

图 5-6　茄克衫测量示意图

表 5-18　茄克衫主要测量部位和方法

部位编号	部位名称	测量方法及要领
1	衣长	由前身肩缝最高点垂直量至底边,或由领窝正中垂直量至底边
2	胸围	扣好钮扣或拉上拉链,前后身摊平,沿袖窿底缝横量(周围计算)
3	领大	领子摊平横量,立领量上口,其他领量下口(特殊领口除外)
4	袖长	绱袖由袖子最高点量至袖口边中间
		连肩袖由后领中过肩点量至袖口边中间
5	总肩宽	由肩袖缝的交叉点摊平横量(连肩袖不量)

② 尺寸检验要严格按照尺寸表,见表 5-19、表 5-20、表 5-21。

表 5-19　茄克衫尺寸正负差(单位 cm)

部位名称		正负差
领大		1.0
衣长		1.0
胸围		2.0
总肩宽		0.8
长袖长	连肩袖	1.2
	绱袖	0.8
短袖长		0.6

表 5-20　针距密度表

项目		针距密度	备注
明暗线		3 cm 不少于 12 针	特殊需要除外
包缝线		3 cm 不少于 9 针	—
手工针		3 cm 不少于 7 针	肩缝、袖窿、领子不少于 9 针
三角针		3 cm 不少于 5 针	以单面计算
锁眼	细线	1 cm 不少于 12 针	—
	粗线	1 cm 不少于 9 针	—
钉扣	细线	每眼不少于 8 根线	缠脚线高度与止口厚度相适应
	粗线	每眼不少于 6 根线	

表 5-21　1.0 cm 及以上条格面料对条格规定(单位 cm)

部位名称	对条、对格规定	备注
左右前身	条料顺直,格料对横,互差不大于 0.3	遇格子大小不一时,以衣长二分之一上部为主
袋与前身	条料对条,格料对格,互差不大于 0.3;斜料贴袋左右对称,互差不大于 0.5(阴阳条格里外)	遇格子大小不一时,以袋前部为主
领尖、驳头	条料对称,互差不大于 0.2	遇有阴阳格,以明显条格为主
袖子	条料顺直,格料对横,以袖山为准,两袖对称,互差不大于 0.8	—
背缝	条料对条,格料对横,互差不大于 0.3	—
摆缝	格料对横,袖窿底 10.0 以下互差不大于 0.4	—
注:特别设计不受此限		

(4) 色差检验

将茄克衫色差与贴在检验台上的色卡进行对比检验。茄克衫色差规定:领子、驳头、前披肩与前身的色差高于 4 级;里子的色差不低于 3 ~4 级;覆粘合衬多造成的色差不低于 3 ~4 级;其他表面部位的色差不低于 4 级。

(5) 疵点检验

茄克衫各部位划分和原料疵点在各部位允许存在数量的划分如图 5-7、表 5-22 所示。

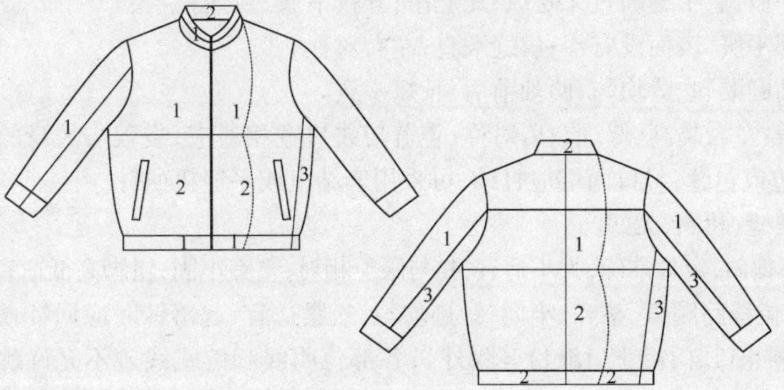

图 5-7　茄克衫各部位疵点规定示意图

表 5-22　茄克衫各部位疵点规定(单位:cm)

疵点名称	各部位允许存在程度		
	1 部位	2 部位	3 部位
粗于原纱一倍的纱	长 1.5 以内	长 2.5 以内	长 3.5 以内
粗于原纱二倍的纱	不允许	长 1.5 以内	长 2.5 以内
粗经纱	长 1.5 以内	长 2.5 以内	长 3.5 以内
经缩波纹	不允许	不宽于 0.5	不宽于 1.0
浅油纱	不允许	1.6 ~2.5	2.6 ~3.5
班疵(油、锈、色斑)	不允许	不大于 0.2 cm^2,不明显	不大于 0.3 cm^2,不明显
注:浅色原料 1 部位不准有浅油纱(距 60 cm 目测)			

(6) 整烫检验

① 各部位整烫平服、整洁,无烫黄、水渍及亮光等。

② 覆粘合衬部位不允许有脱胶、渗胶及起皱。

(7) 标志、包装、运输、贮存检验

成品的标志、包装、运输、贮存检验按照 FZ/T 80002 执行。

3. 男西装检验

(1) 参照标准

GB/T 2664—2009。

（2）外观检验

① 领子：领面平服，松紧适宜；领窝圆顺；左右领头宽窄一致对称，领尖不翘；领外口松紧适宜，不漏底领；后领宽窄一致。

② 驳头：串口、驳口顺直，左右驳头宽窄一致、领嘴大小对称，领翘适宜。

③ 止口：顺直平挺，门襟不短于里襟，不搅不豁，两圆头大小一致，不反吐。

④ 前身：胸部挺括、对称，面、里、衬服帖，省道顺直。

⑤ 后背：平服、后中缝顺直无吃纵、无起吊；开衩平服、顺直。

⑥ 肩：肩部平服，表面没有褶；肩缝顺直，左右对称。

⑦ 袖：绱袖圆顺、吃势均匀；两袖前后、长短一致。

⑧ 袋、袋盖：左右袋高、低、前、后对称；袋盖与袋口宽相适应，袋盖与大身的花纹一致；袋布的垫料要折光边或包缝；袋口两端应打结，可采用套结机或平缝机回针。

⑨ 底边、摆缝：圆顺、无凹凸。

⑩ 锁眼：不偏斜，定位准确，大小适宜；扣与眼位相对，整齐牢固；钮脚高低适宜，线结不外漏。

另外，各部位线路顺直、整齐、牢固；针迹均匀，松紧适宜，起落针时应回针；缝份宽度不小于0.8 cm（开袋、领止口、门襟止口缝份等除外）；各部位明线和链式线迹不允许跳针，明线不允许接线，其他缝纫线迹30 cm内不得有两处单跳和连续跳针，不得脱线；滚条、压条要平服，宽窄一致；袖窿、袖缝、底边、袖口、挂面里口、大衣摆缝等部位叠针牢固；里侧商标、号型标志、成份标志、洗涤标志位置端正、清晰准确。

（3）尺寸检验

① 男西装成品主要测量部位及方法如图5-8、表5-23所示。

图5-8 西装上衣测量示意图

表 5-23　西装上衣测量方法和要领

部位编号	部位名称		测量方法及要领
1	衣长		由前身左襟肩缝最高点垂直量至底边,或由后领中垂直量至底边
2	胸围		扣上钮扣或合上拉链,前后身摊平,沿袖窿底缝水平横量(周围计算)
3	领大		领子摊平横量,搭门除外;开门领不考核
4	总肩宽		由肩袖缝的交叉点横量
5	袖长	装袖	由袖山最高点量至袖口边中间
		连肩袖	由后领中沿袖山最高点量至袖口边中间
注:特殊需要的按企业规定			

② 尺寸检验要严格按照尺寸表,见表 5-24、表 5-25、表 5-26。

表 5-24　西装尺寸正负差(单位 cm)

部位名称		正负差
领大		0.6
衣长		1.5
胸围		2.0
总肩宽		0.6
袖长	连肩袖	1.2
	装袖	0.7

表 5-25　针距密度表

项目		针距密度	备注
明暗线		3 cm 不少于 11 ~ 13 针	—
包缝线		3 cm 不少于 9 针	—
手工针		3 cm 不少于 7 针	肩缝、袖窿、领子不低于 9 针
手拱止口机拱止口		3 cm 不少于 5 针	—
三角针		3 cm 不少于 5 针	以单面计算
锁眼	细线	1 cm 不少于 12 ~ 14 针	—
	粗线	1 cm 不少于 9 针	—
钉扣	细线	每眼不少于 8 根线	缠脚线高度与止口厚度相适应
	粗线	每眼不少于 4 根线	

表 5-26　1.0 cm 及以上条格面料对条格规定(单位 cm)

部位名称	对条、对格规定
左右前身	条料对条,格料对横,互差不大于 0.3
手巾袋与前身	条料对条,格料对格,互差不大于 0.2
大袋与前身	条料对称,格料对格,互差不大于 0.3
袖与前身	袖肘线以上与前身格料对横,两袖互差不大于 0.5
袖缝	袖肘线以上,后袖缝格料对横,互差不大于 0.3
背缝	以上部为准,条料对称,格料对横,互差不大于 0.2
背缝与后领面	条料对条,互差不大于 0.2
领子、驳头	条格料左右对称,互差不大于 0.2
摆缝	袖窿以下 10 cm 处,条格对横,互差不大于 0.3
袖子	条格顺直,以袖山为准,两袖互差不大于 0.5
注:特别设计不受此限	

(4) 色差检验

将男西装色差与贴在检验台上的色卡进行对比检验。男西装色差规定:袖窿、摆缝色差不低于 4 级;其他表面部位的色差高于 4 级;套装中上装与裤子的色差不低于 4 级。

(5) 疵点检验

西服各部位划分和原料疵点在各部位允许存在数量的划分如图 5-9,表 5-27 所示。每个独立部位只允许有一处疵点(优等品前领面及驳头不允许出现疵点)。

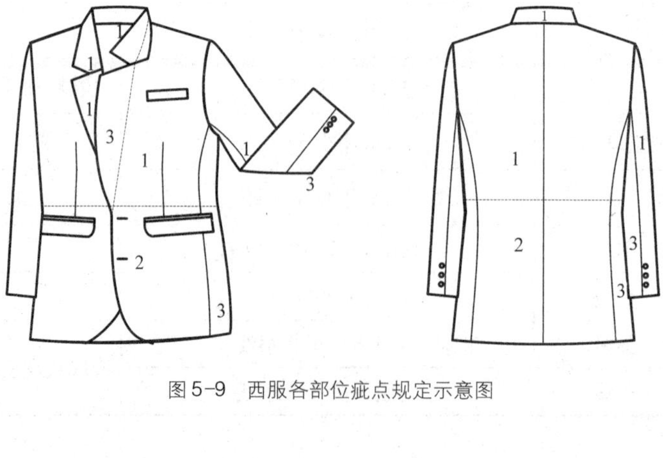

图 5-9　西服各部位疵点规定示意图

表 5-27　西服各部位疵点允许存在程度的划分

疵点名称	各部位允许程度		
	1 部位	2 部位	3 部位
纱疵	不允许	轻微，总长度 1.0 cm 或总面积 0.3 cm^2 以下；明显不允许	轻微，总长度 1.5 cm 或总面积 0.5 cm^2 以下；明显不允许
毛粒	1 个	3 个	5 个
条印、折痕	不允许	轻微，总长度 1.5 cm 或总面积 1 cm^2 以下；明显不允许	轻微，总长度 2.0 cm 或总面积 1.5 cm^2 以下；明显不允许
斑疵（油污、锈斑、色斑、水渍等）	不允许	轻微，总面积 0.3 m^2 以下；明显不允许	轻微，总面积 0.5 m^2 以下；明显不允许
破洞、磨损、蛛网	不允许	不允许	不允许
注 1：各部位只能有一处允许存在程度内的疵点 注 2：轻微疵点指直观上不明显，通过仔细辨识才可看到的疵点；明显疵点指直观上较明显，影响总体效果的疵点 注 3：优等品前领面及驳头不允许出现疵点 注 4：未列入本标准的疵点，按其形态参照表中所列相似疵点判断			

（6）整烫检验

① 各部位整烫平服、整洁，无烫黄、水渍及亮光等。

② 覆衬部位要平服，不允许有脱胶、渗胶及起皱，各部位表面不允许有沾胶。

③ 目测产品整洁、各部位熨烫平挺。

（7）标志、包装、运输、贮存检验

成品的标志、包装、运输、贮存检验按照 FZ/T 80002 执行。

4. 西裤检验

（1）参照标准

GB/T 2666—2009。

（2）外观检验

① 门、里襟：面、里、衬平服，松紧适宜，长短互差不大于 0.3 cm；门襟不短于里襟；锁眼定位准确，大小适宜，扣与眼对位，整齐牢固；绱拉链平服，无连根线头，松紧适宜；钮脚高低适宜，线结不外漏。

② 裤腰：面、里、衬平服，松紧适宜；腰头左右对称，宽窄一致，止口不反吐。

③ 前、后裆：圆顺，平服；裆底十字缝互差不大于 0.2 cm。

④ 串带：长短、宽窄一致。位置准确、对称，前后互差不大于 0.4 cm，高低互差不大于 0.2 cm。

⑤ 裤腿：两裤腿长短、肥瘦互差不大于 0.3 cm。

⑥ 口袋：袋口顺直平服，两端封口应牢固、整洁；袋位高低、袋口大小互差不大于 0.5 cm，前后互差不大于 0.3 cm；袋布缝制牢固，垫料要折光边或包缝。

⑦ 裤脚口：裤口边缘顺直，两脚口大小互差不大于 0.3 cm；吊脚不大于 0.5 cm，裤脚前后互差不大于 1.5 cm。

另外，各部位缝制线路顺直、整齐、平服、牢固；上下线松紧适宜，无跳线、断线，起落针处应有回针，底线不得外漏；各部位缝份宽度不小于0.8 cm(开袋、门襟止口除外)；各部位明线和链式线迹不允许跳针，明线不允许接线，其他缝纫线迹30 cm内不得有两处单跳和连续跳针，不得脱线；侧缝袋口下端打结处以上5 cm至以下10 cm之间、下裆缝上1/2处、后裆缝、小裆缝要缝两道线，或用链式线迹缝制；里侧商标、耐久性标签位置应端正，清晰准确。

(3) 尺寸检验

① 西裤成品规格主要测量部位及要领如图5-10、表5-28所示。

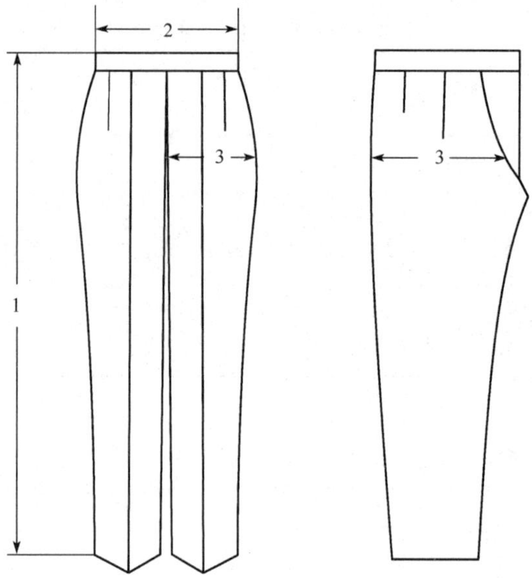

图5-10 西裤测量示意图

表5-28 西裤主要测量部位和方法

部位编号	部位名称	测量方法及要领
1	裤长	由腰上口沿侧缝摊平垂直量至脚口
2	腰围	扣上裤钩(钮扣)沿腰宽中间横量(周围计算)
3	臀围	腰头向下18 cm处横量(周围计算)
注:特殊需要的按企业规定		

② 尺寸检验要严格按照尺寸表，见表5-29、表5-30、表5-31。

表5-29 西裤尺寸正负差(单位cm)

部位	正负差
裤长	1.5
腰围	1.0

表 5-30　针距密度表

项目		针距密度	备注
明暗线		3 cm 不少于 11～14 针	—
包缝线		3 cm 不少于 10 针	—
手工针		3 cm 不少于 7 针	—
三角针	腰口	3 cm 不少于 9 针	以单面计算
	脚口	3 cm 不少于 6 针	
锁眼	细线	1 cm 12～14 针	—
	粗线	1 cm 不少于 9 针	—
钉扣	细线	每眼不少于 8 根线	缠脚线高度与止口厚度相适应
	粗线	每眼不少于 4 根线	
注:细线指 20 tex 及以下缝纫线;粗线指 20 tex 以上缝纫线			

表 5-31　1.0 cm 及以上条格面料对条格规定(单位 cm)

部位名称	对条、对格规定
后裆缝	格料对横,互差不大于 0.3
袋盖与大身	条料对条、格料对横,互差不大于 0.2
侧缝	侧袋袋口以下 10 cm 处格料对横,互差不大于 0.2
注:特别设计不受此限	

(4) 色差检验

将西裤色差与贴在检验台上的色卡进行对比检验。西裤色差规定:下裆缝、腰头与大身色差不低于 4 级;其他表面部位的色差高于 4 级;套装中下装与上装的色差不低于 4 级;同批不同条色差不低于 4 级。

(5) 疵点检验

西服各部位划分和原料疵点在各部位允许存在数量的划分如图 5-11,表 5-32 所示。每个独立部位只允许有一处疵点。

(6) 整烫检验

① 前后挺缝线、烫迹线平服、顺直。

② 侧缝、里襟缝平服、顺直。

③ 大裆,小裆,门、里襟平服。

④ 后裆缝分开、平服。

⑤ 裤腰平服。

⑥ 斜插袋平服、顺直;后袋平服、四角方正。

⑦ 臀部圆顺。

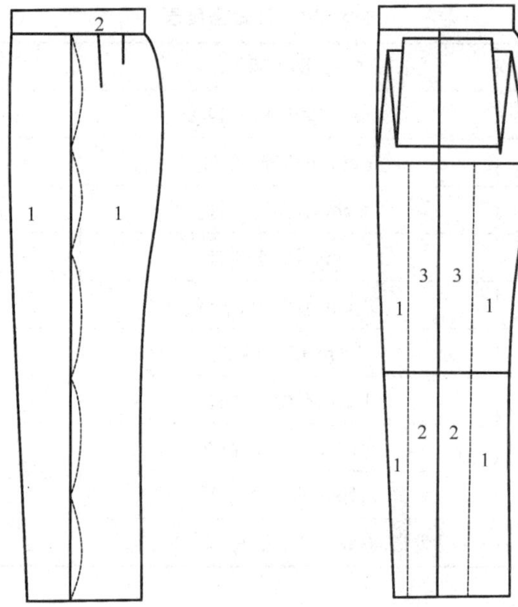

图 5-11　西裤各部位疵点规定示意图

表 5-32　西裤各部位允许存在原料疵点数量的划分

疵点名称	各部位允许程度		
	1 部位	2 部位	3 部位
纱疵	不允许	轻微,总长度 1.0 cm 或总面积 0.3 cm^2以下;明显不允许	轻微,总长度 1.5 cm 或总面积 0.5 cm^2以下;明显不允许
毛粒	1 个	3 个	5 个
条印、折痕	不允许	轻微,总长度 1.5 cm 或总面积 1m^2以下;明显不允许	轻微,总长度 2.0 cm 或总面积 1.5 cm^2以下;明显不允许
斑疵(油污、锈斑、色斑、水渍、粉印等)	不允许	轻微,总面积 0.3 m^2以下;明显不允许	轻微,总面积 0.5 m^2以下;明显不允许
破洞、磨损、蛛网	不允许	不允许	不允许
注 1:各部位只允许一处存在程度内的疵点 注 2:轻微疵点指直观上不明显,通过仔细辨识才可看到的疵点;明显疵点指直观上较明显,影响总体效果的疵点 注 3:未列入本标准的疵点,按其形态参照表中所列相似疵点判断			

⑧ 裤脚平直。

⑨ 各部位整洁,无烫黄、水渍及亮光等。

⑩ 覆粘合衬部位不允许有脱胶、渗胶及起皱,各部位表面不允许有沾胶。

(7) 标志、包装、运输、贮存检验

成品的标志、包装、运输、贮存检验按照 FZ/T 80002 执行。

第六章

服装成品包装、出货、运输跟单

第一节　服装成品包装跟单

包装是在流通过程中保护产品,方便储运,促进销售的辅助物的总称。将产品盛装于某种容器或包装物之内是商品进入流通、消费领域不可缺少的条件。包装的作用有以下几个方面:

① 实现商品价值和使用价值,并增加商品的价值。

② 保护商品免受日晒、风吹、雨淋、灰尘沾染等自然因素的侵袭,防止挥发、渗漏、溶化、沾污、碰撞、挤压、散失以及盗窃等损失。

③ 方便流通环节贮、运、调、销,如装卸、盘点、码垛、发货、收货、转运、销售计数等。

④ 美化商品、吸引顾客,有利于促销。

服装产品的包装一般有三种:内包装、中层包装和外包装。

内包装,即产品的主体包装,也叫小包装,是指将若干件服装,五件或十件、半打或一打组成一个最小的包装整体。内包装是为了加强对成衣的保护,便于调拨、销售时计量的需要。小包装内成品的品种、等级需一致,颜色、花型、尺寸规格等应符合客户方的要求,有独色独码、独色混码、混色独码、混色混码等多种方式。在包装的明显部位要注明厂名(国别)、品名、货号、规格、色别、数量、等级、生产日期等。对于外销产品或部分内销产品,需注明纤维名称、纱支、混纺比例以及产品使用说明。

外包装,又称储运包装、大包装,是为了适应储存、搬运过程的需要所进行的包装。外包装作为保护性包装增加了包装费用,但是具有提高产品的叠码承受能力,加速交接、点验等作用,从而降低了运输和仓储成本,减少了货损索赔。服装产品的外包装一般使用五层瓦楞结构纸箱或使用较坚固的木箱。大包装的箱外通常应印刷产品的唛头标志,如厂名(国别)、品名、货号(或合同号)、箱号、数量、尺寸规格、色别、重量(毛重、净重)、体积(长×宽×高)、等级、生产日期等。

中层包装,是介于上述内包装与外包装之间的包装,又称为销售包装,通常起到保护产品和促进销售的作用。

一、包装材料

1. 产品包装材料类型

包装材料包括纸质材料、合成高分子材料、金属材料、玻璃与陶瓷材料、复合材料、纤维材料、木材等主要包装材料,又包括黏合剂、捆扎带、涂料、装潢和印刷等辅助材料。

总体来讲包装材料应具备下列性能:

① 机械性能:拉伸强度、抗压强度、耐破强度等。

② 物理性能:耐候性、阻隔性、透明性等。

③ 化学性能:耐腐蚀性、耐化学药品性、化学稳定性等。

④ 加工性能:包括成型加工性、机械操作适应性和印刷适应性。

此外,还要具备一定的安全性和环保性。

2. 各类包装材料的性能特点

(1) 纸质材料

包括纸、纸板及其制品,它们在包装材料中占据主导地位。根据用途不同,可按使用需要将其质量指标分为外观质量、物理性能、吸收性能、光学性能、表面性能、适印性能及其他方面的特殊性。包装用的普通商业用纸有纸、牛皮纸、鸡皮纸、纸袋纸、糖果包装纸、中性包装纸、防锈纸、防潮包装纸、复合纸等。

(2) 高分子合成材料

常用的高分子合成材料有聚乙烯、聚氯乙烯和聚丙烯,通常统称其为塑料,塑料包装与木材、金属、玻璃陶瓷相比具有重量轻、柔软性和良好的弹性,耐化学药品腐蚀性强,易成型、易着色和适合批量生产等特点。包装用塑料制品有塑料薄膜、周转箱、编织袋、泡沫防震材料等。

(3) 金属材料

金属容器具有机械强度高、抗冲击能力强、不易破碎的优点。金属容器所有材料主要有马口铁、铝箔、焊接剂、内层涂料(防腐、防毒)、外层漆等。金属容器按照外形和用途一般分为金属罐和金属桶。

(4) 玻璃与陶瓷材料

玻璃多用于包装液体商品,具有良好的封存效果,透光性好,线条流畅优美,能保持物体在瓶中的化学稳定性。常用于酒类、饮料、药品等的包装。陶瓷造型具有陈列价值,便于集装运输,包装成本低。低档商品可采用陶器,高档商品则用瓷器并注意装饰装潢设计。

(5) 复合材料

复合材料是两种或两种以上材料,经过一次或多次复合工艺而组合在一起,从而构成一定功能的材料。一般可分为基层、功能层和热封层。基层主要起美观、印刷、阻湿等作用。复合材料广泛使用于冷冻食品、冷藏食品、洗发水、油、醋、酱油、洗涤剂等,能解决上述产品在包装生产、运输过程中的包装速度、破包、漏包、渗透等问题。

(6) 纤维材料

指由各种材料制成的纤维通过交织而成的包装材料。纤维材料从天然纤维到合成纤维取材广泛,可以灵活按照包装要求进行设计加工。

(7) 木材

木质包装质量轻、强度高,有一定的弹性,能承受冲击和震动,取材方便,容易加工。常用于包装材料的木材有红松、白松、马尾松、白松、桦木、椴木、杉木、人造板材等。

3. 辅助包装材料的性能特点

在主要包装材料基础上还有对包装起辅助作用的各种材料,辅助包装材料的主要类别及性能特点如下:

(1) 黏合剂

一般包装用黏合剂主要用于材料制造、制袋、制箱、封口等,如胶水。

(2) 黏合带

用于黏合,如橡浆胶带、热敏带、黏结带等。

(3) 捆扎材料

多用于运输作业等,如麻绳、纸绳、尼龙绳、尼龙带、钢带等。

4. 服装产品包装

(1) 服装产品的包装材料

① 纸。根据不同的用途,成衣包装所使用的纸有所区别,如:厚度为 0.3mm 的硬纸板通常

用作包装盒及男衬衫包装用衬板;波状纸或板具有减震作用,可做纸箱或纸盒,用于需减震的包装;防水纸可用于需运输的成衣包装材料。各企业可依服装的品种、档次等选择合适的纸张种类,内包装材料技术要求可参考 GB/T 4856 针棉织品包装标准。

② 塑料薄膜。塑料薄膜属于高分子材料,通常具有轻薄、透明度良好等优点,广泛用作成衣的包装袋。衬衫的领撑通常采用较硬的塑料制作,以使包装后的领子呈“站立”状。

此外,塑料夹、衣架、大头针、别针、吊牌等材料,亦是服装上经常使用的包装材料,如:别针在包装泳衣、儿童服装时使用,能保证成品使用的安全。

(2) 服装产品的包装形式

在服装成品包装中,经常使用的有袋、盒、箱等形式。每种包装形式各有利弊,需根据产品的种类、档次、销售地点等因素,合理选用。

① 袋。包装通常由纸或塑料薄膜材料制成,具有保护服装成品、防灰尘、防脏污、占用空间小、便于运输流通等优点,而且品种多,可选择的范围大,价格较低,在服装企业中使用最为广泛。不同品种的服装,可选择与之匹配的包装形式和尺寸。

② 盒。包装盒大多采用薄纸板材料制成,也有用塑料制作,属于硬包装形式,其优点是具有良好的强度,盒内的成衣不易被压变形,在货架上可保持完好的外观。盒的形式分为折叠盒及成形盒,折叠盒为扁平状,运输时所占空间小;成形盒是按使用时的形式制成立体盒,运输时不能压平,占用空间大。

③ 箱。包装箱多是瓦楞纸箱或木箱,主要用于外包装。将独立包装后的数件服装成品以组别形式放入箱中,便于存放和运输。使用机制纸板、双瓦楞结构纸箱,箱内外要保持干燥洁净,箱外按产品要求,涂防潮油。纸板材料应符合 GB—6544 瓦楞纸板标准中的有关规定。纸箱的技术要求可参考 GB/T 4856 针棉织包装标准。订制外包装箱尺寸,应结合所使用的运输方式,特别是在使用集装箱进行运输时,确定外包装箱尺寸应考虑充分利用集装箱内容积。

④ 挂装。亦称立体包装,服装成品以吊挂的形式运输、销售。经整烫的服装表面平整、美观,当以袋、盒的形式包装后,成品往往产生皱褶,影响服装外观。而挂装服装使服装在整个运输过程中不被挤压、折叠,始终保持良好、平整的外观。但对服装企业来说,投入较大,如挂衣架、大塑料袋等包装材料的消耗,运输空间增大,提高了运输费用。

⑤ 真空包装。由于袋、盒包装易使服装产生皱褶,而挂装成本高、占用体积大,在20 世纪 70 年代,开始出现真空包装的形式。真空包装可使成衣的存储和运输体积减少、重量减轻,在整个运输过程中,能有效地防止服装生产皱褶或破损。

一些妇婴卫生保健服装、医用服装等产品大多采用真空包装的形式,以确保经过消毒的服装成品不会在运输、销售过程中,被再次污染。

在选择服装产品的包装形式和包装材料时,应结合客户的具体要求执行:

① 如果客户指定包装材料或对包装材料和包装方法有特殊要求,则根据客户指示在物料采购阶段进行采购。

② 如果客户未指定包装材料,则可以选择工厂惯常使用的包装材料和包装方法,同时要求客户据此确认使用与否,以免出现因包装细节引起的贸易纠纷。

表 6－1　装箱细节例表

客户　　　　　　　　　　　　　　　　　　　　　　季节

箱号	总箱数	颜色	款号	订单号	尺码分配				单箱件数	总量	单箱毛重	单箱净重	装箱尺寸
					S	M	L	XL					
					3	9	5	3					
55	1	黑/灰	KHF－8107－A	361176351	4	9	5	2	20	20	14	11	0.88×0.68×0.28
56	1	黑/灰	KHF－8107－A	361176351		5	3	2	10	10	7	5	0.88×0.68×0.13
小计	56 箱									1 110	777	610	9.293m³
57～59	3	黑/米	KHF－8107－B	361176362	2	9	6	3	20	60	14	11	0.88×0.68×0.25
60	1	黑/米	KHF－8107－B	361176362	1	3	5	1	10	10	7	5	0.88×0.68×0.13
61～73	13	黑/米	KHF－8107－B	361176362	2	10	5	2	21	273	14	11	0.88×0.68×0.25
74	1	黑/米	KHF－8107－B	361176362			4	3	7	7	6	4	0.88×0.68×0.10
75～129	55	黑/米	KHF－8107－B	361176362	3	9	5	3	20	1 100	14	11	0.88×0.68×0.25
130	1	黑/米	KHF－8107－B	361176362		2	5	3	10	10	7	5	0.88×0.68×0.13
小计	74 箱									1 460	1 014	795	10.838 m³
总计	130 箱									2 570	1 791	1 405	20.131 m³

二、包装跟单

包装的设计是指包装的形状、大小、构造及包装材料等方面的创造或选择，在此基础上对产品的包装进行装饰和艺术造型。包装设计的流程是：设计构想→样品制作→试装试验→图纸绘制。货物包装应符合国家包装标准或行业包装标准的规定。

跟单员确定客户对包装的要求之后，要评估是否需要将包装的设计工作交由专业设计公司外包制作。

1. 包装产品采购订制跟单

如有必要实施采购或外包设计生产，跟单员可向物料采购部门提出采购/外包申请单，呈报生产部主管审批，生产部主管做出核实准予外包，由物料采购部门派出跟单员对外包设计公司进行调查、评估和选择。在确定好设计公司之后，双方签订合约，并且要向设计公司清楚表达要求，包括交代设计意向、设计开发用材料、确定的材料供应商资料以及产品批准报告。在设计生产过程中，物料采购部门的跟单员需要联系协调，确保其按规定设计加工，了解外包的进度、质量，同时要实施跟催，以确保能如期交货。

2. 包装操作跟单

如果采用工厂惯常的包装材料进行包装，跟单员需要根据订单中跟客户约定的包装条款，将包装要求如表6-1所示书面下达至车间。在下达时要注意产品的包装及包装上的各种标贴等应严格按客户要求执行。每种产品的客户可能不止一个，他们对于箱用检签、条形码、包装袋会有不同要求。

三、成衣包装的质量要求

成衣包装是服装生产的最后一道工序，跟单员要特别注意必须按要求保质保量完成。在包装过程中，必须严格执行有关的工艺标准或规定。

① 服装在完成蒸汽整烫后，不能马上装入塑料袋内，以免包装后服装因潮湿而发霉。

② 成衣包装必须按照规定的尺码、规格、印字、标志及数量、颜色搭配等进行包装，并按照要求及尺码进行折叠。

③ 小包装应做到规格与数量相符，产品搭配与合同相符，实物与号型规格相符。

④ 大包装要做到标记项目无遗漏，箱号无重复，并且做到规格、品号、颜色、数量的准确无误。

⑤ 检查外包装完整无损，包装箱内清洁无杂物。

⑥ 检查清单，唛头与合同完全相符。

包装合格即可入库或交运。

第二节 服装成品出货跟单

出货是企业按计划发出产品的过程。在所有的产品进行商检、水洗测试和成品测试合格之后，跟单员要根据合同的规定以及客户确认的最后结果，及时安排出货。

当产品按照客户需求生产完成，为保证订单产品准时付运，跟单员在产品生产进入包装阶段就需着手跟进出货安排。跟单员按交货期行使出货计划，确定交货地址，开出出货单、出厂申请单等票据，由跟单员或者工厂专门的出货组联系运输公司，选择适当的运输工具，签好运输协议，填好运单，还需依照合同规定办理运输保价或另行办理保险，发出出货报告。

一、出货跟单流程及工作职责

出货各阶段跟单员的职责见图6-1。

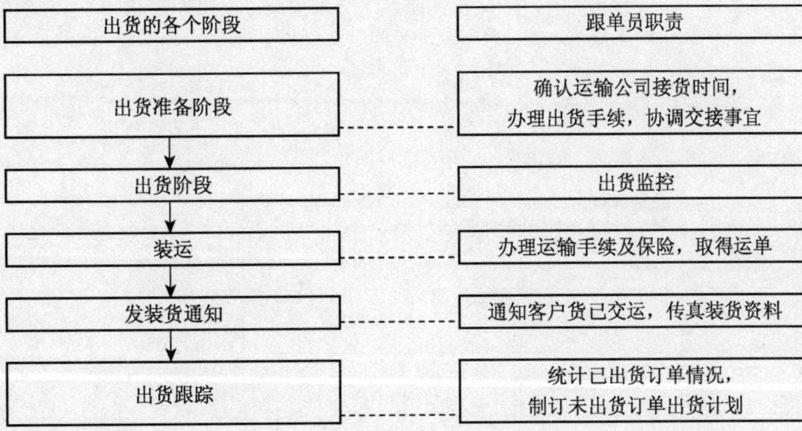

图6-1　出货各阶段跟单员职责

二、出货跟单工作内容

① 出货准备。跟单员应将出货时间、数量等及时通知给相关部门。根据出货通知时间及时安排发货，如不能保证交货，应及时同运输公司或客户协商处理。出货前一天通知生产部具体货柜车到厂的时间，并把装箱单分发给生产部相关人员，方便生产部安排出货工作。

② 内部手续。办理内部发货手续，开出出货单、出厂申请单等单据，同时将货运通知单下发仓储部门。出货单及货运通知单一般内容如表6-2、表6-3所示：

表6-2　出货单样本

出货单							
公司名称：							
订单号码：				客户：		出货日期：	
批次	型号规格	数量	单价	金额	箱号	箱数	备注
其他费用分摊方式：							

财务主管：　　　　会计：　　　　审核：　　　　填表：

表 6-3 货运通知单

订单号			客户名称			
订单数量			产品名称			
交货期限			交货地点			
批 次	数 量	入库时间	交货期限	交货地点	出库时间	送抵时间
1						
2						
3						
4						
5						

填表： 复核： 审核主管：

③ 出货监控。为了防止发生出货差错，跟单员有必要对出货监控。在实际操作过程中可以采用下列方法控制出货误差：

• 专人点数法：专门指定人员守在货柜旁边，点数确认并记录。该种方法切实有效，但是比较浪费人工，只有在出货车辆多、产品类别杂的情况下才使用。

• 仪器扫描法：利用先进的仪器进行全数扫描、探测。该方法科学性强，适应物流信息化管理的要求，需使用高级仪器，适合规模比较大的企业。

• 装箱后确认法：在全部出货产品搬运完毕并装好箱后再进行确认。该方法实施简便、快捷，但有一定的局限性，因为当装箱完后有些货物无法看清，只能估计，所以这种方法适合于出货产品比较单一的情况，如大件产品。

④ 落实装运。结合货物运输方式，跟单员需要填写货运单据，落实装运操作，依照运输合同交付运费，取得提单。

⑤ 发装运通知。通知客户货已运出，请客户回传确认单。如果合同规定风险和费用从交运起转移给客户，及时发送装运通知可以方便客户办理运输保险。

⑥ 统计出货情况。为了便于开展出货跟踪与跟进事宜，跟单员可对已接订单中的未出货和已出货情况分别归类，统计订单的实际出货完成情况，填写订单出货状况一览表（表 6-4），方便查阅跟进。

表 6-4　订单出货状况一览表

订单号	客户	接单日	订单数量	合同交货期	工厂实际交货期	填表人

⑦ 出货以后,跟单员应当掌握与货物相关的运输状态信息,如有意外情况,可以快速作出反应,防止事态扩大或造成严重后果。

⑧ 开具发票,跟进货款结算,账目结算。

⑨ 整理跟单资料及产品资料。

第三节　服装成品运输跟单

跟单员在与客户达成交易的同时要同客户商定最终成衣产品的交货运输方式,以利于成本核算和提前安排运输。

在选择运输方式时,要考虑控制成本。在交期所允许的条件下,结合产品特点安排运费及运输时间合理的运输方式,要注意运输途中的风险控制以及运输安排的可实现性。在选择好合适的运输方式之后,跟单员要选择可靠的运输公司,签订货物运输合同。

一、签订货物运输合同

货物运输合同是承运人将货物从起运地点运输到约定地点,托运人或者收货人支付票款或者运输费用的合同。

货物运输合同有如下特点:

① 货物运输合同一般具有标准合同的性质。运输合同的主要内容,特别是运费等主要内容,都是由国家交通运输部门规定的,双方当事人无权通过约定予以变更。

② 货物运输合同主体具有特殊性。货物运输合同的主体与一般合同关系的主体不同,除直接参与签订合同的委托人和承运人外,通常还有第三人,即收货人。

③ 货物运输合同是双务、有偿合同,个别时候承运人可能免费运输货物,这时候就是单务无偿合同。

货运合同根据运输方式不同又分为:铁路货物运输合同、公路货物运输合同、水路货物运输合同、航空货物运输合同以及多式联运合同。

二、铁路运输方式

铁路运输是以两条平行的铁轨引导火车行走的一种行之有效的运输方式，是陆上运输的一种重要形式，通过跨海铁路大桥和跨海铁路渡轮的形式也可以实现陆地和附近岛屿的连接。铁轨能提供极光滑及坚硬的媒介让火车的车轮在上面以最小的摩擦力滚动，铁轨能平均分散火车的重量，令火车的载重力大大提高。铁路运输可以保证所运载货物稳定，具有一定的安全性，而且节省能量，如果配置得当，铁路运输可以比路面运输运载同一重量客货物时节省五至七成能量。

1. 铁路货物运输流程

企业单位、机关团体以及个人用户通过铁路托运货物的步骤及铁路内部相应的作业过程简要表示如图6-2。

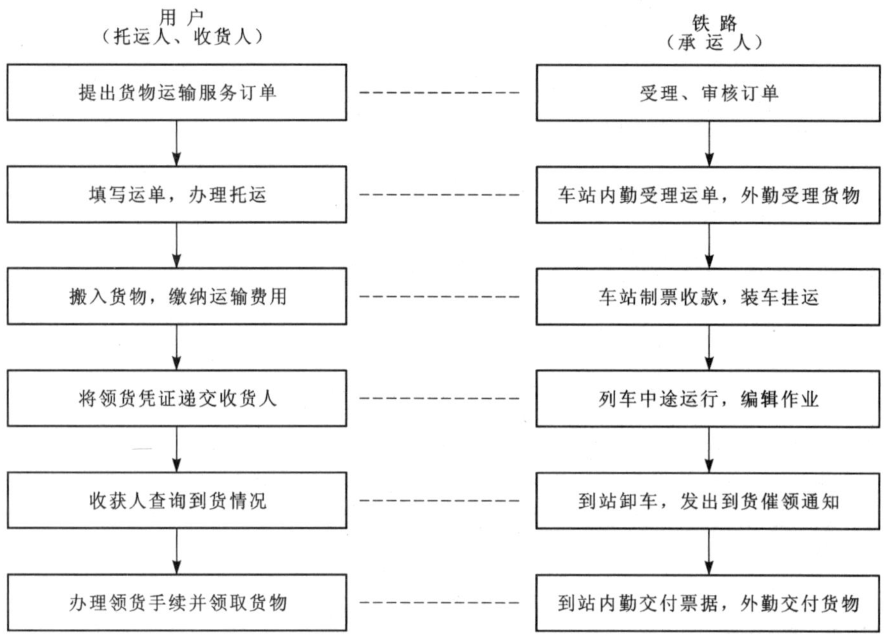

图6-2 铁路货物运输流程

铁路货物运输不仅是和铁路货运职员打交道，实际上也在同铁路货运规章制度打交道。铁路作为现代化运输系统，其运输生产组织较为严密，也具有繁杂的规章制度。选择铁路作为主要的运输方式，就要求跟单员熟悉铁路货物运输种类，精通办理铁路运输的流程以及相应的规章制度。

2. 铁路货物运输种类

现行铁路货物运输种类分为整车、零担和集装箱。整车适用于大宗货物；零担适用于零星货物；集装箱适用于精密、贵重、易损货物。

托运人可以依据货物数量、性质、状态、形体等特点加以选择，达到安全、迅速、经济、便利地运送货物的目的。

3. 铁路货物运输合同

办理铁路货物运输，托运人与承运人应签订运输合同。大宗整车货物的运输合同可按季度、半年度、年度或更长期限签订，并提出月度铁路运输计划。其他整车货物可用铁路货物运输服务订单作为运输合同。整车货物交运时，还须向承运人递交货物运单，零担货物和集装箱货物以货物运单作为运输合同。

4. 铁路货物运输单

货物运单是一种签订合同的要约行为，即表示其签订运输合同的意愿。托运人按货物运单填记的内容向承运人交运货物，承运人按货物运单记载接收货物，核收运输费用，并在运单上盖章后，运输合同即告成立。托运人、收货人和承运人双方即开始负有法律责任。货物运单格式由两部分组成，左侧为运单，右侧为领货凭证。运单和领货凭证背面分别印有“托运人须知”和“收货人领货须知”。每批货物填写一张货物运单，根据栏目要求分别由托运人和承运人填写。填写内容必须详实正确，文字规范，字迹清楚，不得使用铅笔或红色墨水。内容如有更改，在更改处须加盖托运人或承运人印章证明。表6-5为铁路运单样本格式。

表6-5 铁路运单样本

铁路货物运输单

计划号码或运输号码：_______

货物运到期限：______　　发站承运日期：___年___月___日

<table>
<tr><td>发站</td><td colspan="2"></td><td>到站(局)</td><td></td><td>车种车号</td><td></td><td>货车标重</td><td></td><td>承运人</td><td rowspan="2">装车</td></tr>
<tr><td rowspan="2">托运人</td><td>名称</td><td></td><td>电话</td><td></td><td>施封号码</td><td colspan="3"></td><td>托运人</td></tr>
<tr><td>地址</td><td colspan="3"></td><td colspan="2">铁路货车蓬布号码</td><td colspan="2"></td><td>承运人</td><td rowspan="2">施封</td></tr>
<tr><td rowspan="2">收货人</td><td>名称</td><td></td><td>电话</td><td></td><td>集装箱号码</td><td colspan="3"></td><td>托运人</td></tr>
<tr><td>地址</td><td colspan="3"></td><td>经由</td><td colspan="3"></td><td>运价里程</td><td></td></tr>
</table>

<table>
<tr><td rowspan="2">货物名称</td><td rowspan="2">件数</td><td rowspan="2">包装</td><td colspan="2">货物重量</td><td rowspan="2">计费重量</td><td rowspan="2">运价号</td><td rowspan="2">运价率</td><td colspan="2">现付</td></tr>
<tr><td>托运人确定</td><td>承运人确定</td><td>费别</td><td>金额</td></tr>
<tr><td></td><td></td><td></td><td></td><td></td><td></td><td></td><td></td><td>运费</td><td></td></tr>
<tr><td></td><td></td><td></td><td></td><td></td><td></td><td></td><td></td><td>装费</td><td></td></tr>
<tr><td></td><td></td><td></td><td></td><td></td><td></td><td></td><td></td><td>取送车费</td><td></td></tr>
<tr><td></td><td></td><td></td><td></td><td></td><td></td><td></td><td></td><td>过秤费</td><td></td></tr>
<tr><td>合计</td><td></td><td></td><td></td><td></td><td></td><td></td><td></td><td></td><td></td></tr>
<tr><td colspan="3">记事</td><td colspan="5"></td><td>合计</td><td></td></tr>
</table>

三、公路运输方式

公路运输是在公路上运送货物的运输方式。是交通运输系统的组成部分之一。现代所用运输工具主要是汽车。因此，公路运输一般即指汽车运输。在地势崎岖、人烟稀少、铁路和水运不发达的边远和经济落后地区，公路为主要运输方式，起着运输干线作用。公路运输是以汽车为运输工具，机动灵活，使用方便，能深入到厂矿、铁路车站、码头、农村、山区等各点，加之公路网纵横交错、布局稠密，因而公路运输既是联系点与点之间的主要运输方式，也是面上的运输方式；公路运输事业投资较少，回收快，设备容易更新；一般公路的技术要求较低，受到破坏后较易恢复。因此，公路运输对国民经济和社会发展，起着重要的作用。但公路运输也有其局限性，主要是所用汽车与铁路车辆、船舶等相比，装载量小，单位运输量的能源消耗大，运输成本高，容易发生交通事故，排放污染物和产生噪声污染等，造成汽车公害。

1. 公路货物运输的特点

沟通城镇、乡村，可深入到城乡的各个角落；建设周期短，投资省，见效快，对自然条件的适应性较强；运输工具机动灵活，既可直达指定地点，减少货物的换装转运等中转环节和客货的中途停留时间，实现"门到门"运输，又便于同其他运输方式（铁路运输、水运、航空运输）衔接，进行综合运输，保证整个交通运输系统的正常运转。其主要缺点是运输成本高，运载量小。在许多经济发达国家，随着高速公路的大量出现，集装箱直达运输的推广及汽车大型化的发展，公路运输在载重量、运输成本等方面的缺点正逐步得到改善。一些国家的公路运输已逐步取代铁路的地位，成为长途货运的重要运输方式。

2. 公路货物运输的组织与经营

公路运输的组织和经营方式主要有以下几种：

① 将车辆出租给用户定次、定程或定期使用。

② 根据运输合同或协议派车完成运输任务。一般用于货物运输。

③ 组织定线、定站、定时的货运班车。货运班车是汽车零担货物运输的主要形式，因此一般为零担货运班车。

④ 按用户托运货物的要求，调派、组织车辆合理运行。

为了提高公路运输效率和降低运输成本，公路运输的组织形式和方法不断有新的发展。已广泛开展汽车集装箱运输（见集装箱运输）、拖挂运输、集中运输等。拖挂运输是以汽车列车取代普通载货汽车运输货物，它可以增大车辆的载重量。汽车列车是由牵引车或汽车与挂车组成，两者间能摘能挂，既可按需要灵活调配车辆，又可实行甩挂运输。甩挂运输是在一点装货和一点卸货，或一点装货和多点卸货，或多点装货和一点卸货的固定线路上，配备数量多于汽车或牵引车的挂车，以便到达装卸货点时，甩下挂车装卸货，而汽车或牵引车可挂走已装卸货的挂车，进行穿梭式的往复运输。集中运输是由一个汽车运输单位把货物从一个发货点（车站、码头、仓库等）运往许多收货点，或从许多货物点运往一个收货点。这样收、发货单位不必派人取送货物，节省了人力，还可以合理调度车辆，减少车辆空驶，提高运输效率，并为使用汽车列车、专用运输汽车和装卸机械创造了有利的条件。

公路运单格式见表6-6。

表 6-6 公路运单样本

________省汽车货物运单

托运人(单位)： 经办人： 电话： 地址： 运单编号：

发货人	全称		地址					电话		
	装货地点							厂休日		
收货人	全称		地址					电话		
	卸货地点							厂休日		
付款人	全称		地址					电话		
约定起运时间	年 月 日		约定到达时间		年 月 日			需要车种		
货物名称及规格	包装形式	件数	体积 长×宽×高 (cm)	件重 (kg)	重量 (t)	保险 保价金额	货物 等级	计费 项目	计费 重量	单价
								运费		
								装卸费		
合计								计费 里程		
托运记载事项			付款人银行账号							
承运人记载事项			承运人银行账号							
注意事项	1. 托运人请勿填写粗线栏内的项目。 2. 货物名称应填写具体品名，如货物品名过多，不能在运单内逐一填写，须另附物品清单。 3. 保险或保价货物，在相应价格栏中填写货物声明		托运人签章 年 月 日					承运人签章 年 月 日		

说明：1. 填在一张货物运单内的货物必须是属同一托运人。对拼装分卸货物，应将每一拼装或分卸情况在运单记事栏内注明。易腐蚀、易碎货物，易溢漏的液体，危险货物与普通货物以及性质相抵触、运输条件不同的货物，不得用同一张运单托运。托运人、承运人修改运单时，须签字盖章。

2. 本运单一式两份：①受理存根；②托运回执。

四、水路运输方式

水路运输是以船舶为主要运输工具，以港口或港站为运输基地，以水域(海洋、河、湖等)为运输活动范围的一种客货运输。在蒸汽机发明及其用于交通动力前即已出现，为目前各主要运输方式中兴起最早、历史最长的运输方式。其技术经济特征是载重量大、成本低、投资省，但灵活性小，连续性也差。较适于担负大宗、低值、笨重和各种散装货物的中长距离运输，其中特别是海运，更适于承担各种外贸货物的进出口运输。

1. 水路运输特点

现代水路运输的突出优点是通过能力大，运费低，节省燃料。与其他几种运输方式比较，水路运输运载能力大、成本低、能耗少、投资省，是部分国家国内和国际运输的重要方式之一。一些国家水路运输的货物周转量占各种运输方式总货物周转量的10% ~20%，个别国家超过50%。在我国的货运总量中，水运所占的比重仅次于铁路和公路。

与其他运输方式相比，水运还具有如下特点：

① 受自然条件的限制与影响大。即受海洋与河流的地理分布及其地质、地貌、水文与气象等条件和因素的明显制约与影响。

② 开发利用涉及面较广。如天然河流涉及通航、灌溉、防洪排涝、水力发电、水产养殖以及生产与生活用水的来源等；海岸带与海湾涉及建港、农业围垦、海产养殖、临海工业和海洋捕捞等。

③ 对综合运输的依赖性较大。河流与海洋的地理分布有相当大的局限性，水运航线无法在广大陆地上任意延伸，故水运的充分开发利用，要与铁路、公路和管道等运输方式配合，并实行联运。根据航行水域的性质，水运分为海运和河运两类。海运按其航行范围和运距，又分为沿海海运、近洋海运和远洋海运；河运按其航道性质与特点，又分为利用天然河流的一般内河水运、使用人工开挖的运河水运，以及利用水面宽阔的湖泊与水库区水运。

2. 水路货物运输方式

当前国际上普遍采用的远洋运输经营方式主要有两大类：班轮运输和租船运输。

（1）班轮运输

班轮运输又称定期船运输，是指船舶按照规定的时间表（Sailing Schedule）在一定的航线上，以即定的挂靠港口顺序，经常从事航线上各港间的船舶运输。为便于货主根据船期安排货物，及时办理定舱手续，班轮公司通常都将船期表在报刊上公布或印发给货主。

由于班轮运输有定时、定线、定港、定价、不定量、管装管卸的特点，因此它适于运量不大、批次较多，特别是零星小批量的杂货的运输。它可以及时、迅速地将货发给货主，并且由于承运人和货主之间不签订租船合同，仅按船公司签发的订有详细的有关承运人、托运人或收货人的权利和义务条款的提单处理运输中的有关问题，为货主提供极大的方便。

班轮运费是班轮公司运输货物而向货主收取的费用。它由基本运费和附加费两部分构成。

① 基本运货费用。包括货物在装运港的装货费和在目的港的卸货费，以及从装运港到目的港的运输费用，其计算标准主要有以下几种：

- 按货物的毛重计收，称为重量吨，在运价表中用“W”表示。
- 按货物的体积或容积计收，称为尺码吨，运价表中用“M”表示。
- 按货物的毛重或体积从高计收，在运价表中用“W/M”表示。
- 按货物的价格计收，称为从价运费，运价表中用“A. V”或“ad. Val”表示。
- 按货物的件数计收。
- 按货物的毛重、体积、价格从高计收，在运价表中用“W/M”或“A. V.”表示。
- 按货物的毛重或体积计收，然后另加一定百分比的从价运费，在运价表中用“W/M plus A. V.”表示。
- 临时议定。由货方和轮船公司临时议定运费。运价表中列为“议价货”的货物一般是谷物、矿石、煤矿炭等大宗货物。

② 附加费。由于班轮运输挂靠港多,情况复杂,货物特性又各不相同,所以除基本运费外,还规定了各种名目繁多的附加费,来补充基本运费的不足。主要有:燃油附加费、超重附加费、超长附加费、直行附加费、港口附加税、港口拥挤附加费、选运附加费、贬值附加费等。

(2) 租船运输

租船运输又称不定期船运输,是相对于班轮运输而言的另一种远洋船舶营运方式。租船是租船人为运输货物而向船东租赁船舶的业务。一般包括租赁整船和租赁部分舱位,它没有固定的船期表、航线、装卸港口、船期,这些都根据货主的要求而定。运价也不固定,随租船市场供求情况变化而变化。这种方式主要适合于运输大宗货物。

① 租船方式如下:

• 航次租船(Voyage Charter or Trip Charter),又称定程租船或程租船,是指船舶所有人提供一艘特定的船舶在指定的港口之间进行一个航次或数个航次运输指定货物的租船。一般可按单程、来回程、连续单程和连续来回程等方式租赁船只。船方承担船舶的一切营运开支。

• 定期租船(Time Charter),又称期租船,是指船舶所有人提供一艘特定的船舶给承租人使用一个时期的租船。这个租期主要由承租人根据其需要使用的时间及其对租船市场船舶供求关系和租金水平的变化趋势的分析结果而定,短的可以是几个月,长的可以是十几年。在租期内,承租人负责管理和使用船只,负担燃料费、港口费和装卸费,并定期向船方交付租金。船方负担船员工资、伙食以及船舶保险费等,并负责保持船舶的适航状态。

• 光船租船(Demise Charter),是指船舶所有人,将一艘特定的没有配备船员的空船舶提供给承租人使用一个时期的租船。承租人接受了这艘船舶后还要为船舶配备船员才能使用,而且船员的给养、船舶的营运管理及一切费用都由承租人负责。

• 包运租船(Contract of Affreightment,简称 COA),是指船舶所有人提供给承租人一定运力(船舶载重吨)的船舶,在确定的港口之间,以在事先约定的时间内及约定的船次周期和每航次较均等货运量,完成合同规定的总运量的租船方式。

• 航次期租船(Time Charter on Trip Basis,简称 TCT),是目前国际上存在的以定期租船为基础的航次租船方式。即船舶按航次整船租赁,但租金按实际使用的天数计算,又称为“日租租船”(Daily Charter)。

② 租船合同:又称租船契约,是承租人以一定条件向船舶所有人租用一定的船舶或一定的舱位以运输货物,就相互间的权利和义务作出明确规定的协议。

承租人和船舶所有人之间订立租船合同是一项很仔细的工作。为了简化签订租船合同手续、加快签约的进程和节省谈判费用,在国际航运市场上,由一些大的船公司及货主垄断组织编制了供租船双方选用的、作为洽商合同条款基础的租船合同范本。其中罗列了事先拟就的主要条款,如合同双方当事人、船名、船旗、承运货物的名称、数量、装卸港口、受载期、运费和装卸费、装卸期限、滞期费和速遣费等,极大地方便了租船合同的拟订。

租船合同范本的种类很多,大体可以分为标准租船合同格式、非标准租船合同格式和厂商租船合同格式。

水路运单样本见表 6-7。

表 6-7 水路运单样本

水路货物运单

年　月　日

本运单经承托双方签章后，具有合同效力，承运人与托运人、收货人之间的权利、义务关系和责任界限均按《水路货物运输规则》及运杂费用的有关规定办理。

<table>
<tr><td colspan="4">交接清单号码</td><td colspan="3"></td><td colspan="4">运单号码</td><td colspan="4"></td></tr>
<tr><td colspan="2">船名</td><td colspan="2"></td><td colspan="2">航次</td><td colspan="1"></td><td colspan="2">起运港</td><td colspan="2"></td><td colspan="2">到达港</td><td colspan="2"></td></tr>
<tr><td rowspan="3">托运人</td><td colspan="2">全称</td><td colspan="2"></td><td colspan="2">电话</td><td colspan="2"></td><td rowspan="6" colspan="3">到达日期
（承运人章）</td><td rowspan="6" colspan="3">收货人
（收货人章）</td></tr>
<tr><td colspan="2">地址</td><td colspan="6"></td></tr>
<tr><td colspan="2">银行账号</td><td colspan="6"></td></tr>
<tr><td rowspan="3">收货人</td><td colspan="2">全称</td><td colspan="2"></td><td colspan="2">电话</td><td colspan="2"></td></tr>
<tr><td colspan="2">地址</td><td colspan="6"></td></tr>
<tr><td colspan="2">银行账号</td><td colspan="6"></td></tr>
<tr><td rowspan="3">发货符号</td><td rowspan="3">货号</td><td rowspan="3">件数</td><td rowspan="3">包装</td><td rowspan="3">价值</td><td colspan="2">托运人确定</td><td colspan="2">计费重量</td><td rowspan="3">等级</td><td rowspan="3">费率</td><td rowspan="3">金额</td><td>项目</td><td>费率</td><td>金额</td></tr>
<tr><td rowspan="2">重量
吨</td><td rowspan="2">体积
长×宽×高(m)</td><td rowspan="2">重量
t</td><td rowspan="2">体积
(m^3)</td><td>运费</td><td></td><td></td></tr>
<tr><td>装船费</td><td></td><td></td></tr>
<tr><td colspan="15">年　月　日</td></tr>
<tr><td></td><td></td><td></td><td></td><td></td><td></td><td></td><td></td><td></td><td></td><td></td><td></td><td></td><td></td><td></td></tr>
<tr><td></td><td></td><td></td><td></td><td></td><td></td><td></td><td></td><td></td><td></td><td></td><td></td><td></td><td></td><td></td></tr>
<tr><td></td><td></td><td></td><td></td><td></td><td></td><td></td><td></td><td></td><td></td><td></td><td></td><td></td><td></td><td></td></tr>
<tr><td colspan="2">合计</td><td></td><td></td><td></td><td></td><td></td><td></td><td></td><td></td><td></td><td></td><td></td><td></td><td></td></tr>
<tr><td colspan="2">运到期限</td><td colspan="5"></td><td rowspan="3" colspan="4">托运人（公章）
月　日</td><td></td><td></td><td colspan="2"></td></tr>
<tr><td rowspan="4" colspan="2">特约事项</td><td rowspan="4" colspan="5"></td><td></td><td></td><td colspan="2"></td></tr>
<tr><td colspan="2">合计</td><td colspan="2"></td></tr>
<tr><td rowspan="2" colspan="4">承运日期
（起运港承运人章）</td><td colspan="2">核算员</td><td colspan="2"></td></tr>
<tr><td colspan="2">复核员</td><td colspan="2"></td></tr>
</table>

说明：1. 此货物运单主要适用于江、海干线和跨省运输的水路货物运输。

2. 水路货物运单、货票一式 6 份，顺序如下：

第一份：货票（起运港存查联）。

第二份：货票（解缴联）起运港→航运企业。

第三份：货票（货运人收据联）起运港→托运人。

第四份：货票（船舶存查联）起运港→船舶。

第五份：货票（收货人存查联）起运港→船舶→到达港→收货人。

第六份：货物运单（提货凭证）起运港→船舶→到达港→收货人→到达港存。

3. 除另有规定外，属于港航分管的水路运输企业，由航运企业自行与托运人签订货物运输合同的，均使用航运企业台头的水路货物运单。

4. 货物运单联需用厚纸印刷，货票各联用薄纸印刷，印刷墨色应有区别：解缴联为红色，收据联为绿色，其他各联为黑色。
5. 要印控制号码或固定号码。
6. 到达港收费，另开收据。
7. 规格：长 19 cm，宽 27 cm。

五、航空运输

航空运输是使用飞机、直升机及其他航空器运送人员、货物、邮件的一种运输方式。具有快速、机动的特点，为国际贸易中的贵重物品、鲜活货物和精密仪器运输所不可缺。

1. 办理航空货物运输流程

办理托运 ⟶ 安排货舱 ⟶ 装货、装机 ⟶ 签发运单 ⟶ 发装运通知

图 6-3 办理航空货物运输流程示意图

① 办理托运。各外贸公司及工贸企业在备齐货物，收到开来的信用证经审核（或经修改）无误后，就可办理托运，即按信用证和合同内有关装运条款，以及货物名称、件数、装运日期、目的地等填写《托运单》并提供有关单证，送交外运公司作为订航班的依据。

② 安排货舱。外运公司收到托运单及有关单据后，会同中国民航，根据配载原则、货物性质、货运数量、目的地等情况，结合航班，安排舱位，然后由中国民航签发航空运单。

③ 装货、装机。外运公司根据航班，代各外贸公司或工贸企业往仓库提取货物送进机场，凭装货单据将货物送到指定舱位待运。

④ 签发运单。货物装机完毕，由中国民航签发航空总运单，外运公司签发航空分运单，航空分运单有正本三份、副本十二份。正本三份，第一份交给发货人，第二份由外运公司留存，第三份随货同行交给收货人。副本十二份作为报关、财务结算、国外代理、中转分拨等用途。

⑤ 发出装运通知。货物装机后，即可向买方发出装运通知，以便对方准备付款、赎单、办理收货。

2. 航空货物运输种类

航空运输企业经营的形式主要有班机运输、包机运输和专机运输。

（1）班机运输（Schedule Airline）

班机是指在固定的航线上定期航行的航班。一般航空公司都使用客货混合型飞机，一方面搭载旅客，一方面运送小批量货物。但一些较大的航空公司在某些航线开辟定期的货运航班，使用全货机运送货物。

由于班机有固定的航线，固定的始发、停靠港和途经港，并定期开航，收发货人可以确切地掌握起运和到达的时间，保证货物能够安全、迅速地运送到世界各地投入市场。

（2）包机运输（Chartered Carrier）

当货物批量较大，班机运输不能满足需要时，则采用包机运输。包机类型包括两类：

① 整包机。指航空公司或包机代理公司，按照与租机人双方事先约定的条件和费率，将整架飞机租给租机人，从一个或几个航空站装运货物到指定目的站的运输方式。它适合于运送大宗货物。

② 部分包机。是指由几家航空货运公司（发货人）联合包租一架飞机或者由航空公司把一

架飞机的舱位分别租给几家航空货运公司的货物运输方式。这种方式适合于不足整机的货物或一吨以上的货物运送，运费较班机费率低，但运送时间比班机要长。

3. 航空货物运输运单

航空运单（Air Waybill）是由承运人或其代理人签发的重要的货物运输单据。它有别于海运提单，却与国际铁路运单相似。它是承托双方的运输合同，其内容对双方均具有约束力。航空运单不是代表货物所有权的物权凭证，因此不可转让，是一种不可预付的单据。具体格式见表6-8。

（1）航空运单的用途主要有：

① 承运合同。航空运单是发货人与航空承运人之间的运输合同，并在双方共同签署后产生效力。

② 货物收据。航空运单是承运人签发的已接收货物的证明，（除非另外注明）它也是承运人收到货物并在良好条件下装运的证明。

③ 运费账单。航空运单上分别记载着属于收货人应负担的费用和属于代理的费用，是承运人据以核收运费的账单。

④ 报关单证。航空运单是必备的报关单证之一，也是海关最后查验放行的基本单证。

⑤ 保险证书。如果承运人承担保险，则航空运单也可用来作为保险证书。

航空运单是承运人内部业务的依据。

表6-8　航空运单样本

中国民用航空

货运单

发货人联（报销联）

<table>
<tr><td>出发站</td><td colspan="3"></td><td colspan="2">到达站</td><td colspan="2"></td></tr>
<tr><td rowspan="2">收货人</td><td>名称</td><td colspan="2"></td><td colspan="2">电话</td><td colspan="2"></td></tr>
<tr><td>地址</td><td colspan="6"></td></tr>
<tr><td rowspan="2">发货人</td><td>名称</td><td colspan="2"></td><td colspan="2">电话</td><td colspan="2"></td></tr>
<tr><td>地址</td><td colspan="6"></td></tr>
<tr><td>空陆转运</td><td colspan="3">自　　至</td><td colspan="2">运输方式</td><td colspan="2"></td></tr>
<tr><td rowspan="2">货物品名</td><td colspan="3" rowspan="2">件数及包装</td><td colspan="2">重量</td><td colspan="2" rowspan="2">价值</td></tr>
<tr><td>计费</td><td>实际</td></tr>
<tr><td></td><td colspan="3"></td><td></td><td></td><td colspan="2"></td></tr>
<tr><td colspan="3">航空运费：（每公斤¥　　）</td><td>¥</td><td colspan="2">储运注意事项</td><td>收运站</td><td></td></tr>
<tr><td colspan="3">地面运输：（每公斤¥　　）</td><td>¥</td><td colspan="2" rowspan="5"></td><td></td><td></td></tr>
<tr><td colspan="3">空陆转运费：（每公斤¥　　）</td><td>¥</td><td></td><td></td></tr>
<tr><td colspan="3">中转费：（每公斤¥　　）</td><td>¥</td><td>日期</td><td></td></tr>
<tr><td colspan="3">其他费用</td><td>¥</td><td></td><td></td></tr>
<tr><td colspan="3">合计</td><td></td><td>经手人</td><td></td></tr>
</table>

说明：本运单分财务联、发货人联、到达站联、存根联共四联。

(2) 航空运单分为两大类

① 航空主运单(Master Air Way Bill,简称 MAWB)。

凡由航空公司签发的航空运单均称为航空主运单。它是航空公司据以办理货物运输和交付的依据,是航空公司和托运人之间签订的运输合同。每一批航空运输货物都应有相应的航空主运单。

② 航空分运单(House Air Way Bill,简称 HAWB)。

航空分运单是由航空公司在办理集中托运业务时签发给每一发货人的运单。在集中托运的情况下,除了航空公司要签发给集中托运人主运单之外,集中托运人还必须签发航空分运单给每一托运人。

(3) 航空运单的使用

① 航空主运单作为运输合同,合同的当事人双方为航空公司和航空货运公司;航空分运单作为运输合同,合同的当事人双方为航空货运公司和货主。

② 提货时,航空货运公司凭借航空主运单向航空公司提货;货主即收货人凭借航空分运单向航空货运公司提货。由此可见,在集中托运情况下,从货物的托运到提取,货主与航空公司不发生直接关系。

六、多式联运

多式联运是以集装箱为媒介,把陆、海、空等传统、单一的运输方式有机地结合起来,加以有效的结合利用而构成的一种从卖方到买方对货物进行传递的连贯运输方式。

多式联运是一种以实现整体运输的最优化效益为目标的联运组织形式。它通过一次托运、一次计费、一份单证、一次保险,由各运输区段的承运人共同完成货物的全程运输。

1. 多式联运的特征

① 必须有一多式联运经营人负全责。

② 必须使用一份包括全程的多式联运单据。

③ 必须有一个多式联运合同,明确多式联运经营人与托运人之间的权利、责任、义务、豁免。

④ 必须有一个全程费率。

⑤ 必须是包括两种以上运输方式的的连贯运输。

2. 多式联运的运输组织形式

① 海陆联运。海陆联运是多式联运的主要组织形式。

② 路桥运输。在多式联运中,路桥运输起着非常重要的作用。

七、集装箱运输

集装箱运输是将一定数量的单件货物装入特制的标准规格的集装箱内,以集装箱作为运送单位再结合不同的运输方式所进行的运输,如铁路集装箱运输、公路集装箱运输、多式联运等。它是国际贸易中最重要的一种运输形式。

1. 集装箱货物运输的特点

与传统的货物运输相比较,它具有以下特点:

① 提高了货物运输速度,加快了运输工具及货物资金的周转。集装箱运输是将一件件的杂

货集中成组装入一个特制的箱内,整个运输过程以这个箱子作为作业对象,并由专门设备工具装运,机械化程度高,速度快,效率高,中间作业环节少。

② 减少货物损货差,提高货运质量。在全程运输过程中,货物置于箱内,从一种运输工具运转到另一种运输工具不需要换装,货损货差及被盗可能性大大减少,货运质量得以提高,保险费也较低。

③ 货物的外包装可简化,节省货物包装费用,减少运杂费用。

④ 运输成本降低,车船周转加快,装卸费减少,劳动条件改善。

2. 集装箱的概念与种类

集装箱(Container)是货物运输的一种辅助设备。按照国际标准化组织104技术委员会规定,集装箱应具备下列条件:第一,能长期反复使用,具有足够的强度;第二,途中转运时可不动容器内的货物,可直接换装;第三,能快速装卸,并能从一种运输工具直接、方便地换装到另一种运输工具;第四,便于货物的装满和卸空;第五,具有一立方米或一立方米以上的容积。

为了适应不同货物和货物容积的需要,集装箱可设计成各种不同类型和尺寸。集装箱可以从以下几个方面进行分类。

① 目前,国际上通常使用的干货柜(Dry Container)按规格尺寸分为:20英尺×8英尺×8英尺6英寸,简称20尺货柜;40英尺×8英尺×8英尺6英寸,简称40尺货柜;近年较多使用的40英尺×8英尺×9英尺6英寸,简称40尺高柜。其中,20尺的集装箱被称为一个集装箱计算单位或标准箱(TEU Twenty-foot Equivalent Unit),又称20英尺换算单位,是计算集装箱箱数的换算单位。目前各国大部分集装箱运输,都采用20英尺和40英尺长的两种集装箱。为使集装箱箱数计算统一化,把20英尺集装箱作为一个计算单位,40尺集装箱作为两个计算单位,以利统一计算集装箱的营运量。各种规格集装箱尺寸数据如表6-9所示。

② 按制箱材料分:有铝合金集装箱、钢板集装箱、纤维板集装箱、玻璃钢集装箱、木集装箱、不锈钢集装箱等。

③ 按用途分:有干货集装箱、冷冻集装箱(Reefer Container)、挂衣集装箱(Dress Hanger Container)、杂货集装箱、散货集装箱、液体货集装箱、冷藏箱集装箱。其中挂衣集装箱是专门运输服装产品的集装箱,又叫服装集装箱(Garment Container),其特点是,在箱内上侧梁上装有许多根横杆,每根横杆上垂下若干条皮带扣、尼龙带扣或绳索,成衣利用衣架上的钩,直接挂在带扣或绳索上。这种服装装载法只需挂衣架和服装隔离袋,不需纸箱等传统包装材料,可以称为服装的无包装运输,它节约包装材料和包装费用,减少人工劳动强度,同时提高了服装的运输质量(见图6-4、图6-5)。

服装运输所用的集装箱一般以普通集装箱为主,在行业里俗称"干柜""普柜(GP-General Purpose Container)"。与干柜相对的"湿柜(Wet Container)",多用于食品的运输,在纺织行业中液体原料也是使用湿柜进行运输。

④ 按结构分,有折叠式集装箱、固定式集装箱等,在固定式集装箱中还可分密闭集装箱、开顶集装箱、板架集装箱。

⑤ 按总重分,有30吨集装箱、20吨集装箱、10吨集装箱、5吨集装箱、2.5吨集装箱等。

表 6-9 集装箱尺寸

类别	内部尺寸(m×m×m)	配货毛重(t)	体积(m^3)
20 尺柜	5.69×2.13×2.18	17.5	24~26
40 尺柜	11.8×2.13×2.18	22	54
40 尺高柜	11.8×2.13×2.72	22	68
45 尺高柜	13.58×2.34×2.71	29	86
20 尺开顶柜	5.89×2.32×2.31	20	31.5
40 尺开顶柜	12.01×2.33×2.15	30.4	65
20 尺平底货柜	5.85×2.23×2.15	23	28
40 尺平底货柜	12.05×2.12×1.96	36	50

图 6-4 单层横杆挂衣集装箱（适用于连衣裙、礼服等连体类高档服装的运输）

图 6-5 双层横杆挂衣集装箱内部（适用于上装下装分体式高档服装的运输）

3. 集装箱的识别

在集装箱箱体上都有一个 11 位的编号，此编号是集装箱全球唯一的识别标识。例如编号为 CBHU320273 2 的集装箱，第一部分是由 4 个英文字母组成的，前 3 个字母是箱主（船公司，租箱公司）代码，比如中远是 CBH，中海是 CCL，弘信是 TGH，第四位代码说明类型，通常以字母“U”表示集装箱，若是“J”表明该集装箱为集装箱配件，若是“Z”为拖车平板。第二部分是箱体注册码，由字母后面的 6 个数字组成。通常 1 和 9 开头的集装箱是特种箱，2、3 开头的是小柜，4 开头的是大柜，6、7 开头的为高箱，8 开头的为冷箱。第三部分是集装箱编号的第 11 位数字，是集装箱的校验码，位于箱号后，以一位阿拉伯数字加一方框表示，由前 4 位字母和 6 位数字经过校验规则运算得到，用于识别在校验时是否发生错误，以核对箱主代号和顺序号记录是否准确。

4. 集装箱货物

按照货主托运货物的批量是否能够装满一个集装箱划分，集装箱货物可分为整箱货和拼箱货。

① 整箱货:是指货主托运的批量较大,足以装满一个箱的货物,为拼箱货的相对用语。由发货人负责装箱、计数、积载并加铅封。整箱货的拆箱,一般由收货人办理,但也可以委托承运人在货运站拆箱,可是承运人不负责箱内的货损、货差。除非货方举证确属承运人责任事故的损害,承运人才负责赔偿。承运人对整箱货,以箱为交接单位。只要集装箱外表与收箱时相似和铅封完整,承运人就完成了承运责任。整箱货运提单上要加上"委托人装箱、计数并加铅封"的条款。在国际贸易中,集装箱货物由发货人自行装箱,向海关办理货物出口报关手续,经海关查验后,由海关对集装箱施铅封。

② 拼箱货:整箱货的相对用语,指装不满一整箱的小票货物。这种货物,通常是由承运人分别揽货并在集装箱货运站或内陆站集中,而后将两票或两票以上的货物拼装在一个集装箱内,同样要在目的地的集装箱货运站或内陆站拆箱分别交货。对于这种货物,承运人要负担装箱与拆箱作业,装拆箱费用仍向货方收取。承运人对拼箱货的责任,基本上与传统杂货运输相同。在国际贸易中,拼箱货须由集装箱货运站把分属于不同的货主的同一目的地的货物合并装箱,经海关检验后,由海关对集装箱施加铅封。

5. 集装箱货物的交接方式

作为集装箱货物,整箱货与拼箱货的货物流通途径大体相同,所不同的是货物的交接方式。集装箱货物在交接过程中会涉及到三个交接地点:发收货人的仓库(简称 D)、集装箱装卸作业区(简称 CY)和集装箱货运站(简称 CFS)。其中,集装箱装卸作业区是办理集装箱重箱或空箱装卸、存储、保管、交接的场所,包括码头、车站前方堆场和后方堆场。集装箱货运站是接受运输公司的委托,在内陆交通此较便利的大中城市设立的提供集装箱交接、中转,尤指对拼箱货物提供服务的专门场所。

集装箱运输中,整箱货和拼箱货在船货双方之间的交接方式有以下几种:

① 门到门 (Door to Door):由托运人负责装载的集装箱,在其货仓或厂库交承运人验收后,负责全程运输,直到收货人的货仓或工厂仓库交箱为止。这种全程连线运输,称为"门到门"运输。

② 门到场(Door to CY):由发货人货仓或工厂仓库至目的地或卸箱港的集装箱装卸区堆场。

③ 门到站 (Door to CFS):由发货人货仓或工厂仓库至目的地或卸箱港的集装箱货运站。

④ 场到门(CY to Door):由起运地或装箱港的集装箱装卸区堆场至收货人的货仓或工厂仓库。

⑤ 场到场 (CY to CY):由起运地或装箱港的集装箱装卸区堆场至目的地或卸箱港的集装箱装卸区堆场。

⑥ 场到站 (CY to CFS):由起运地或装箱港的集装箱装卸区堆场至目的地或卸箱港的集装箱货运站。

⑦ 站到门 (CFS to Door):由起运地或装箱港的集装箱货运站至收货人的货仓或工厂仓库。

⑧ 站到场 (CFS to CY):由起运地或装箱港的集装箱货运站至目的地或卸箱港的集装箱装卸区堆场。

⑨ 站到站 (CFS to CFS):由起运地或装箱港的集装箱货运站至目的地或卸箱港的集装箱货运站。

第七章

服装外贸跟单管理

服装外贸跟单工作对跟单员的综合要求较高,既要求具备服装专业知识,同时又要通晓服装外贸实务,且要求跟单员具有良好的沟通协调能力。具体外贸跟单流程见图 7-10。

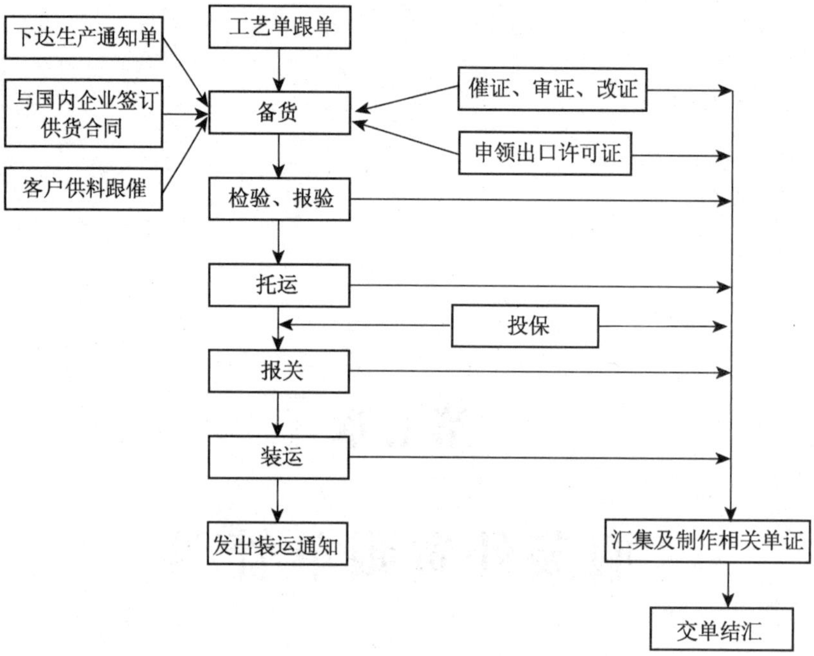

图 7-1　外贸跟单流程图

第一节　服装外贸跟单流程

一、工艺单跟单

服装外贸跟单的工艺单跟单流程分解为:制作工艺单、核价和报价、备样三大步骤。

1. 制作工艺单

在服装对外贸易中,工艺单(Working Sheets)一般是"一款一单"。工艺单是客户对所需服装产品的具体要求,是跟单员核查订单要求、跟踪订单质量的主要依据,同时也是生产部门采购面、辅料,把握质量的准绳,是客户验货的准则。

(1) 翻译工艺单

跟单员首先应对客户的工艺单进行文字处理,准确地翻译成中文。

(2) 核对工艺单

① 核对工艺单的具体内容是否完整。

② 核对款式、工艺等文字描述是否与款式图、产前样(PPS, p. p. sample = pre-production

sample)相一致。

③ 核对工艺单中有无面、辅料样卡,色卡,对面料的品种、纱支、结构的要求,对辅料如拉链、绳、花边、松紧带、吊牌等的要求。

④ 查看款式是否有印花等特殊要求。

⑤ 对于老客户,可参考以往的工艺单,仔细研究是否有新的变化,有无特殊的要求。

2. 核价、报价

跟单员在认真研究完工艺单之后,应进行核价,即填写核价单,并报价。

(1) 核价、报价时应注意的问题

① 明确面料要求,方便核算用料。

认真核对工艺单上客户对面料的要求,如纱支、克重、幅宽,或是面料生产的难易程度。即明确所要求面料的相关资料,从而方便工艺人员核算用料。

② 明确辅料等的来源。

为避免大货投产后出现价格上的差异,工艺室人员应进行工艺用量的计算。应明确客户对辅料的要求,如有无指定的生产厂家,有哪些辅料由客户提供。对于印花、绣花线有无特定要求。

③ 计算产量及加工费。

依据工艺单或样衣,生产部门可进行生产量及加工费的计算。

(2) 影响价格的因素

所报价格的高低,不仅受生产成本的影响,同时也要考虑下面的因素:

① 服装的质量和档次。

② 运输成本。

③ 交货地点及交货条件。贸易条件及交货地点不同,买卖双方所承担的责任、风险、费用也有所差异。

④ 成交的季节。

⑤ 成交的数量。

⑥ 支付条件及汇率的风险。

跟单员可以汇总以上资料,考虑影响价格的实际因素,同时依据公司惯例来进行最后的报价。

3. 备样

在进行对外服装贸易时,一般来讲是凭样品买卖。样品的作用在于保证交货期及商品质量,所以客户会要求安排备样。跟单员所要备的样品主要有下列几种:

(1) 款式样

注重做工,可以用代替面料,如样品有配色时,需搭配恰当,尺寸、工艺等要求应以客户指示及要求为准。

(2) 确认样

需仔细对待确认样,客户对此注重的是颜色对,辅料齐,印花、绣花等符合要求。

(3) 产前样

代表大货的水平,是为了保证大货的准确性,在裁剪之前给客户的样品,必须符合客户对大货的一切要求。

(4) 广告样

是客户用于促销宣传的样品,须齐色齐码,注重外观效果。

(5) 销售样

一般是客户要求在工艺单下达后,安排做销售样,对于不好找的辅料可用类似或接近的代替。

(6) 水洗样

要保证成衣水洗尺寸,必须提前做好面料缩水率的工作。

(7) 船样

即大货样,一般是在出货前一两天或出货后几天寄给客户,船样(Shipping Sample)最终要并入大货。

以上均为服装实物样品,有时依据客户要求还需准备色样、布样、印花样品、绣花样品及辅料样品等。

二、备货

备货是指卖方按照出口合同及信用证的要求,准时按质按量准备好所应交的货物。在订立合同之后,跟单员应当及时落实货源,备妥货物。

备货工作的主要内容包括按合同和信用证的要求,负责出口的部门及时与生产部门、仓储部门、供货部门结合交货期进行组织货源、安排生产、加工、收购和催交,核实应交货物的品质、规格、数量,核实货物的包装及刷唛情况,对应交货物进行清点验收。

1. 下达生产通知单

若公司有自己的工厂,则跟单员需要下达生产通知单,且应资料齐全、完备、正确。在下达指令后,及时落实各相关部门在合理时间内收到正确的指令,且开始实施。依据生产计划,监督生产各环节的顺畅进行。

2. 与国内企业签订供货合同

若公司无自己的生产部门,则需寻找合适的生产厂家,及时准确地签订供货合同,一定要做好生产的跟催工作。

3. 申领出口许可证

依据《2010 年国际贸易术语解释通则》(INCOTERMS2010),除了 EXW(Ex Works)(... named place)工厂交货条件,按其余贸易术语成交的合同,办理出口手续均是卖方的义务。同时,依据我国出口许可证管理制度:出口许可证管理范围内的商品,必须在货物出口前向出口许可证管理部门取得货物出口许可,于货物出口报关时向海关提供出口许可证,否则海关不接受其报关。因此,若出口的服装属于出口许可证管理范围内的商品则需要填写“出口许可证申请表”,于货物出口报关前向负责签发该商品出口许可的机关提交申报手续。

4. 客户供料跟催

若生产过程中需用到由客户提供的面、辅料,除了在签订合同时为生产过程留出一段合理的时间,同时要在合理时间内做好对客户供料的跟催,以免违反合同及信用证要求,从而造成不必要的违约。

5. 备货时应注意的问题

(1) 符合装运期

备货应及时，不要延误装运期(Time of Shipment)。即货物备妥的时间，应结合船期，同时严格按照合同及信用证规定的交货期限进行安排，以免违约而造成不必要的纠纷和经济损失。

(2) 货物的品质

货物的品种、款式、花色、规格等应与合同及信用证规定相符，既不能高于也不可以低于合同及信用证中的标准。若出现与合同规定不符，则会导致对方的拒收或索赔，出现不必要的损失，同时会影响公司声誉，造成不良影响。

(3) 货物的数量

货物的数量要与合同和信用证的规定相符，如无其他约定，多装或少装均不可。同时为防止在搬运过程中发生意外损失，备货的数量应留有适当余地。

(4) 货物的包装

包装的方式与包装材料均应与合同及信用证的规定相符合，使之能起到保护商品、方便运输的作用，同时又要与相关规定相符。

(5) 货物的运输标志(Shipping Mark)

如合同和信用证对货物的运输标志已作出明确规定，应在联系单中准确列出，以便提前刷唛。如果合同中规定运输标志由买方决定，而开来的信用证又未做具体规定，应催促对方及时提出告知，否则，卖方可自行决定。刷唛时要注意图形字迹清楚，位置醒目，大小适当。

三、商品检验、报验

服装货品在整烫完毕后应当进行成品检验。服装成品出厂检验包括约定检验和法定检验两种。

1. 约定检验

约定检验指按合同的品质条款检验服装是否能满足约定的要求，该项任务可以由生产部门或企业进行，跟单员进行复验。如合同规定客户在服装出口前要初验并签发客检证书的，则跟单员需陪同外方人员一起检验。

2. 法定检验

法定检验指按《中华人民共和国进出口商品检验法》规定，属于"实行检验商品种类表"中需法定检验和合同或信用证规定由商检机构检验出证的出口商品，出口商在装运前必须到商检机构申请检验，检验合格者商检机构在出口货物报关单上加盖放行章，海关凭以放行。非法定检验但需商检出证的商品，没有商检机构发放相应证书，银行不予结汇。

发货人应当在规定的地点和期限内，向商检机构申请报验。

(1) 出口报验

凡即期出口的服装，报验人向当地商检机构办理出口报验手续。报验时需提供以下单证：

① 正确填写“出境货物报检单”。

② 出口合同及信用证,或有关函电。

③ 服装生产工艺单和装箱单。

④ 出厂检验结果单及“标识查验申请单”。

⑤ 商检机构检验合格的纸箱证书。

⑥ 该批货物出运的发票。

经产地商检局检验的出口服装,在口岸出口报验时应同时提供产地商检局签发的“检验换证凭单”正本。

商检局接受报验申请后会安排检验员与报验人约定具体的检验时间进行检验。检验后,商检局按检验结果出证。

(2) 申请预验

为配合企业做好出运前的备货工作,对已经生产好的出口服装,尚未确定出口数量、运输工具,或尚未加刷出口标记的,但是已经工厂检验合格,经报验人提出预验申请后,商检机构可以进行预验并签发“预验结果单”,出口时凭此办理出口换证。

(3) 报验时间

出口商品报验的时间规定为:最迟于报关或装运出口前10天向商检机构办理。对于像羊绒类检验周期较长的商品,则应加上相应的抽样、检验、化验等所需的工作时间。

四、催证、审证和改证

在履行信用证(Letter of Credit,简称L/C)支付方式的出口合同中,出口商必须做好催证、审证及改证等工作,以保证合同顺利履行及货款及时收回。

1. 催证

催证,指卖方通知或催促国外买方按合同规定及时开出信用证。按合同规定及时开出信用证是买方在信用证支付方式合同中的一项主要义务,它是卖方在交易中安全及时收回货款的前提。

实际业务中,并不是所有业务都需要催证。在下列情况下,卖方必须及时采取措施催促买方开证以便如期装运。

① 如买方在出口合同规定的期限内未开立信用证,即买方已经构成违约,如卖方希望继续交易,可在保留索赔权的前提下,催促买方开证。

② 签约日期和履约日期间隔较长,应在合同规定之日前,提醒对方及时开证。

③ 若卖方的货物已然备妥,则可征求对方同意提前开证,从而提前装运,并提早交单结汇。

④ 客户资信不好,或者市场情况有变,也可催促对方开证。

催证的方法很多,如发信函、电报、电传、传真、E-MAIL,或请银行或驻外机构协助代为催证。

例1:CONTRACT NO00001 GOODS READY PLEASE RUSH L/C

00001号合同下货物已备妥,请即开证

例2:CONTRACT NO00002 PLEASE FAX WHEN AND THROUGH WHAT BANK L/C OPENED

请告 00002 号合同下信用证何时通过何银行开立

2. 审证

从理论上讲,信用证与买卖合同相符。但在很多实际业务中,买方开来的信用证并非与合同完全相符。在此情况下,卖方提交后被银行退回,从而不能顺利交单结汇。分析原因,无外乎有两种:工作疏忽或故意。因此,出口商必须提高警惕,注意做好对国外来证的审核。审证时应对下列内容进行重点审核:

(1) 对付款保证的审核

若信用证明确表示是可以撤销的,则一般不予接受。核查该保兑的信用证是否加保;信用证是否生效;信用证是否是有条件的生效等内容。同时还应核查信用证的付款时间是否与合同的有关规定相一致。

(2) 对信用证金额与货币的审核

即审核信用证金额是否与合同金额一致,大、小写金额是否一致。如合同订有溢短装条款,信用证金额是否包括溢装部分金额;信用证使用的货币是否与合同规定的计价和支付货币一致。

(3) 对有关货物条款的审核

主要是对商品的品质、规格、数量、包装等依次进行审核,如发现信用证内容与合同规定不一致,则不应轻易接受,原则上要求改证。

(4) 对信用证的装运期、有效期和到期地点的审核

信用证的装运期必须与合同的规定相同;信用证的有效期一般规定在装运期限后 7 ~ 15 天,以方便卖方制单。关于信用证的到期地点,通常要求规定在中国境内,对于在国外到期的信用证,一般不予接受,应要求修改。

(5) 对开证申请人、受益人的审核

开证申请人的名称和地址应仔细审核,以防错发错运。受益人的名称和地址也须正确无误,以免影响收汇。

(6) 对单据的审核

主要对来证中要求提供的单据种类、份数及填制方法等进行审核,如发现有不正常规定或卖方难以办到的应要求对方修改。

(7) 对其他运输条款、保险、商检等条款的审核

即仔细审核信用证对分批装运、转运、保险险别、投保加成以及商检条款的规定是否与合同一致,如有不符,应要求对方修改。

(8) 对特殊条款的审核

审证时,如发现超越合同规定的附加或特殊条款,一般不应轻易接受,如对出口方无太大影响,也可酌情接受一部分。

同时还应检查下列内容:

① 检查能否在信用证规定的交单期交单。

② 检查信用证内容是否完整。

③ 检查信用证的通知方式是否安全、可靠。

④ 检查信用证规定的文件能否提供或及时提供。

⑤ 检查信用证中有无矛盾之处,有无陷阱条款。

⑥ 检查有关信用证是否受 UCP(Uniform Customs and Practice for Documentary Credits,简称 UCP)600《跟单信用证统一惯例(2007 年修订本)》的约束。

3. 改证

改证是对已开立的信用证进行修改的行为。改证分两种情况,一种是受益人审证后要求开证申请人——客户改证,一种是开证申请人主动改证。

(1) 受益人审证后要求开证申请人改证

受益人审证后,发现内容与合同和惯例规定不一致,或不符合本国的对外贸易方针政策,或影响合同履行和安全收汇,即存在我方不能接受的条款,则应及时向开证申请人提出改证,并在收到改证通知确定无误后发货。对可改可不改的内容,则可酌情处理。改证时的原则:

① 凡同一信用证上需要修改的内容应一次性通知开证申请人,尽量避免因考虑不周而多次改证,以节约对方改证费用。

② 开证行的改证通知书,应当通过通知行转递,以保真实。

③ 若对改证通知书的内容或部分内容不能接受,则应把改证通知书退回,坚持对方改证,待全部改妥后才能接受。UCP600 规定:不允许部分接受修改,部分接受修改将被视为拒绝接受修改的通知。

受益人审证时,如发现一些条款虽与合同或惯例不符,但可以变通处理,不是非修改不可的,在不影响安全收汇、不增加受益人费用的前提下可以不改,以示合作。

(2) 开证申请人主动改证

若开证申请人想要主动改证,则首先应征得受益人的同意。如果开证申请人在未事先征得受益人同意的情况下,单方面改证,则受益人有权决定是否接受。受益人可以发出接受或拒绝接受修改的通知。在未表示接受前,原证条款继续有效,受益人有权保持沉默并依照原证条款直至交单为止。收益人也可以在交单时按修改书制单,即表示接受。

(3) 信用证改证函

信用证改证函,即信用证修改函,通常包括以下几个方面的内容:

① 感谢对方通过银行开来的信用证。如:

- Thank you for your L/C No. xxxxx issued by xxxxx dated xxxxx.
- We are pleased to receive L/C No. xxxxx established by xxxxx dated xxxxx against S/C No. xxxxx.

② 列明信用证中不符点、不能接受的条款,并说明如何改正。如:

- We thank you for your L/C No. × × × ×, but on checking(检查) its clauses. We find with regret(很遗憾) that your L/C calls for ...
- However, we are sorry to find it contains the following discrepancies: ...
- Please amend(修改) your L/C No. × × × × as follows ...
- Please add the word ... before ...
- Please extend the shipment date and the validity of the L/C to ... and ... respectively.

③ 感谢对方的合作,提醒信用证修改书应于某日前到达,以便按时装运等。如:

• Thank you for your kind cooperation, please see to it that the L/C amendment reaches us before..., failing which we shall not be able to effect punctual shipment.

五、办理托运、投保、报关及装运

按 CFR、CIF 贸易条件成交的合同,由出口方办理租船订舱,CIF 条件下出口方还应负责办理保险。虽然在 FOB 条件下,出口方无义务办理租船订舱,而当进口方委托出口方代办时,出口方也需在进口方承担费用和风险的前提下办理托运手续。《2010 年国际贸易术语解释通则》(INCOTERMS2010)中,除 EXW 术语成交的合同,按其余 10 个贸易术语条件成交的合同均由出口方负责出口报关。

1. 托运

在货物备妥、信用证收妥无误后,应及时办理托运手续。当出口货物数量较大时,可委托货运代理机构办理租船;当出口商品数量不大时,则不需要租赁整船,而只需选择班轮运输或是租订部分舱位。

(1) 填写托运单、办理托运

托运单(Booking Note—B/N)有的地方称为"下货纸",是托运人根据贸易合同和信用证条款内容填制的,向承运人或其代理办理货物托运的单据。

首先委托货运公司办理托运手续,填写托运单,发出明确、详细、准确的托运指示。托运单的主要内容包括发货人、收货人、通知人、装运港、卸货港、运输标志或集装箱编号及封印号码、品名、数量等。这些内容都应和信用证完全相符,为安全、方便运输还应注明货物的毛重、体积。待货运代理机构安排船只或配好舱位后,即可将"配舱回单"及装货单、收货单交付出口方,之后由货运代理机构代表出口方向外轮代理公司办理货物托运手续。

跟单员在租船订舱时应注意:

① 在 FOB 条件下,若客户委托我方办理租船订舱,通常客户会指定运输代理公司或船公司。及时联系货运公司,告知发货意向,了解即将安排的出口口岸、船期等,确保工厂交货能早于开船期至少一周以前,且船期能保证客人要求的交货期。交货期两周之前向货运公司发出书面定舱通知(Shipping Order),通常在开船一周前可拿到定舱纸。

② 在 CFR、CIF 条件下,由卖方办理租船订舱、支付运费。应尽早向货运公司或船公司咨询船期、运价、开船口岸等。选择价格优惠、信誉好、船期合适的船公司,并通知客户。若客户有异议,则尽早协商解决。开船前两周书面定舱。

③ 若货物较少不够一个小柜,则需走散货,应向货运公司定散货舱位。拿到入仓纸时,还要了解截关时间、入舱报关要求等内容。

④ 向运输公司定舱时,一定要传真书面定舱纸,注明所定船期、柜型及数量、目的港等内容,以免出错。

海运出口托运单样本见表 7-10。

(2) 安排拖柜

① 备货验货后,委托拖车公司提柜、装柜。应选择安全可靠、价格合理的拖车公司确保安全及准时。给拖车公司传真的资料包括:定舱确认书/放柜纸、船公司、定舱号、拖柜委托书(注明装柜时间、柜型及数量、装柜地址)、报关行、装船口岸等。

表 7-1 海运出口托运单

SHIPPING LETTER OF INSTRUCTION

托运人：
Shipper：

编号： 船名：
No： S/S：

目的港：
For：

<table>
<tr><th rowspan="2">标记及号码
Marks & Nos</th><th rowspan="2">件数
Quantity</th><th rowspan="2">货名
Description of Goods</th><th colspan="4">重量（公斤）
Weight（Kilos）</th></tr>
<tr><th colspan="2">净
Net</th><th colspan="2">毛
Gross</th></tr>
<tr><td rowspan="2"></td><td rowspan="2"></td><td rowspan="2"></td><td colspan="2"></td><td colspan="2"></td></tr>
<tr><td colspan="2">运费付款方式
Method of
Freight Payment</td><td colspan="2"></td></tr>
<tr><td colspan="3">共计件数（大写）
Total Number of Packages in Writing</td><td colspan="4"></td></tr>
<tr><td>运费计算
Freight</td><td></td><td>尺码
Measurement</td><td colspan="2"></td><td colspan="2"></td></tr>
<tr><td>备注 Remarks</td><td colspan="6"></td></tr>
<tr><td>抬头
Order of</td><td colspan="2"></td><td>可 否 转 船 Whether Transshipment Allowed</td><td></td><td>可 否 分 批 Whether Partial Shipment Allowed</td><td></td></tr>
<tr><td rowspan="2">通知
Notice</td><td colspan="2" rowspan="2"></td><td>装运期
Period of
Shipment</td><td colspan="2">有效期
Period of
Validity</td><td>提单张数
No. of B/L</td></tr>
<tr><td></td><td colspan="2"></td><td></td></tr>
<tr><td>收货人
Receiver</td><td colspan="2"></td><td>银行编号
Bank No.</td><td></td><td>信用证号
L/C No.</td><td></td></tr>
</table>

② 备一份装车资料给工厂，列明上柜时间、柜型、订舱号、订单号、车牌号以及司机联系电话等。

③ 要求工厂在货柜离开工厂后尽快传真一份装货通知给业务部，列明货柜离厂时间、实际装货数量等，并记装箱号码和封条号码作为提单的资料。要求工厂装柜后一定要记住上封条。

在办理保险及报关放行后，即可装运了。

2. 办理保险

以 CIF 及 CIP 方式成交的合同，由出口方向保险公司投保。跟单员在办理出口货物保险时，应采用逐笔投保的方式。一般在完成托运手续并取得配舱回单后，便可办理保险手续。

投保人应先填制"运输险投保单"，内容包括投保人名称、货物名称、运输标志、船名或装运工具、装运地(港)、目的地(港)、开航日期、投保金额、投保险别、投保日期和赔款地点等。一式二份，一份由保险公司签署后交投保人作为接受投保的凭证；另一份由保险公司留存作为缮制保险单的依据。为简化手续，外贸公司也有将发票、出口货物明细单或出运货物分析单代替投保单，但仍须加注配舱回单的内容及投保险别和金额。

按 FOB、FCA、CFR、CPT 条件成交的，保险由买方办理，如卖方同意，且在买方支付费用的情况下，可接受委托代办保险，其产生的风险亦由买方承担。

保险公司根据投保内容，签发保险单或保险凭证，并计算保险费，单证一式五份，其中一份留存，投保人付清保险费后取得四份正本，投保即告完成。

投保人在保险单证出具后，发现投保内容有错漏或需变更，应向保险公司及时提出批改申请，由保险公司出立批单，粘贴于保险单上并加盖骑缝章，保险公司按批改后条件承担责任。申请批改必须在货物发生损失以前，或投保人不知有任何损失事故发生的情况下，在货到目的地前提出。

表 7-2 为海洋货物保险单样本。

3. 报关

报关是指进出口货物装船出运之前，向海关申报的手续。若具备报关员资格，可以自行报关，可以在拖柜的同时，即装船前，填写"出口货物报关单"，连同其他必要的单证，如装货单、装箱单、合同及信用证副本、发票等送交海关申报。也可以将报关所需资料交给合作报关行或货运代理，委托其进行出口报关及做商检通关换单。通常要给报关留出两天时间(船截关前)。货物经海关查验货、证、单一致后在装货单上加盖放行章，即可凭此装船。

4. 装运

出口方凭"装货单"按规定的日期、航次、船只组织货物装船，装船后，由船长或大副签发收货单(Mate's Receipt，简称 M/R)，托运人据此向货运代理机构交付运杂费，从而换取正式提单。

货物装船后，应及时向客户发出装运通知，因为通知是否及时，直接关系到客户进行付款赎单、进口报关和接货等工作的进行。在 FOB、FCA、CFR 及 CPT 条件下，装运通知是否及时还决定客户能否及时办理保险，从而规避风险，因此，装运通知需及时，否则当货物遭受损失时，则应由出口方承担。

表7-2　海洋货物保险单

中　国　人　民　保　险　公　司

（总公司设于北京　一九四九年创立）

海洋货物运输保险单

发票号码　　　　　　　　　　　　　　　　　　　　　　　保险单号次

中国人民保险公司（以下简称本公司）根据＿＿＿＿＿（以下简称为被保险人）的要求由被保险人向本公司缴付约定的保险费，按照本保险单承保险别和背后所载条款与下列条款承保下述货物运输保险，特立本保险单。

标　记	包装及数量	保险货物项目	保险金额

总保险金额：＿＿＿＿＿＿＿＿＿＿＿＿＿＿＿＿＿＿＿＿

保　费＿＿＿＿＿＿＿＿费　率＿＿＿＿＿＿＿＿装　载　工　具＿＿＿＿＿＿＿＿

开航日期＿＿＿＿＿＿＿＿自＿＿＿＿＿＿＿＿至＿＿＿＿＿＿＿＿

承保险别：

所保货物，如遇风险，本公司凭本保险单及其有关证件给付赔款。

所保货物，如发生保险单项下负责赔偿的损失或事故，应立即通知本公司下述代理人查勘。

中国人民保险公司

赔　款　偿　付　地　点＿＿＿＿＿＿＿＿＿＿＿＿＿＿＿＿＿＿＿＿

出　单　公　司　地　址＿＿＿＿＿＿＿＿＿＿日　　期＿＿＿＿＿＿＿＿＿＿

六、制单及汇集相关单据

货物装运后，及时缮制各种所需单证可以提早交单结汇。制单时需做到“单证相符”“单单一致”，否则付款行有权拒收单据、拒付货款，尤其是在信用证付款条件下更要注意。因此缮制结汇单据时，应以正确、完整、及时、简明、整洁为原则。办理议付结汇时，所需要的单据有如下几种：

1. 汇票（Bill of Exchange，简称 Draft 或 Bill）

汇票是国际货款结算中使用最多的票据。汇票是出票人签发的，委托付款人在见票时或者在指定日期无条件支付确定的金额给收款人或者持票人的票据。国际贸易中，主要使用跟单汇票作为出口方要求付款的凭证。

制作汇票时应注意的问题：

① 汇票金额。填写汇票金额为所使用的货币名称缩写及阿拉伯数字表示的金额小写数字。

除非另有约定，汇票金额所使用货币需与信用证规定发票所用货币一致。

② 出票条款。信用证名下的汇票，应依据信用证上具体规定填写出票条款。包括开证行名称、信用证号码和开证日期等。

③ 付款人名称。信用证方式下，一般都指定付款人。

(4) 收款人名称。信用证方式下，收款人通常为议付行；托收方式下，收款人可以是托收行。

2. 发票

(1) 商业发票(Commercial Invoice)

商业发票是出口商开立的发货价目清单，是装运货物的总说明，内容包括货物名称、品质、规格、数量、价格、包装、交货条件等，发票全面反映了合同内容。

发票的主要作用是供进口商凭以收货、支付货款和作为进出口商记账、报关纳税的凭据，是出口方向银行办理结汇，投保人向保险公司办理投保时不可或缺的单据。在不用汇票的情况下(如付款信用证、即期付款交单)，发票代替汇票作为付款的依据。

发票没有统一的格式，其内容应符合合同规定，在以信用证方式结算时，还应与信用证的规定严格相符。发票是全套货运单据的中心，其他单据均参照发票内容缮制，因而制作不仅要求正确无误，还应排列规范，整洁美观。

(2) 海关发票(Customs Invoice)

海关发票是根据某些进口国海关的规定，由出口商填制的一种特定格式的发票。海关发票是供进口商凭以向海关办理进口报关、纳税等手续的依据。进口国海关根据其内容核定原产地，实施差别税率政策，以确定是否征收反倾销税或反补贴税。其对进口货物起估价定税的作用，也可对货物作分类统计之用。因此，对进口商来说，海关发票是一种很重要的单据。

(3) 领事发票(Consular Invoice)

由进口国驻出口国的领事出具的一种特别印就的发票。这种发票证明出口货物的详细情况，进口国可用于防止外国商品的低价倾销，同时可用作进口税计算的依据，有助于货物顺利通过进口国海关。出具领事发票时，领事馆一般要根据进口货物价值收取一定费用。这种发票主要为拉美国家所采用。

(4) 厂商发票(Manufacturer's Invoice)

厂商发票是出口货物的制造厂商所出具的以本国货币计算，用来证明出口国国内市场的出厂价格的发票。要求提供厂商发票的目的是检查出口国出口商品是否有低价倾销行为，供进口国海关估价、核税以及征收反倾销税之用。

3. 运输单据

运输单据因不同贸易方式而异。有海运提单、海运单、航空运单、铁路运单、货物承运收据及多式联运单据等(在本章第三节有详细介绍)。我国外贸运输方式以海运为主，这里简要介绍海运提单(Ocean Bill of Lading)。

海运提单是指一种用以证明海上运输合同和货物由承运人接管或装船，以及承运人据以保证在目的港交付的单证。它是货物收据，是货物所有权凭证，同时也是一种运输契约证明。

4. 保险单(Insurance Policy/Certification)

保险单是保险人与被保险人之间订立的保险合同的凭证。是被保险人索赔、保险人理赔的依据,在 CIF 或 CIP 合同中,出口商在向银行或进口商收款时,提交符合销售合同及/或信用证规定的保险单据是出口商必不可少的义务。

保险单主要内容:保险人及保险公司;保险单编号;被保险人,即投保人;标记;包装及数量;保险货物名称;保险金额;保费及费率;装载运输工具;开航日期、起运地和目的地;承保险别;赔付地点和赔付代理人,一般为保险公司在目的地或就近地区的代理人;保险单签发日期和地点;保险公司签章。

5. 产地证

即原产地证书(Certificate of Origin),是出口商应进口商要求而提供的、由公证机构或政府或出口商出具的证明货物原产地或制造地的一种证明文件。原产地证书是贸易关系人交接货物、结算货款、索赔理赔、进口国通关验收、征收关税的有效凭证,它还是出口国享受配额待遇、进口国对不同出口国实行不同贸易政策的凭证。

我国出口商品所使用的产地证主要有以下几种:

(1) 普通产地证

用以证明货物的生产国别,进口国海关凭以核定应征收的税率。在我国,普通产地证可由出口商自行签发,或由进出口商品检验局签发,或由中国国际贸易促进委员会签发。实际业务中,应根据买卖合同或信用证的规定,提交相应的产地证。在缮制产地证时,应按《中华人民共和国原产地规则》及其他规定办理。

(2) 普惠制产地证(GSP Certificates of Origin)

目前给予我国普惠制待遇的有澳大利亚、新西兰、日本、加拿大、挪威、瑞士、俄罗斯及欧盟15国,以及部分东欧国家。凡是向给惠国出口受惠商品,均须提供普惠制产地证,才能享受关税减免的优惠,所以不管来证是否要求提供这种产地证,我出口商均应主动提交。在我国,普惠制产地证由进出口商品检验局签发。

(3) 纺织品产地证(Certificate of Origin Textile Product)

对欧盟国家出口纺织品,需提交该产地证。该证是进口国海关控制配额的依据。在我国,该证由地方外经贸委(厅)颁发。GSP 产地证是取得关税优惠的证明,而纺织品产地证是取得配额的证明。对欧盟出口有关产品时,需同时提交两种产地证。

(4) 输美纺织品产地证

凡属对美国出口的配额商品,如纺织品等,应由出口商填写原产地声明书。

6. 检验证书

国际贸易中检验证书(Inspection Certification)种类很多,分别用以证明货物的品质、数量、重量和卫生条件等方面的情况。检验证书一般由国家指定的检验机构出具,也可根据不同情况,由出口企业或生产企业自行出具。应注意出证机构检验货物名称和检验项目必须符合信用证的规定。还须注意检验证书的有效期,出口货物务必在有效期内出运,如超过期限,应重新报验。

7. 装箱单(Packing List)

装箱单应清楚地表明货物装箱情况。要显示每箱内装的数量,每箱的毛重(Gross Weight),净重(Net Weight),外箱尺寸(Measurement)。按外箱尺寸计算出来的总体积要与标明的总体积相符。要显示唛头和箱号,以便于客人查找。装箱单的重量,体积要与提单相符。对于服装商品，一般要求装箱单反映每包内的款号、颜色、尺码、数量搭配等内容。

8. 其他单证

其他单证按不同交易情况，由合同或信用证规定，常见的有：寄单证明（Beneficiary's Certificate for Dispatch of Documents）、寄样证明（Beneficiary's Certificate for Dispatch of Shipment Sample）、邮局收据（Post Receipt）、装运通知（Shipping Advice），以及有关运输和费用方面的证明。

七、交单结汇

1. 交单

交单是指全部单据准备妥当后，由受益人签署议付申请书，申请议付、承兑或付款。为了依据信用证规定结算货款，必须将审核无误、正确、完整的单据交至议付银行，请求议付、承兑或付款。

交单应注意三点：

① 单据的种类和份数与信用证的规定相符。

② 单据内容正确，包括所用文字与信用证一致。

③ 交单时间必须在信用证规定的交单期和有效期之内。

交单方式有两种：

① 两次交单或称预审交单，在运输单据签发前，先将其他已备妥的单据交银行预审，发现问题及时更正，待货物装运后收到运输单据，可以当天议付并对外寄单。

② 一次交单，即在货物装运后，备齐全套单据后一次性送交银行。

若银行审单后发现不符点，则需要退单修改，这样耗费时日，容易造成逾期而影响收汇安全。因而出口企业宜与银行密切配合，采用两次交单方式，加速收汇。

2. 结汇

目前我国出口结汇的办法有三种：买单结汇、收妥结汇和定期结汇。

（1）买单结汇

又称出口押汇，即国际上银行界通常采用的议付做法，是指银行议付行在审单认可的情况下，按信用证的条款买入外贸企业（受益人）的汇票和单据，按照票面金额扣除从议付到期日到估计收到票款之日的利息和手续费，将净数按议付日外汇牌价折成人民币，付给外贸企业。

（2）收妥结汇

又称收妥付款，是指议付行收到外贸公司的出口单据后，经审查无误，将单据寄交国外付款行索取货款，待收到付款行将货款拔入议付行帐户的贷记通知书（Credit Note）时，即按当日外汇牌价，折成人民币收入受益人账户。

（3）定期结汇

定期结汇是议付行根据向国外付款行索偿所需时间，预先确定一个固定的结汇期限，到期后主动将票款金额折成人民币拔交外贸公司。

跟单员对于外销产品货款的结算方面，信用证结算的，由跟单员督促客户及时为我司开具信用证，单证员负责对信用证的内容进行审核；电汇方式结算的，要在发货后，及时督促客户付款，避免坏帐损失的发生。

第二节　服装外贸订单评审

一份订单就是一份合同,所以订单评审也称为合同评审。订单评审,就是在客户订单最终确立之前,对订单进行检查、评价和确认,在此基础上充分理解客户的所有要求,确定公司对此是否有能力完全满足,以及为完成订单所需进行的努力。对于外贸订单,在进行内部的评审前,应先将订单准确无误地翻译出来。

原则上订单评审应在企业向客户承诺提供产品之前进行,即在接受合同/订单之前进行。但在实际的业务当中,订单评审的工作被安排在接受订单之后,制订生产计划之前进行。如果客户的订单采用外包加工方式时,应当在分析订单后选择与公司长期合作、有能力、有信誉的企业进行生产。当公司拥有自己的加工部门时则应进行仔细的评审。外贸订单评审流程见图 7-2。

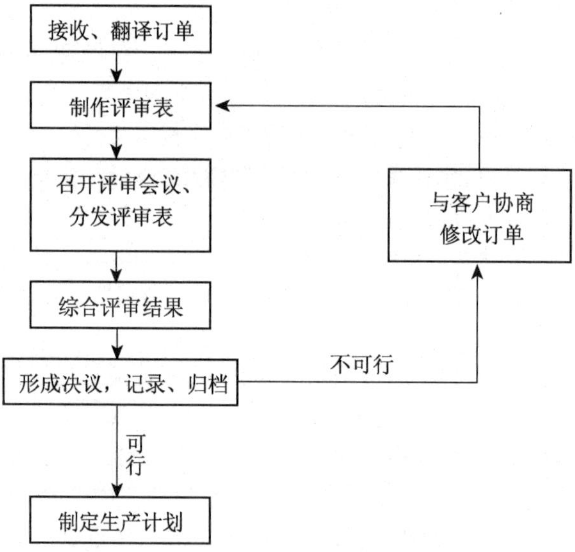

图 7-2　外贸订单评审流程

一、订单评审流程

1. 接收、翻译订单

接收订单后,首先应对外贸订单进行翻译,准确、完整地表达原订单的各项要求,这项工作关系到所有的后续工作内容,应审慎对待。

2. 制作评审表

业务部门应制作订单评审表,为评审工作做好准备。评审表的格式如表 7-3 所示。

表 7-3 订单评审表

编号: 年 月 日 填单人:

<table>
<tr><td colspan="2">顾客名称</td><td colspan="2"></td><td>采购单号</td><td></td><td>请购单号</td><td></td></tr>
<tr><td colspan="2">地址</td><td colspan="2"></td><td>电话</td><td></td><td>联系人</td><td></td></tr>
<tr><td rowspan="8">顾客要求</td><td>序号</td><td>物料编码</td><td>品名/标准</td><td>款型</td><td>订单数量</td><td>交货期</td><td>备注</td></tr>
<tr><td>1</td><td></td><td></td><td></td><td></td><td></td><td></td></tr>
<tr><td>2</td><td></td><td></td><td></td><td></td><td></td><td></td></tr>
<tr><td>3</td><td></td><td></td><td></td><td></td><td></td><td></td></tr>
<tr><td>4</td><td></td><td></td><td></td><td></td><td></td><td></td></tr>
<tr><td>5</td><td></td><td></td><td></td><td></td><td></td><td></td></tr>
<tr><td>6</td><td></td><td></td><td></td><td></td><td></td><td></td></tr>
<tr><td>品质要求</td><td colspan="3"></td><td>发货/收款要求</td><td colspan="2"></td></tr>
<tr><td colspan="2">设计部意见</td><td colspan="6">参评人:</td></tr>
<tr><td colspan="2">生产部意见</td><td colspan="6">参评人:</td></tr>
<tr><td colspan="2">仓储部意见</td><td colspan="6">参评人:</td></tr>
<tr><td colspan="2">采购部意见</td><td colspan="6">参评人:</td></tr>
<tr><td colspan="2">备注</td><td colspan="6"></td></tr>
</table>

3. 召开评审会议/分发评审表,综合评审结果

具体评审的工作应综合考虑包括与生产相关联的人、机器、物、方法、环境五个方面的因素。具体包括如下几个部门:

① 产品开发、设计部:主要解决工艺技术上、款式开发能力上能否满足顾客需求。

② 生产部:根据客户订单,进行产能分析,主要解决大货品质及交货期的问题。

③ 仓储部,采购部:分析订单,查看仓储物料是否齐备,若需要采购物料,能否满足订单标准。

具体评审工作可以是业务部门组织各相关部门召开评审会议,现场讨论,评审出结果;也可以分发评审表给各相关部门,之后综合各部门给出的意见出结果。

4. 形成决议,记录、归档

评审结果的内容一般包括:企业是否有能力完成客户订单要求;若有能力,订单中是否还存在困难,有什么办法可以解决;能力有所欠缺时,应与客户协商,争取修改订单,之后重新评审。

形成决议后由业务部门负责保存记录,并进行归档管理。

当评审结果是有能力完成订单,则可以进行下一步工作,即制订生产计划。

二、跟单员审单

跟单员在接到订单后,第一件需要做的事情就是审单,主要审查订单中商品的名称与质量、数量、包装,以及价格、交货期、交货方式、付款方式等内容。如图 7-3 所示。

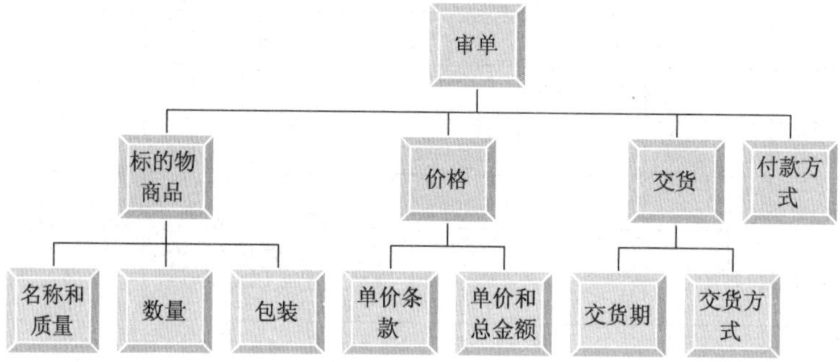

图 7-3　审单的内容

1. 商品的名称与质量

订单中产品的名称与质量是买卖双方进行交易的物质基础,是双方洽商的依据,因此应当标示清楚明了。在服装外贸业务中,一般是凭样品买卖,订单中商品的名称与质量体现于服装的款式、花色、型号、用料、工艺要求等内容。跟单员应逐项进行认真审查,从而在生产过程跟单时有据可依。

2. 商品的数量

服装产品的数量表达是按个数单位计量,但成交的商品一般会是一个商品组合,即对每种面料、花色、号型等有不同的数量要求。因此,应主要审查订单中数量的表达方式是否清晰,明确订单要求数量,从而进行产能分析,保证交货期。

3. 商品的包装

按照包装在流通过程中所起作用的不同,可分为运输包装(Transport Packing)和销售包装(Inner Packing)两大类。

运输包装又称外包装(Outer Packing),服装外贸出口中常用的运输包装有两种:一种是给每件服装套上塑料袋(Plastic Bag),若干件装入纸板箱(Carton);另一种是采用吊装集装箱(Hanging Container)装运,即先套上塑料袋,用衣架吊挂在集装箱的横杆上,并用绳索将衣架固定结实。应检查清楚客户对运输包装的要求,另外对于运输标志(Shipping Mark),即唛头有无特殊的要求。

销售包装又称内包装,应仔细审核订单对于内包装色彩、装潢、图案等的要求,若客户对内包装要求比较笼统,则包装时应依据进口地的文化传统及消费偏好,文字说明也要符合进口国的规定。

若客户提供包装材料，则应明确最迟到厂时间，确保产品生产完毕能及时进行包装及装运。

4. 单价条款、单价及总金额

单价条款：明确贸易条件，不同贸易条件代表双方承担不同的责任、费用和风险（Responsibilities, Costs and Risks），因此，单价也应有所区别。如常用的 FOB、FCA、CFR、CIF、CPT、CIP 贸易术语条件下，价格是不同的，卖方承担的责任、费用和风险越大，价格也应当越高。因此，应核对单价条款是否与单价相一致。同时还应核查计价货币，在出口业务中，应尽量采用可自由兑换的货币，且是汇率看涨的硬币，若没有办法选择而采用软币，则应适当提价而减少因汇率变动带来的亏损。

单价及总金额：当客户在订单中标出单价时，应与企业的报价表对照，核对客户标出的单价是否正确，总金额是否有误。若订单未标出单价，应按企业单价表计算总金额。

5. 交货期

一般情况下，订单会对交货期有一个明确的要求，有时也可能没有规定交货期。不管何种情况下，都应根据订单的数量、物料的采购、生产能力分析等，结合客户要求，报一个实际的工厂交货期给客户。

6. 交货方式

贸易条件决定了交货的方式。交货方式主要有空运、海运、陆运、邮寄等，可根据贸易条件、费用的承担、货物的数量及交货期来确定最适合的交货方式。

7. 付款方式

国际贸易中常用的货款结算的方式有三种，即汇付（Remittance）、托收（Collection）和信用证三种。常用到的票据有汇票（Bill of Exchange，简称 Draft 或 Bill）、本票（Promissory Note）和支票（Check）。跟单托收和信用证付款是比较安全的收汇方式。跟单员应审查订单中的付款方式是否能为公司所接受，是否支付定金等问题。

第三节　国际货物运输单证

一、主要的货运单证

为了保证进出口货物的安全交接，在整个运输过程中需要编制各种单据。这些单证各有其特定的用途，彼此之间又有相互依存的关系。它们既把船、港、货各方联系在一起，又能分清各自的权利和业务。

下面按实际业务程序介绍一些主要的货运单证（如图 7-4）。

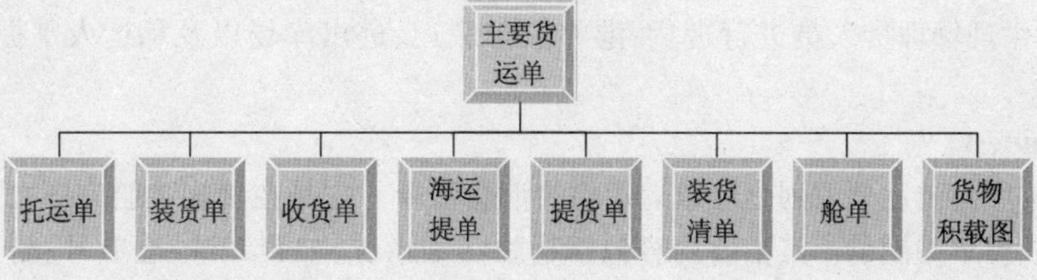

图 7-4　主要货运单

1. 托运单(Booking Note)

托运单俗称“下货纸”,是托运人根据贸易合同和信用证条款内容填制的,向承运人或其代理办理货物托运的单证。承运人根据托运单内容,并结合船舶的航线、挂靠港、船期和舱位等条件考虑,认为合适后,即接受托运。

2. 装货单(Shipping Order)

装货单是接受了托运人提出装运申请的船公司,签发给托运人,凭以命令船长将承运的货物装船的单据。装货单既可用作装船依据,又是货主凭以向海关办理出口货物申报手续的主要单据之一,所以装货单又称“关单”,对托运人而言,装货单是办妥货物托运的证明。对船公司或其代理而言,装货单是通知船方接受装运该批货物的指示文件。

3. 收货单(Mates Receipt)

收货单又称大副收据,是船舶收到货物的收据及货物已经装船的凭证。船上大副根据理货人员在理货单上所签注的日期、件数及舱位,并与装货单进行核对后,签署大副收据。托运人凭大副签署过的大副收据,向承运人或其代理人换取已装船提单。

由于上述三份单据的主要项目基本一致,我国一些主要口岸的做法是将托运单、装货单、收货单、运费通知单等合在一起,制成一份多达9联的单据。各联的作用如下:

第一联由订舱人留底,用于缮制船务单证。

第二、三联为运费通知联,其中一联留存,另一联随帐单向托运人托收运费。

第四联装货单经海关加盖放行章后,船方才能收货装船。

第五联收货单及第六联由配舱人留底。

第七、八联为配舱回单。

第九联是缴纳出口货物港务费申请书。

货物装船完毕后,港区凭以向托运人收取港杂费。

4. 海运提单(Ocean Bill of Lading)

提单是一种货物所有权凭证。提单持有人可据以提取货物,也可凭此向银行押汇,还可在载货船舶到达目的港交货之前进行转让。

5. 提货单(Delivery Order)

提货单是收货人凭正本提单或副本提单随同有效的担保向承运人或其代理人换取的、可向港口装卸部门提取货物的凭证。

6. 装货清单(Loading List)

装货清单是承运人根据装货单留底,将全船待装货物按目的港和货物性质归类,依航次、靠港顺序排列编制的装货单汇总清单,其内容包括装货单编号、货名、件数、包装形式、毛重、估计尺码及特种货物对装运的要求或注意事项的说明等。装货清单是船上大副编制配载计划的主要依据,又是供现场理货人员进行理货、港方安排驳运、进出库场以及承运人掌握情况的业务单据。

7. 舱单(Manifest)

舱单是按照货港逐票罗列全船载运货物的汇总清单。它是在货物装船完毕之后,由船公司根据收货单或提单编制的。其主要内容包括货物详细情况,如装卸港、提单号、船名、托运人和收货人姓名、标记号码等,此单作为船舶运载所列货物的证明。

8. 货物积载图(Cargo Plan)

货物积载图是按货物实际装舱情况编制的舱图。它是船方进行货物运输、保管和卸货工作的参考资料,也是卸港据以理货、安排泊位、货物进舱的文件。

后三种单证属于承运人或船方编制、留存,方便运输之用。

二、运输单据

运输单据是承运人收到承运货物签发给出口商的证明文件,它是交接货物、处理索赔与理赔以及向银行结算货款或进行议付的重要单据。

在国际货物运输中,根据运输方式的不同,运输单据的种类包括海运提单及海运单(Sea Waybill)、铁路运单(Rail Waybill)、航空运单(Air Waybill)、多式联运单据(Multi-modal Transport Document,简称 MTD)、邮包收据(Parcel Post Receipt)及集装箱运输单据(Container Transport)等,如图 7-5 所示。

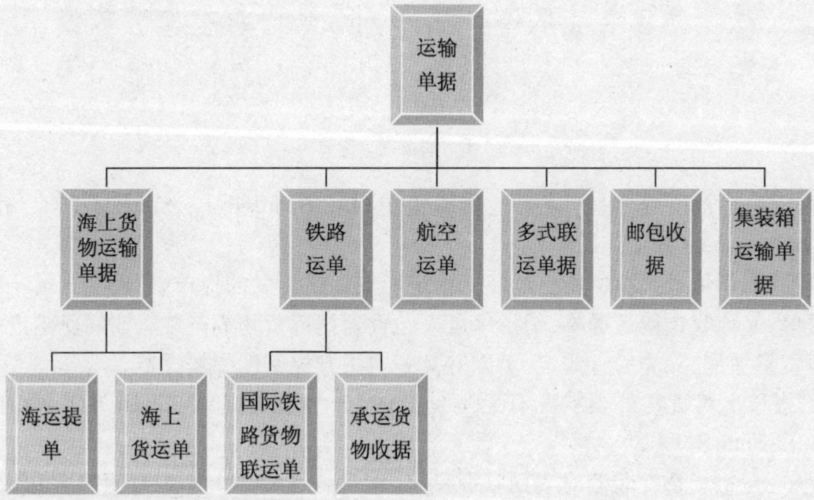

图 7-5 运输单据

1. 海上货物运输单据

海上货物运输单据主要为海运提单及海上货运单(海运单)。

(1) 海运提单

海运提单,简称提单(B/L),是指用以证明海上货物运输合同和货物已经由承运人接收或装船,以及承运人保证据以交付货物的单证。

① 海运提单的性质和作用可以概括为以下三个方面:

- 是承运人应托运人的要求所签发的货物收据(Receipt for the Goods),表明承运人已按提单所列内容收到货物。
- 是一种货物所有权的凭证(Document of Title),是货物的象征。
- 是承运人与托运人之间订立的运输契约的证明(Evidence of the Contract of Carriage),明确各方之间的权利与义务、责任与豁免,是处理争议的依据。

② 海运提单的种类如图 7-6 所示。

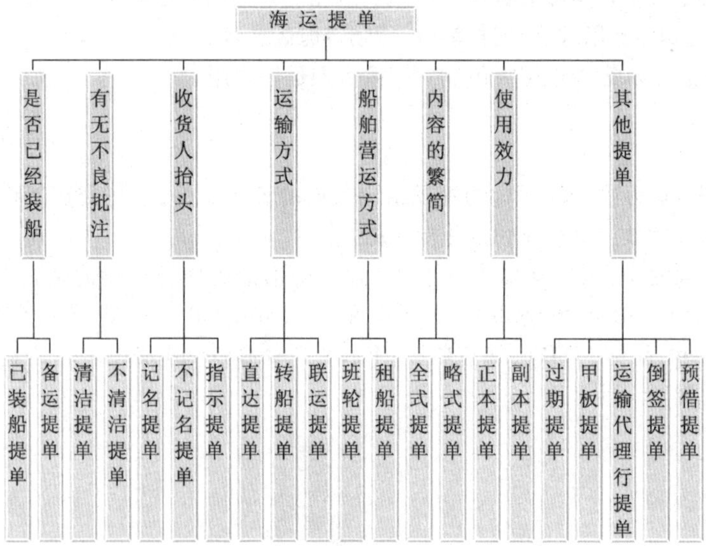

图 7-6　海运提单的分类

• 根据货物是否已经装船，分为已装船提单（On Board B/L; Shipped B/L）和备运提单（Received for Shipment B/L）。

已装船提单：指承运人在货物已经装上指定船舶后所签发的提单。

备运提单：又称收讫待运提单，是指承运人已收到托运货物等待装运期间所签发的提单。

按国际贸易惯例，除非另有约定，卖方有义务向买方提交已装船提单。

• 根据提单上对货物外表状况有无不良批注，分为清洁提单（Clean B/L）和不清洁提单（Unclean B/L; Foul B/L）。

清洁提单：是指货物在装船时表面状况良好，承运人在提单上不带有明确宣称货物、包装有缺陷状况的文字或批注的提单。

不清洁提单：是指承运人在签发的提单上带有明确不良批注的提单。

按国际贸易惯例，除非另有约定，卖方有义务提交清洁提单。清洁提单也是提单转让时必须具备的基本条件之一。

• 根据提单收货人抬头的不同或是否可转让，分为记名提单（Straight B/L）、不记名提单（Bearer B/L）和指示提单（Order B/L）。

记名提单：又称“收货人抬头提单”，是指提单上的收货人（Consignee）栏内填明特定收货人名称的提单。

不记名提单：又称“来人抬头提单”，是指提单上的收货人栏内不写明具体收货人的名称，只写明“货交提单持有人”（To Bearer），或不填写任何内容的提单。

指示提单：指提单上的收货人栏内填写“凭指示”（To Order）或“凭某某人指示”（To the Order of...）字样的提单。

• 根据不同的运输方式，分为直达提单（Direct B/L）、转船提单（Transshipment B/L）和联运提单(Through B/L)三种。

直达提单:是指货物装上海轮后,中途不再换船而直接驶往目的港卸货所签发的提单。

转船提单:是指货物装上某一海轮后,在航运的中途港要将货物卸入另一船舶再驶往目的港卸货的情况下所签发的包括运输全程的提单。

联运提单:是指经过海运和其他运输方式的联合运输时,由第一程承运人(船公司)所签发的,包括全程运输并能在目的港或目的地凭以提货的提单。

- 根据船舶营运方式的不同,可分为班轮提单(Liner B/L)和租船提单(Charter Party B/L)。

班轮提单:是指由班轮公司承运货物后签发给托运人的提单。

租船提单:是指承运人根据租船合同签发的提单。

- 根据提单内容的繁简,可分为全式提单(Long Form B/L)和略式提单(Short Form B/L)。

全式提单:又称繁式提单,是指不仅具有提单正面内容,而且在提单背面列有承运人和托运人权利和义务详细条款的提单。

略式提单:又称简式提单,是指提单背面无条款,而只列出提单正面的必须记载事项的提单。

- 根据提单使用效力,可分为正本提单(Original B/L)和副本提单(Copy B/L)。

正本提单:是指提单上有承运人、船长或其代理人签名盖章并注明签发日期的提单。

副本提单:是指提单上没有承运人、船长或其代理人签字盖章,而仅供参考之用的提单。

- 其他提单

过期提单(Stale B/L),是指提单签发后超过信用证规定期限才交到银行的提单,或者银行按正常邮程寄单,收货人不能在船到目的港前收到的提单。

甲板提单(On Deck B/L),又称舱面提单,是指承运人签发的表明货物装于船舶甲板上的提单。

运输代理行提单(House B/L),是指由运输代理人签发的提单,它只是运输代理人收到托运货物的收据,而不是可以转让的物权凭证。

倒签提单(Ante-dated B/L),承运人应托运人的要求在货物装船后,提单签发的日期早于实际装船完毕日期的提单。

预借提单(Advanced B/L),因信用证规定装运期和结汇期到期而货物因故未能及时装船,但已在承运人掌握之下或已开始装船,由托运人出具保函要求承运人预借的提单。

(2)海上货运单

海上货运单简称海运单,是证明海上货物运输合同和货物由承运人接管或装船,以及承运人保证据以将货物交付给单证所载明的收货人的一种不可流通的单证,因此又称“不可转让海运单”(Non-negotiable Sea Waybill)。

海运单不是物权凭证,故而不可转让。收货人不凭海运单提货,承运人亦不凭海运单而凭海运单载明的收货人的提货或收货凭条交付货物,只要该凭条能证明其为运单上指明的收货人即可。海运单能方便进口人及时提货,简化手续,节省费用,还可以在一定程度上减少以假单据进行诈骗的现象。由于EDI技术在国际贸易中的广泛使用,不可转让海运单更适宜于使用这种新技术。

2. 铁路运单

铁路运输分为国际铁路联运和通往港澳的国内铁路运输,分别使用国际铁路货物联运单和承运货物收据。

(1) 国际铁路货物联运单

该运单为发送国铁路和发货人之间缔结的运输合同,运单签发,即表示承运人已收到货物并受理托运,装车后加盖承运日戳,即为承运。运单正本随同货物送至终点站交收货人,是铁路同收货人交接货物,核收运杂费用的依据。运用副本加盖日戳后是卖方办理银行结算的凭证之一。

(2) 承运货物收据(Cargo Receipt)

内地通过国内铁路运往港澳地区出口货物,一般都委托中国对外贸易运输公司承办,货物装车发运后,由外运公司签发一份承运货物收据给托运人,托运人以此作为结汇凭证。承运货物收据既是承运人出具的货物收据,也是承运人与托运人签署的运输契约。

3. 航空运单

航空运单是承运人与托运人之间签订的运输契约,也是承运人或其代理人签发的货物收据。航空运单不仅应有承运人或其代理人签字,还必须有托运人签字。航空运单与铁路运单一样,不是物权凭证,不能凭以提取货物,必须是记名抬头,不能背书转让。收货人凭航空公司的到货通知单和有关证明提货。

4. 多式联运单据

多式联运单据,是指证明多式运输合同以及证明多式运输经营人接管货物并负责按照合同条款交付货物的单据,由多式运输经营人或经他授权的人签署。多式联运单据既是货物收据也是运输契约的证明。当单据是指示抬头或不记名抬头时,可作为物权凭证,经背书可以转让。

5. 邮包收据

邮包收据是邮包运输的主要单据,它既是邮局收到寄件人的邮包后所签发的凭证,也是收件人凭以提取邮件的凭证,当邮包发生损坏或丢失时,它还可以作为索赔和理赔的依据。但邮包收据不是物权凭证。

6. 集装箱运输单据

集装箱运输是以集装箱作为运输单位进行货物运输的一种现代化运输方式。它可适用于海洋运输、铁路运输、公路运输、内河运输与国际多式联运等。航空运输也有使用集装箱的。

集装箱运输单证不同于传统运输的货运单证,主要有场站收据(Dock Receipt,简称 D/R)、集装箱装箱单(Container Load Plan,简称 CLP)、提单或集装箱联运提单(Combined Transport B/L,简称 CTB/L)或多式运输单据(MTD)。此外,还有设备交接单(Equipment Receipt,简称 E/R)、收(交)货记录(Delivery Record)等。

第四节　国际货款收付与结算

国际贸易货款的收付,是买卖双方的基本权利和义务。货款的收付直接影响双方的资金周转和融通,以及各种金融风险和费用的负担,因而这是关系到买卖双方切身利益的问题。

在我国服装外贸实践中,通常都是通过银行采用外汇来结算货款。货款的结算,主要涉及支付工具、付款时间、付款地点及支付方式等问题。

一、国际货款的支付工具

国际贸易货款的收付，以现金结算货款使用较少，大多使用非现金结算，即使用代替现金作为流通手段和支付手段的信贷工具来进行国际间的债权债务的结算。票据是国际通行的结算和信贷工具，是可以流通转让的债权凭证。在国际贸易中，作为货款的支付工具有货币和票据，而以票据为主（如图 7-7）。

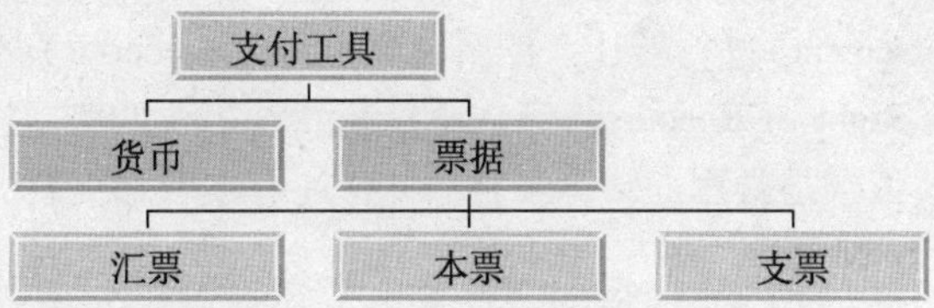

图 7-7　支付工具

1. 货币

对外贸易货款的收付，可以采用卖方国家的货币或者买方国家的货币，也可以采用双方同意的第三国的货币。在当前各国普遍实行浮动汇率的情况下，货币经常出现上浮或下浮的情况，上浮的货币叫“硬币”，下浮的货币叫“软币”。原则上出口宜选择硬币，进口则选择软币，但是在服装出口交易中，由于大多为买方市场，所以不得不用软币，因此，应采取有效办法来避免汇率变动的风险，如提价或采用保值办法。

2. 票据

（1）汇票（Bill of Exchange，简称 Draft）

① 汇票的含义。

汇票是一个人向另一个人签发的，要求见票时或在将来的固定时间，或可以确定的时间，对某人或其指定的人或持票人支付一定金额的无条件的书面支付命令。

② 汇票的种类（如图 7-8）。

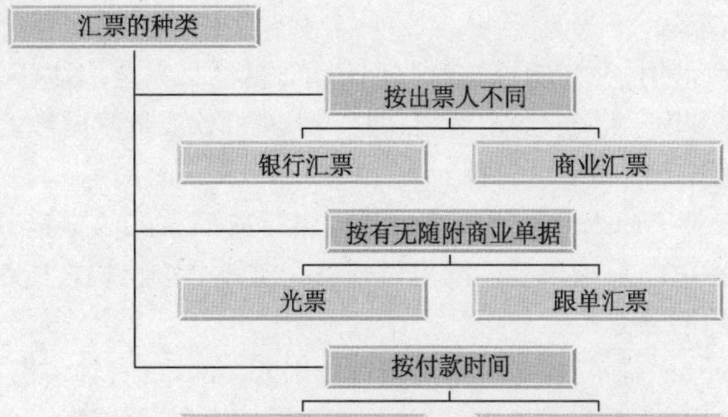

图 7-8　汇票的种类

• 按出票人的不同,可分为银行汇票(Banker's Bill)和商业汇票(Commercial Draft)。

• 按有无随附商业单据,可分为光票(Clean Bill)和跟单汇票(Documentary Bill)。

• 按付款时间的不同,可分为即期汇票(Sight Draft)和远期汇票(Time Bill or Usance Bill)。

一张汇票往往可以同时具备几种性质,例如一张商业汇票可以是即期汇票,同时又是跟单汇票。

③ 汇票的使用。

汇票的使用有出票(Issue)、提示(Presentation)、承兑(Acceptance)、付款(Payment)等,如需转让,可经过背书(Endorsement)进行转让。汇票遭到拒付(Dishonour)时,还要涉及做成拒付证书(Protest)和行使追索(Right of Recourse)等法律权利。

在服装外贸业务中,汇票是常用的结算工具。此外还有本票和支票。

(2) 本票(Promissory Note)

本票是一个人向另一个人签发的,保证于见票时或定期或在可以确定的将来的时间,对某人或其指定人或持票人支付一定金额的无条件的书面承诺,简言之,本票是出票人对受款人承诺无条件支付一定金额的票据。本票按出票人不同可分为商业本票和银行本票。商业本票有即期和远期之分,银行本票则都是即期的。在国际贸易结算中使用的本票大都是银行本票。

(3) 支票(Cheque; Check)

支票是出票人签发的,委托办理支票存款业务的银行或者其他金融机构在见票时无条件支付确定金额给收款人或持票人的票据。支票的出票人所签发的支票金额不得超过其付款时在付款人处实有的存款金额,否则,所开出的支票为空头支票,要负法律责任。支票都是即期的。支票有普通支票、现金支票和转账支票三种。

二、国际货款结算常用方式

国际货款结算的常用方式有汇付、托收和信用证三种(如图 7-9)。

1. 汇付(Remittance)

汇付又称汇款,是指进口商将货款交由银行汇给出口商,或债务人(汇款人)通过银行,使用各种结算工具将款项支付给债权人的结算方式。在汇款方式下,结算工具的传送方向与资金的流动方向相同,属于顺汇法。

汇付的性质为商业信用,卖方能否按时收回约定的款项,完全取决于买方的信誉。因此在国际贸易中,汇付通常多用于订金、运杂费用、佣金、小额货款或货款尾数的支付。

汇付的方式有电汇、信汇和票汇三种。

① 电汇(Telegraphic Transfer,简称 T/T):是汇出行应汇款人的申请,用电报、电传、环球银行间金融电讯网络(SWIFT)等电讯手段发出付款委托通知书给收款人所在地的汇入行,指示解付一定金额给收款人的汇款方式。

② 信汇(Mail Transfer,简称 M/T):是汇出行应汇款人的申请,将信汇委托书(M/T Advice)或支付通知书(Payment Order)寄给汇入行,授权解付一定金额给收款人的汇款方式。

③ 票汇(Remittance by Banker's Demand Draft,简称 D/D):是汇出行应汇款人的申请,代汇款人开立的、以其分行或代理行为解付行的银行即期汇票,支付一定金额给收款人的汇款方式。

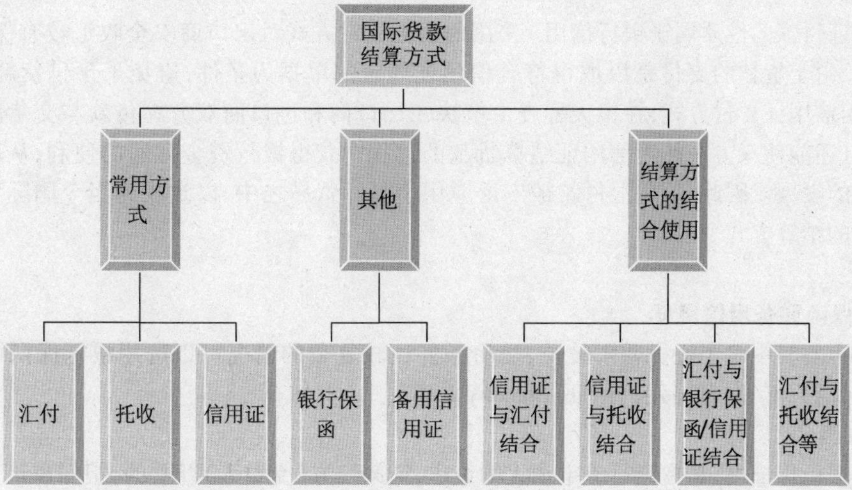

图7-9 国际货款结算方式

2. 托收(Collection)

托收是指债权人(出口人)出具汇票委托银行向债务人(进口人)收取货款的一种支付方式。托收方式一般都通过银行办理,所以,又叫银行托收。银行托收的基本做法是:由出口人根据发票金额开出以进口人为付款人的汇票,向出口地银行提出托收申请,委托出口地银行(托收行)通过它在进口地的代理或往来银行(代理行)代向进口人收取货款。可见,托收方式采用的是逆汇方法,即资金的流向与支付工具的传递方向相反。在托收方式下,出口人能否收回货款,完全取决于进口人的信誉,所以托收的性质为商业信用。

托收可根据所使用的汇票的不同分为光票托收(Clean Collection)和跟单托收(Documentary Collection)。国际贸易中货款的收取大多采用跟单托收。

跟单托收根据交单条件的不同,又分为付款交单(Documents against Payment,简称D/P)和承兑交单(Documents against Acceptance,简称D/A):

(1) 付款交单

付款交单指出口人的交单是以进口人的付款为条件,即进口人必须在付清货款之后才能取得单据,提取或转售货物。按支付时间的不同,付款交单又可分为即期付款交单(Documents against Payment at Sight,简称D/P at Sight)和远期付款交单(Documents against Payment after Sight,简称D/P after Sight)。

(2) 承兑交单

是指卖方的交单以买方承兑汇票为条件,也就是说,买方在汇票上履行承兑手续后,即可从代收行取得货运单据,凭此提取货物。等到汇票到期日,买方再付款。

远期付款交单和承兑交单都适用于远期汇票的托收,但对进口方而言,承兑交单更有利。因为进口方只需承兑就能获得单据,提取货物,可以尽早投人生产或销售。而对于出口方而言,承兑交单要冒相当大的风险。因为承兑毕竟不等于付款,一旦交了单就失去了物权,丧失了约束进口商付款的手段。因此,出口人对接受这种方式一般持很慎重的态度。

3. 信用证

信用证付款的性质属于银行信用。采用信用证支付方式对出口商安全收汇较有保障，对进口商来说，由于货款的支付是以取得符合信用证规定的单据为条件，避免了预付货款的风险。因此，采用信用证支付方式，在很大程度上解决了出口商和进口商双方在付款与交货问题上的矛盾，而且还能使双方在使用信用证结算货款的过程中获得银行资金融通的便利，从而促进了国际贸易的发展。因此，信用汇付款被广泛应用于国际贸易之中，以致成为当今国际贸易中的一种主要的结算方式。

三、银行保函和备用信用证

在国际贸易中对于交货期限较长，交易条件比较复杂的情况可以选用银行保函（Letter of Guarantee，简称 L/G）和备用信用证（Standby L/C）。

1. 银行保函

又称银行保证书，是指银行应申请人的请求，向第三方（受益人）开立的，担保申请人一定履行某种义务，并在申请人未能按规定履行其责任或义务时，由担保行代其支付一定金额或做出一定经济赔偿的一种书面信用担保凭证。

2. 备用信用证

是指开证行根据开证申请人的要求对受益人开立的承诺承担某项义务的凭证。在此凭证中，开证行承诺，当开证人未能按时履约或未履约时，保证为其支付。如果开证人按期履行合同的义务，受益人就无需开证行在备用信用证项下支付任何货款或赔款，所以称“备用”。

四、各种结算方式的结合使用

在国际贸易业务中，一笔交易的货款结算，可以只使用一种结算方式（通常如此），也可根据需要，例如不同的交易商品，不同的交易对象，不同的交易做法，将两种以上的结算方式结合使用，或有利于促成交易，或有利于安全及时收汇，或有利于妥善处理付汇。常见的不同结算使用的形式有如下几种。

1. 信用证与汇付结合

这是指一笔交易的货款，部分用信用证方式支付，余额用汇付方式结算。这种结算方式的结合形式常用于允许其交货数量有一定机动幅度的产品的交易。对此，经双方同意，信用证规定凭装运单据先付发票金额或在货物发运前预付金额若干成，余额待货到目的地（港）后或经再检验的实际数量用汇付方式支付。使用这种结合形式，必须首先订明采用的是何种信用证和何种汇付方式以及按信用证支付金额的比例。

2. 信用证与托收结合

这是指一笔交易的货款，部分用信用证方式支付，余额用托收方式结算。这种结合形式的具体做法通常是：信用证规定受益人（出口人）开立两张汇票，属于信用证项下的部分货款凭光票支付，而其余额则将货运单据附在托收的汇票项下，按即期或远期付款交单方式托收。这种做法，对出口人收汇较为安全，对进口人可减少垫金，易为双方接受。但信用证必须订明信用证的种类和支付金额以及托收方式的种类，也必须订明“在全部付清发票金额后方可交单”的条款。

3. 汇付与银行保函或信用证结合

汇付与银行保函或信用证结合使用的形式常用于交易金额大、生产周期大的业务，往往要求买方以汇付方式预付部分货款或定金，其余大部分货款则由买方按信用证规定或加开保函分期付款或迟期付款。

此外，还有汇付与托收结合、托收与备用信用证或银行保函结合等形式。在开展对外经济贸易业务时，究竟选择哪一种结合形式，可酌情而定。

第五节　国际贸易电子单证

在进出口业务中，单证占有重要的地位，尤其是在象征性交货的贸易条件下，单证有时比货物更加重要。而传统的纸质单证在处理过程中存在着劳动强度大、效率低、容易出错、费用高等问题。在上个世纪80年代，EDI技术开始应用在国际商业贸易的制单过程，时至今日，电子单证与传统的纸面单证相比有着不可比拟的优势。国际商会（ICC）为统一各种贸易术语而制订修订的最新版本《2010国际贸易术语解释通则》中规定，只要交易双方统一或存在惯例，所有的电子通信方式和纸质通信具有同等效力，这一规定适应了当前快速发展的电子通信形势，也可以促进国际贸易中新的电子程序的应用。

一、EDI概述

EDI（Electronic Data Interchange，电子数据交换），按照国际标准化组织的定义，是“将商业或行政事务按照一个公认的标准，形成结构化的事务处理或文档数据格式，从计算机到计算机的电子传输方法”。简单地说，EDI就是按照商定的协议，将商业文件（例如订单、发票、提货单、进出口许可证等）标准化和格式化，并通过计算机网络，在贸易伙伴的计算机网络系统之间进行数据交换和自动处理，达到迅捷和可靠的目的。它遵循一定的语法规则与国际标准，自动地进行数据投递、传输、处理，应用程序自动对它响应，而不需要人工介入，从而完成事务处理或贸易自动化。

利用EDI技术传输、处理和交换的各种单证称为电子单证。

EDI的工作流程可以划分为三部分：

1. 文件的结构化和标准化处理

用户首先将发给对方的原始数据（纸面商业和行政文件）通过发单方的翻译软件，将普通单证转换为形式符合EDI标准的、具有标准格式的EDI数据文件。

2. 传输和交换

用户用自己的本地计算机系统将形成的标准数据文件经由EDI数据通信和交换网络，传输到登录的EDI服务中心，继而转发到对方用户的计算机系统。

3. 文件的接收和自动处理

对方用户计算机系统收到发来的报文后，立即按照特定的程序自动进行处理，转换成其公司的内部形式。

二、EDI 技术在国际贸易中的应用

跨国的 EDI 主要包括订货、发货、运输、报关、商检和银行结算、保险等程序,涉及进出口商、货运公司、保险公司、海关、商检、银行等部门。国际贸易本身的性质和特点决定了 EDI 在国际贸易中比较成熟的应用。

国际贸易通常涉及货物的买卖、运输、保险、支付以及进出口报关等诸多程序、手续,繁琐复杂。国际贸易的快速发展必然导致各种贸易单证、文件数量激增,而纸面文件形成成本高、传输慢、重复劳动、易出差错,从而大大限制了国际贸易的进一步发展。与此同时,在国际市场竞争中,价格因素所起的作用大大缩小,服务性因素的意义越来越显得重要。这样,提高商业文件传递速度和处理速度就成了国际贸易的迫切需要。而在外贸领域里,EDI 信息技术的自动化操作方式在节省人工成本、提高劳动生产率等方面显示出其不可比拟的作用。这些都促进了 EDI 在国际贸易中的普及。

EDI 技术在国际商业贸易中的应用,简化了贸易程序,促使国际商业贸易方式产生重大的变革。由于使用 EDI 技术可以减少甚至消除贸易过程中的纸面单据,因而,应用 EDI 技术进行的贸易方式又俗称为“无纸贸易”。

EDI 利用存储转发方式将供应链企业贸易过程中的订货单、发票、提货单、海关申报单、进出口许可证、货运单等数据以标准化格式,通过计算机和通信网络进行传递、交换、处理,代替了贸易、运输、保险、银行、海关、商检等行业间人工处理信息、邮递互换单证的方式,使交易行为更加快速、安全和高效。通过使用 EDI,企业可以快速获得信息,提供更好的服务,减少纸面作业,提高生产力,减低成本,加快资金周转速度,有效地控制库存和组织生产。

三、基于 EDI 技术的电子单证的优势

在贸易程序简化过程中,与国际贸易相关的一系列单据都将由 EDI 电子方式所取代,这些单据包括:采购订单/确认书、向货运代理人发出的装运指示、进出口报关单、出口发票、领事/海关发票、装船通知、海运提单/航空运单、保险凭证/保险单、装箱单/重量单、检验证明、进出口许可证等。

电子单证的优势主要体现在以下方面:

① 取代纸面贸易,降低成本,获得竞争战略优势。

② 减少重复录入,信息传递快,可靠性强,增加贸易机会。

③ 缩短付款时间,有效加速资金流通。

④ 及时提供更快的决策支持信息,并得到即时确认。

⑤ 有助于改善贸易各方的关系,与贸易伙伴建立更快、更密切的联系。

⑥ 可把人为耽误因素减到最低程度,在最短时间内完成贸易全部工作。

⑦ 提高可靠性和办公效率,改进质量和服务。

⑧ 提高文件处理的速率,简化中间环节,使内部运作过程更合理化。

⑨ 确保有关票据、单证的处理安全、迅速,从而加速资金周转。

⑩ 提高“一关三检”部门的工作效率,加速货物的验放速度。

⑪ 改善企业的信息管理及数据交换水平,有助于企业实施“适时管理(Just in Time)”或“零库存管理”等全新的经营战略。

四、EDI 技术的发展

1. 基于 VAN 的 EDI

传统的基于 VAN 的 EDI 技术自身存在一定的局限性。所谓 VAN(Value Added Network,增值网),指可提供额外服务(如协议的更改、检错及纠错等)的计算机网络系统。VAN 是目前普遍采用的 EDI 应用模式,它可使不同计算机之间实现数据传输、数据文件转移及远程数据库访问等,克服了“点对点”(Point to Point)直接专用方式的弊端。

基于 VAN 的 EDI 服务安全可靠,贸易伙伴管理交易与确认仲裁技术成熟,在国际贸易、海关通关、交通运输、政府招标、公用事业中应用广泛。

但传统 VAN 本身存在很大缺陷,如贸易伙伴可能选择不同 VAN,而 VAN 之间因竞争不愿互联。且基于 VAN 的 EDI 操作复杂,服务成本非常高昂,众多 VAN 按传输的比特数收费,中小企业(SME,Small-to-Medium Enterprises)不可轻易实现,因而限制 EDI 技术推广应用。同时传统 VAN 有一致命问题,即其实现了计算机网络下层的联系,相当于 ISO 的物理层、数据链路层及网络层。而 EDI 往往发生于异种计算机的应用软件之间,因此 EDI 软件与 VAN 联系较松散,效率较低。VAN 的中心业务仅将信息从一地传送至另一地,只限于数据交换,因此单纯的 EDI 远远不够。唯有制作图文并茂的电子信息,才可获得事半功倍的商业效应。对传统 VAN 进行图像传输及变换,无论技术或成本均无法实现。

2. 基于 Internet 的 EDI

基于 Internet 的 EDI 包括 Internet Mail, Standard IC, Wed-EDI, XMLEDI。因 VAN 费用高昂,中小企业难以接受,一度举步为艰,而作为电子商务(EC, Electronic Commerce)核心技术的 EDI 势在必行。

Internet 使传统 EDI 走出困境,为 EDI 广泛应用带来无限生机。Internet 对 EDI 实现跨地域、跨行业、跨系统的信息交换提供极重要的支持。Internet 采用更强劲的加密技术,确保网络信息安全性。涉及大量数据的通信报文可用高速隐秘密钥加密系统加密,对少量数据(如电子签名等)采用公开密钥加密系统。

Web-EDI 是目前最流行的方式,XML/EDI 使在 Internet 上实现 EDI 更现实。但发展 Internet EDI 仍存在有待解决的问题。

一是 Internet EDI 系统要求的安全性问题。Internet 的开放、松散、不设防性所致的不安全性,使 Internet EDI 的应用受到很大局限。Internet 工程任务组起草的 S-HTTP(安全的超文本传输协议)基于 SSL 技术,对 HTTP 扩充安全特征,且增加报文安全性,有助于 Internet EDI 技术的实现。

二是 Internet EDI 系统要求的标准化问题。协议 XML 不够完善稳定,XML 标准化有待加强。XML/EDI 的成功取决于 XML 技术是否能尽快标准化且对传统 EDI 数据结构提供更全面的支持。

第六节 服装外贸函电书信

外贸函电书信即商业信函,包括外贸书信、传真、电子邮件等,在服装外贸业务中贯穿整个业务流程。外贸函电不仅可以起到沟通信息、联系外贸业务的作用,同时又是双方在进行业务往来过程中进行交流的重要媒介,甚至有时一封函电就可能代表日后成交合同的具体内容。如果错误地理解了外方函电的含义,则会出现不必要的麻烦,甚至带来非常严重的后果。同时,己方的意图也应用英文表达清楚明了,以免引起歧义。因此,了解外贸函电书信的特点,准确地翻译及恰当地撰写函电都是非常重要的。

一、服装外贸函电的特点

外贸函电是一种公文性质的商业信函,内容涉及外贸业务各个环节,目的在于正确及时履行合同责任与义务,行使合同权利,圆满达成交易。跟单过程中,跟单员以外贸函电作为沟通信息的方式,及时了解客户的需求及需求的变更,准确地进行答复,从而保证跟单工作的顺利进行。因此,外贸函电起着非常重要的作用,优秀的函电必须具备下列特点。

1. 格式规范完整,语言正式,用词严谨准确

在长期的应用实践中,外贸函电有着一套惯用的格式,包括齐头式、混合式、改良式和简化式。无论哪种格式,一般都要求具备信头、编号和日期、封内名称及地址、注意事项、称呼、事由、信文、结尾敬语、签署、附件、抄送和附言等内容。

外贸函电不仅要求格式规范完整,同时也要求语言表达正式,通常大量使用正式用语,用词也极其考究,非常严谨准确。在用词、造句、语法、拼写和标点符号等方面规范合乎习惯,内容合情合理、恰如其分、层次清楚地突出信息的主题,避免误解而产生纠纷。语言结构严谨、庄重、简洁、准确。

2. 大量使用贸易术语、惯用语及外贸业务的缩略语

贸易术语是在长期的贸易实践中产生的,每一种贸易术语都有自己具体的含义,代表买卖双方不同的责任、费用和风险的划分,在外贸业务中起着简化交易过程等重要的作用。双方在磋商交易时会争取使用对自己有利的术语成交,在函电中也会经常用到。

而外贸业务中所使用到的缩略语(如 L/C 代表信用证,B/L 代表提单),也是在长期实践中形成的特有词汇,在执行合同过程中起着无可替代的作用。惯用语则是外贸信函在涉及如价格条件、装运、保险等具体业务环节中形成的各种套语。

贸易术语、缩略语和套语的应用使得信函言简意明。

3. 语气委婉,讲究礼仪

外贸函电历来以语气委婉、礼貌为显著特点。即使与对方有不同意见,甚至有所争执,在信函中也是以婉转的语句表达,体现合作方的客气与礼貌。

4. 服装专业词汇的应用

在商业信函中涉及到如商品的名称、品质、款式、色彩、工艺要求等内容时,常会用到服装专业词汇。

二、翻译原则

外贸函电是实用性英语,属于买卖双方商业交流的工具,对函电的准确表达是翻译函电的首要标准。严复认为“信、达、雅”是翻译标准,在外贸函电的翻译中应确保“信、达”,即强调函电的功能性。

1. 准确理解原文含义,忠实表达

外贸信函是辅助合同实施的重要工具,其内容关系双方态度、意见、要求等。翻译人员应准确理解原文含义,斟酌所用词语,以体现原文的正确信息。

如某信用证对装运期和议付期条款规定:

"Shipment must be effected not prior to 31st May, 2007. The Draft must be negotiated not later than 30th June, 2007"

信用证中规定"不得早于2007年5月31日装船",因有关人员按照惯常思维的影响,认为装运期是"不晚于……",因此,为了不"违反"信用证规定,经过多方努力于5月30日装运。结果最终招致银行拒付,损失惨重。

2. 正确理解服装专业词汇,熟悉贸易实务

这需要跟单员不仅了解服装专业词汇,同时应对贸易术语、惯用语和缩略语及相关贸易实务知识了如指掌,从而保证传达正确信息。

如:

(1)"Yarn-dyed Gingham Width 41/42″."

色织条格布,宽度41/42″。

(2)"If your L/C fail to appear on/before the 15th of this month, we shall be obliged to cancel the contract."

如果在本月15日或以前不能收到你方的信用证,那我们就只好取消合约。

(3)"If partial shipment is allowed, we will space out consignments over three months."

如运行分批装运,我方将在三个月内分期装运货物。

3. 用词简洁明了,语气礼貌

语言简洁,段落清晰是外贸函电的特点,因此在翻译过程中,应力求言简意明,避免冗长表达。同时,外贸函电以讲究礼仪为最大特点,因此在翻译函电过程中,应当仔细揣摩客户的婉转语气,斟酌使用合适的语言将其表达出来。

如:

"As to destination, we regret to advise that Oslo is unacceptable as direct sailings from our port to that city are few and far between."

关于目的港,很抱歉,奥斯陆不能接受,因为从此地开往那里的航班十分稀少。

三、撰写原则

为确保准确无误的沟通,撰写外文函电时应当遵循7C原则(Seven C's Principle)。

1. 体谅(Consideration)

写信时要处处从对方的角度去考虑有什么需求,而不是从自身出发,语气上更尊重对方。

2. 正确(Correctness)

使用正确的语法、标点符号、拼写,使用标准的语言、恰当的陈述、精确的数字,正确理解贸易术语。

3. 完整(Completeness)

一封外贸函电应概括各项必需的事项、所有需要传达的信息,切忌寄出含糊不清的信件。

4. 具体(Concreteness)

外贸函电所表达的内容、信息应当详细、具体、生动。

5. 简洁(Conciseness)

适当选用贸易术语、缩略语及惯用语。在不失具体和完整的前提下,用最少的语句表达最清楚的含义。具体可以使用简洁明了的句子结构,用单词换词组或从句,从而使内容简洁精悍。

6. 清楚(Clarity)

意思表达明确,要注意避免用词错误,注意词语所放的位置及句子的结构。

7. 礼貌(Courtesy)

语言要有礼且谦虚,尽量少用否定句,及时地回信也是礼貌的表现。

例1:

Dear Sirs,

We want to say how pleased we were to receive your order① of 15 April for Ladies' and Children's Shoes.

We confirm supply of 1 000 pairs of the shoes at the prices stated in your order No. 888 and will allow a 5% special discount on your order worth £ 5 000 or above. Our Sales Confirmation No. CE120 in two originals were airmailed to you. ② Please sign and return one copy of them for our file.

It is understood that a letter of credit in our favour covering the said shoes should be opened immediately. We wish to point out that stipulations in the relative L/C must strictly conform to the stated in our Sales Confirmation so as to avoid subsequent amendments. You may rest assured that we will effect shipment without delay on receipt of your letter of credit. ③

We appreciate your cooperation and look forward to receiving from you further orders.

Yours truly,

备注:

① order 订单。

② 我方第 CE-120 号售货确认书正本一式两份已航寄你处。

③ 关于上述所述鞋的以我方为受益人的信用证要立即开出。我们想要指出的是为了避免随后的修改,有关信用证上的规定必须严格与售货合同条款相一致。您尽可放心,一收到贵方信用证,我方立即装运。

例2:

Dear Sirs,

We welcome your enquiry① of 5th January and thank you for your interest in our embroidered linen products②.

As you may be well aware, we are a state-operated corporation handling this line of business for many years. So we are in a good position to serve our customers with the most reliable quality of the line you suggested.

We can make products according to the given designs and produce the designed goods in large quantities.

We are enclosing our illustrated catalogue giving the details you ask for. ③ Also, under separate cover, we are sending you a full range of samples and, when you have a chance to examine them, we feel confident that you will agree that the quality of material used and the high standard of workmanship will appeal to the most selective buyers.

We hope the catalogue and samples will reach you in good time and look forward to your order.

Yours very truly,

备注:

① enquiry 询盘。

② embroidered linen products 亚麻刺绣制品。

③ 我们随函寄去你所需的详细的带图解的商品目录。

第八章

谈判技巧与成本核算

服装跟单员有时也要参与贸易磋商和洽谈，应具有必要的磋商、谈判的知识，具备订立合同和进行服装成本核算的能力。

第一节　服装贸易谈判

贸易磋商是贸易活动中最初的重要环节。合作双方可通过贸易洽谈或函电对各项交易条件进行洽商，达成协议，最终签订合同。对于一些大宗商品、新客户、新产品及价格波动大的商品，要采用贸易洽谈的方式。洽谈也就是谈判，是一项政策性、策略性和技术性很强的工作。洽谈是合同的依据，合同是洽谈的结果。其成功与否，由以下三点来体现：

① 是否达到预期的谈判目标。

② 谈判过程的效率如何。

③ 是否与商户建立了良好的交往关系。

一、谈判前期的准备工作

谈判是一个相当复杂的过程，为了在谈判工作中能够占主导地位，使自己的意图得以实现，并在谈判过程中能够应变发现的各类问题和困难，必须在谈判前充分地做好以下准备工作。

1. 建立各类业务关系

为了使订单合同确认后，能够顺利执行下单任务，跟单人员应与一些服装企业公司、辅料生产商和供应商建立良好的关系，使订单能够如期完成原材料供应及生产任务。业务员还要与其他各类有关服务部门建立良好的合作关系，如银行、运输代理等，也是服装出口贸易履行顺利的重要保障。

同时，业务员还要加强对“外”业务的建设工作。尽可能通过各种关系结识国内外客户。也可以通过广告等各种媒体，或者发函电，介绍自己的公司资料和主要业务工作。现今，国内外的各种专业展销会也日趋增多，这更是为我们建立了一个相互沟通、联络的平台。通过展销会这种形式，为公司提供展示自我的窗口，以引起国内外客户的兴趣，树立自我形象，从而建立业务关系。公司的自我介绍要简明扼要，突出自身的特色和优势。

2. 调查和收集各类信息

在平时的日常工作中，业务人员要注意收集和分析整理各类信息，在目前的信息时代，信息也是一种资料，也具有一定的价值。在服装生产贸易工作过程中，信息可以为公司的经营和决策提供依据，也可以为贸易磋商工作提供有价值的参考。

（1）国际服装贸易市场的动态信息

业务人员应通过各种途径，收集国际服装市场的动态信息。我国地域辽阔，各地区、各民族的生活习惯、穿着嗜好、文化传统有着很大的不同，如果是外贸订单，各国之间的这种差异就更大，某些国家、地区对色彩、图案的忌讳或者是偏爱各不相同，这些信息相对稳定，随着时间的迁移而变化不大。这样的信息，有关业务人员应该作为一种常识来掌握。有关国家政府的政策法规等，在一定时期内不会经常变化，业务人员也应加以关注和了解，在某些情况下也会对服装贸易的成功与否产生很大影响。对于服装款式造型，流行的面、辅料及其价格，各类服装的市场销售情况等此类信息，将随着季节、时间的推移发生较快的变化，应有规律、渠道地经常收集和更新，以保证信息能为决策提供可靠的依据。

(2) 客户状况、信誉及其他相关信息

要认真做关于有意向与之建立业务关系的客户的信誉、资信方面的调查、了解，掌握相关客户的动态现状。当与信誉、资信状况不是十分了解的客户交易时，要特别谨慎。在鉴订合同时要略微保守一些，在数量、支付方式、价格术语等有关条款上要采取相应的措施，注意自我保护。对与客户有关的机构，如开证行、运输行等，也要加强信誉状况了解，做到心中有数。因此，了解和掌握客户及其相关机构的信誉和资信状况是合同谈判前期非常有必要做的准备工作。

(3) 面、辅料市场及其供应信息

面、辅料是服装的重要组成部分。对于来样加工的大宗产品，原材料的价格更是决定着服装的成本。在日常工作中，业务人员应时刻注意收集和整理国内外市场面、辅料的品种、价格，供应商及其信誉和供货能力等信息，并做好信息分类整理工作，具体操作的方法，可参考下列几种。

① 可按照面、辅材料的类别，分别记录归档。

② 可按照面、辅材料供应商的名称进行分类，并按照供应商名第一个字汉语拼音的第一个字母，进行排序归档，便于查找。

③ 可按照不同地区的面、辅料的特色，进行分类整理资料。

在面、辅料市场供应信息过程中，资料收集要全面，如要有面料的实物小样、名称、规格、成份、价格、织物组织、性能、产地、生产厂家、生产能力、联系方式等，尽可能为后期工作提供足够的信息。

在资料收集和整理过程中，可使用计算机进行管理，并选用可进行数据信息处理的软件(如Excel)，当你需要某些信息时，可根据要求重新分类、整理，以便查询。

(4) 服装生产加工企业的信息

业务人员还应与其他的服装加工企业保持联系，对其生产加工能力、设备状况、加工工艺水平及加工费用等要时时关注，定期调查、更新信息。

服装生产加工企业的信息，以及面、辅料市场的供应信息对于服装贸易谈判中正确估算成本，确定交货期等非常重要。往往在谈判双方面对面进行磋商时，供应方要及时反应出服装产品的成本而不会有时间再去调查这一信息，如果当你身边还有竞争对手时，更是一种应变能力、对业务的熟悉程度和经验的抗衡。综合日常信息资料，在谈判时正确判断：国内哪一家服装企业可以加工生产、产品的价格如何、交货期如何等问题。如果缺乏此类信息，则会导致价格估算过低，直接影响收益甚至亏本；或者估算过高，失去竞争实力。如果对各类市场了解不到位，报价过高，大大超出客户的预期目标价格，则可能直接失去与客户进一步磋商的机会。

(5) 贸易服务机构的信息调查

在谈判过程中，服装成衣的运输价格、保险费等信息也是服装报价的内容组成部分。所以，有必要了解本地有关机构，如运输代理、保险公司等有关业务情况，对他们的办公时间、工作日程做必要的了解。

(6) 其他信息工作

对于一名服装贸易工作者来说,还应时刻关注国家的有关政策、法规,金融市场的汇价变化,银行存、贷款利息,以及同行的经营状况等。

3. 了解和掌握服装及其材料的商品知识

由于我们所从事的贸易活动是关于服装产品的贸易工作,所以了解和掌握有关服装及其面、辅料的相关知识,是非常有必要的。如面、辅料的性能特征、选用,成衣及面、辅料的检验内容、方法和标准,甚至一些检验手段的经验,首先帮助我们识别和判断客户方对质量要求,以及面、辅料供应商对材料质量解释的合理性。

4. 了解和熟悉有关服装生产加工工艺

业务人员为了在贸易谈判中正确把握竞争机遇,在日常工作中就必须注意了解和熟悉服装生产加工工艺,以便在谈判时顺利完成报价、接单工作。跟单员熟悉和掌握生产工艺,还将有助于制订合理的跟单计划,在跟单过程中出现问题时,能够及时解决问题。

例如分床排料工序,通常采取不同规格尺码的服装进行套排,套排可提高面料的利用率,也就是可以减少服装成衣的平均单件的面料消耗量。一般情况下,实际选用的面料的幅宽越大、每床排料中服装的件数和尺码越多、组成服装的小衣片多,织物的利用率就越大。当然,如果每床排料服装的个数多,则会造成排料长度长,而且要求裁床的长度也相应要长,这就又对加工能力产生了要求。另外,可以选择几个尺码的服装一起套排,还要根据定单中具体尺码、颜色和数量的搭配等情况来决定。对于条格和花纹面料,则还要考虑对花对格问题,如果存在倒顺毛、倒顺花纹的问题以及花型循环较大的面料,则面料的单耗会有所增加。在进行谈判时要充分考虑各种因素,从而正确把握成衣的成本估算。

5. 做好其他相关的准备工作

除了以上的准备工作之外,还应根据将要进行的谈判的项目情况,认真组织参加谈判的人员进行可行性研究,确立谈判的基本原则和策略,以争取到客户的订单。

二、买方提供的单据和物品

1. 面料样本或要求

一般情况下,买方会对服装面料提出具体的要求,说明面料的名称、规格、成份、织物组织、性能等,必要时还应提供面料小样。如果是来样加工的出口服装,还应将面料的规格指标作为服装的品质指标之一,列入确认书中。如果买方指定面料商进行生产,也应提供面料商的名称、地址、联系方式,以及面料的货号、报价等,便于生产时采购面料及计算面料成本。

2. 工艺单及样衣

如果是来样加工生产,买方需要提供样衣,以便根据服装的样衣计算成本。如果订单服装品种和款式量大,在磋商谈判时买方提供所有的样衣有困难,或者是生产过的大宗产品,则可采取买方提供各款服装的工艺单,工艺单中包括服装款式图、成品规格、加工工艺要求及用料量等内容。在双方确认工艺单上的材料耗用量之后,可以按照工艺单上提供的信息计算成本。在不能提供样衣的情况下,买方尽可能提供面料的规格,辅料的样品、色样或色卡等,以方便计算用料成本和订料工作的顺利进行。

一般情况下,国外许多大公司提供的工艺单上的面料、里料耗用量是按照两件基础尺码的服装纸样套排后的平均值,加上1% ~3%的损耗率计算出来的。在进行谈判的时候,有了面料的“单耗”,便可估算出衣服的用料成本,不必再从样衣来估计用料量。一方面,使谈判的底价更加明朗化。另一方面,在订购面料,尤其是进口面料时,避免面料用量预算过多,出现剩余面料,使得卖方为余料支付进口关税;或者订购不足,直接影响服装生产,乃至交货期。

3. 服装订单

在进行谈判时,买方必须提供服装订单。定单中详细阐述了服装的规格和数量,它包括服装的款式、颜色、尺码和数量的搭配等,也就是某款服装某种颜色、某个尺码的成衣加工生产的数量,以及搭配的比例。

4. 服装纸样

服装纸样虽然在谈判报价时不是必须提供的,但在成交后应及时提供给生产方。生产纸样(具有各档尺码的纸样)如果由买方提供,则应在生产开始前送抵卖方。如果交易双方规定由卖方生产企业自行推档,买方则应及时提供推档表等有关各档服装主要测量点的变化情况。

对于双方初次进行贸易往来,通常买方在正式进行具体的谈判磋商之前,要求卖方先提供类似的服装样品(或纸样)进行分析和参考,对卖方样品的做工质量、尺寸型号以及工艺水平进行检验,确认是否能够达到所要下的订单产品的质量要求,以便决定是否有必要进行进一步的磋商。而作为卖方来说,对于这种情况,应认真准备,特别是对报送的样品,要精心挑选,真正能够代表自己的生产工艺水平,以使买方有一个正确的了解。尤其是对外销的服装产品,质量要求比较高,客户会认真考察生产企业的实力和管理水平是否能够满足要求,这是一个十分有必要的步骤,因此生产企业要充分准备,积极面对。

对于看样订货的贸易方式,通常买方是没有设计或打样部门的纯贸易公司,一般不提供样衣和纸样,其订货的要求,只是一个原则性的要求。通过了解和查看生产企业(卖方)现有的样品,进行选样订货。卖方应及时了解买方的意图,提供符合要求或种类的服装样品供买方选择,有时买方会对选中的样品进行修改(如款式、颜色、尺寸),以确定最终的要求。卖方应按买方的修改意见,及时做出新的符合要求的样品,以最终确定和争取到买方的订单。

三、谈判的方式及过程

1. 谈判的方式

服装贸易的谈判磋商,一般有两种方式,一种是面对面的直接交流和磋商;一种是通过往来信函进行订单的确认。无论采用何种方式,最终双方就服装贸易达成协议而鉴订合同,这是谈判成功的一个标志。

面对面的谈判,通常是对买卖双方初次进行贸易往来,或者是大宗、长期的服装贸易情况下经常采用的方式。一般是在买方经过充分的调查后,选择符合要求的合作方(即卖方)进行贸易磋商。这种方式,对买方相对有利,即所谓的有备而来。甚至买方可以选择多个合作方进行谈判,从中选出最优的卖方鉴订协议,从而争取最大的利益。因此对于卖方,要做好充分的准备,各方面的信息掌握得越充足,尤其是能够掌握竞争对手的情况,在谈判时对自己越有利。

信函磋商,是指贸易双方通过信函往来沟通的方式,进行贸易谈判,达成协议。这种方式通常用于长期稳定、合作关系良好的买卖双方之间的贸易谈判。双方通过多次或长时间的合作,彼此之间通常已形成了一个较稳定的原则性的合作框架,有时也预先确定框架协议。在贸易往来中，双方在这个框架内，通过信函往来的方式，针对不同的服装产品，确定具体的贸易条件，不需要进行面对面的磋商，从而达到快速、高效、省时、省力的效果。这种方式在服装的贸易往来中采用得较多。一般情况下，双方在第一次合作时采用面对面的谈判方式，并由此建立起良好的彼此信任的合作关系，在后续的贸易往来中，只需通过信函交往，即可确定订单合同。

2. 谈判的过程

通俗地讲，谈判的过程，就是一个讨价还价的过程，最终双方均做出一定的妥协和让步，以达成协议。

谈判一般是经过询价、报价、还价、成交这几个步骤，双方鉴订合同，完成谈判。

（1）问价

也称为询盘。当买方在寻求某种商品之前，通常会先进行问价。在服装贸易中，买方的询价，不仅仅是只对服装销售价格（或生产加工价格）的询问，往往包括对服装的款式、规格，以及可供的数量（供货能力）、交货时间、结算方式等方面的了解咨询。服装生产企业应依据自身的实际情况，针对客户的询问，认真积极地做出回应。

（2）报价

也称报盘。是对买方的询价所做出的回应。同样，报价也不仅仅提供服装产品的销售（或加工）的价格，同时应将企业的生产能力、设备能力、质量水平等有关的情况通报给买方（客户），也同时对自身企业做一定的宣传。这一点对初次交往的客户尤其重要，对企业进行有效广泛宣传的作用，即可以使客户对企业有一定的了解，同时也会使客户对企业树立信心，从而增加争取到客户订单的机会。

进行报价时，一定要充分了解和掌握服装生产市场和销售市场的行情，针对买方所需要的服装产品的实际情况，分析潜在的竞争对手可能的报价，合理准确地报出价格。

报价时要注意以下几点：

① 报价要按自身的实际情况，不可为了争取客户而报出过低的价格，以致影响到企业的收益和利润，有时可能会产生亏损的现象。过高的报价，固然对企业的效益有好处，但有时会产生相反的效果，报价对客户没有吸引力时，会失去进一步谈判的机会。因此要结合自身的实际成本控制情况，加上适当合理的利润进行报价。

② 买方（客户）对卖方报出的价格，通常是要进行比较后，才会做出决定的，首先要与目标价（即买方预先设定好的价格）进行比价，其次会与其他的卖方报价进行比较。同时还要对卖方报出的其他条件如交货期、结算方式等进行比较后，选择最优的报价企业，展开进一步的磋商。

③ 报价后要及时跟进买方的反应。通常在报价后，买方短时间内做出反应，说明卖方的报价上有一定的吸引力，引起了买方的关注，卖方应及时跟进，以争取到订单。如果买方长时间没有做出反应，说明报价失败，失去了商机。应及时分析总结，找出原因并加以改进（包括降低成本，提高质量，加强管理等方面），以提高竞争力。

报价可以有两种方式提出，即：实价（也称实盘）和虚价（也称虚盘）。

实价通常是指卖方提出的订立合同的要约，对于卖方而言，实价一旦报出，是没有余地再进行更改的。实价在报出时，应明确规定交易的条件、报价的有效期，并且要强调是实价，以供买方做出接受或不接受的选择。

虚价通常是指卖方报出的价格和条件，还有协商的余地，某些条件含有未确定的因素，要视具体的情况而定。在报价书中如果有“以我方最后确认为准”“以原料价格没有变动为准”“仅供参考”等字句时,可视为是虚价。虚价对卖方来说相对比较灵活、主动,不受约束。当对某种服装产品的市场行情不太了解,或者同时有多家客户进行询价时,可采用虚价,既可以使卖方占据主动地位,也可使买方灵活掌握,争取双方进一步磋商的可能性。但有时也容易错过商机。

总之报价是一项相当复杂、涉及面广的工作,必须在充分准备的基础上报价,才有可能赢得订单。

(3) 还价

也称还盘,是买方对卖方报价的回应。通常买方对报价的内容不能够完全接受,进而提出修改的意见,如对服装的价格、生产周期、结算方式等提出自己的要求,要求买方重新报价。对于卖方来说,存在着交易成功的希望,此时应积极面对,及时调整报价,以期望能够成交。

通常报价和还价是相辅相承的,也是买卖双方在谈判磋商过程中的重要内容,是双方协商的焦点。要通过几个回合的磋商,才能够达成协议,对双方来说,都要有足够的准备和耐心。

(4) 成交

买卖双方通过磋商,其中一方完全接受对方的所有条件,并愿意按这些条件与对方达成交易,即可视为成交。

成交是谈判成功的结果。双方达成交易后,不可以再对成交协议(合同)进行修改。如果一方出现反悔时,可以在合同执行之前撤销合同,但是要担负一定的责任。通常双方会在合同中有明确的规定,划分出双方的责任和义务,以保证合同的顺利执行。

四、谈判的内容及技巧

谈判的内容是围绕双方所要进行交易的服装产品的名称、规格、款式、数量、价格、交货期、结算方式、包装运输等方面的条件而展开的。

谈判的内容实际上是对合同的条款进行充分协商后做出明确的规定,分清双方的责任和义务。因此双方在谈判过程中,要从以下几个方面进行磋商:

1. 服装的名称、规格和品质要求

服装的名称通常是以买方提出的称谓为准,以使双方在合同的实施过程中方便沟通的表述,通常的做法是在确定服装名称的同时,将每一种服装编制一个编号(即款号),使跟单人员在订单的跟进的过程中,容易记忆和清楚明确地表达,不致产生错误。

服装的规格是由买方来确定的,通常在谈判时买方提供服装的规格尺寸,以及款式、颜色、数量的搭配比例。服装的规格尺寸直接影响服装生产用料的成本,进而影响服装的价格。卖方在谈判价格时要充分考虑这一因素,准确定价。

服装是一种不容易规格化、标准化的产品,因此,造成服装的品质不容易用语言文字简短而清楚地表达。对于服装产品的质量要求,通常是以实物样品来说明。服装的样品,可以向买方提供,也可以按卖方的样品作为标准。一但样品确定后,双方应进行封存保管,以作为服装产品检查验收的质量标准。因此在谈判时,要明确规定服装的质量“以样品为准”,以避免因出现质量问题而产生纠纷时,没有明确的依据。

如果买方不能提供样品,或卖方也没有现成符合要求的样品时,应先由卖方进行样品的试

制,交由买方确认,作为质量查收的依据。因此谈判时在合同中要明确规定“以买方确认样品为准”(参考第四章第二节的有关内容)。

如果买方对服装的款式、品质有特殊的要求,可能会因此而导致服装的生产成本大幅度上升(如大面积的绣花,特殊的装饰物、拉链、钮扣等)。卖方应及时提出并提醒客户,或者在不影响服装的外观风格品质的情况下提出修改建议,以达到降低成本的目的。

对于客户(买方)提出的规格、品质要求,卖方要认真仔细地审阅,确定实施的可能性。对于因现有技术条件的限制而无法实现的要求,要及时提出修改建议,以避免产生不必要的损失。

2. 数量

服装订单的数量,是由买方提出的,而最终成交的数量,会影响卖方的报价。对于出口的服装产品,还会涉及到关税和配额的问题。

数量要由数字和计量单位来准确表示。服装产品的计量单位,最常用的有:件、套、打(DOZ,12 件)、打套(12 套)等。在谈判时要明确规定所使用的计量单位。

服装成交的数量越大,固然会使预期的利润增加,但对于卖方来说,要充分考虑自身的资金周转、生产能力、生产效率和交货时间等因素。确定能够承受的程度,切不可认为越多越好。如果不能够正常完成订单,反而会因违约造成不必要的损失。

另外,成交的数量越大,所涉及的成交金额也越大,同时会增加交易的风险。因此卖方应量力而行。

成交数量的大小,会对生产成本造成一定的影响。服装产品通常都是比较特殊的产品,颜色丰富、款式多、批量小,这会使生产成本有不同程度的上升。特别是当服装款式有特殊的颜色、饰物、绣花、印花,而且数量较少时,则会造成生产成本上升的幅度较大。这是由于对于这些特殊的要求,如绣花、印花要进行制版,特殊的钮扣、拉链要制作模具,其先期的一次性投入较多,订货的数量很少时,分摊的费用会大幅增加。因此在谈判时要特别进行说明,以使买方明白其中的原因,避免造成误会。如果有必要,可向买方提出修改服装款式或增加成交数量的建议,以降低服装的价格。

3. 价格

价格是谈判过程中最为重要的内容,它直接影响着双方的利益,是双方最为关注,而且也是最难以确定的因素,往往双方会在这一问题上陷入僵局,甚至因此而取消谈判。因此在谈判过程中,由于对于价格问题,而使双方无法再谈下去时,应依据实际情况,在能够保证双方利益的前提下,做出一定的让步,从而顺利签订协议。

通常在谈判之前,买卖双方均会事先预算一个目标价格。双方的目标价格是有一定的差异的。买方的目标价格,相对于卖方是其下限,卖方通常会争取更高的成交价格,以保证自己的收益;卖方的目标价格,相对于买方是其上限,买方通常会尽量压低卖方的成交价格,争取更大的利益。在谈判过程中,卖方要充分考虑市场的实际情况,确定切合实际的目标价格作为成交价格的底线。目标价格定得太高,容易失去成交的机会,定得过低,在买方进行压价时没有让步的余地。因此卖方的目标价格的确定,要既能够使买方容易接受,又使自己留有讨价还价的余地。当然做到这一点需要大量的市场信息和丰富的实践经验。

当双方的目标价格趋于一致时,很容易达成成交协议,在进行价格谈判过程中,要注意以下几方面的问题:

(1) 价格的计量单位要明确

价格的计量单位与数量的计量单位要一致,尤其是使用复数计量单位时(如套、打),要特别注意,避免出现计算金额的错误。例如:价格使用"元/件"数量单位用"打",容易造成总金额的计算错误。因此在合同(或订单)中明确规定一致的计算单位。

(2) 价格的计算币种

在签订合同时要正确使用货币的表示方法,不可以杜撰或错误使用。对于内销贸易,应以国家法定的"人民币"作为结算的币种,对于外销订单,要注明使用可以自由兑换的外币币种(如美元、欧元、日元、港元等)。同时要密切注意汇率的变化和走势。如果预期使用的货币对本国货币将升值时,可以适当降低报价,提高服装产品的竞争力;而如果预期采用的货币对本国货币将贬值时,最好采用本国的货币,以避免损失。

(3) 价格的确定

成交价格是以货币种类+金额+计量单位组成的,表述中要明确表示。确定价格的金额时,卖方要充分考虑成本的问题。通常要计算面、辅料的费用,生产费用和其他的费用等。计算面、辅料费用时,要仔细了解买方的要求,要考虑服装尺寸规格(如尺码大的服装用料要多)、颜色配比(如漂白色的面料成本较低,染颜色的面料成本要高)、数量多少(如有特殊要求,成交数量少的产品,成本较高)等因素。生产费用的计算要考虑地域的差异(如沿海发达地区人工成本较高),其他费用的计算要考虑交货及结算的方式(如运输费用、包装费用、银行费用等)。因此在谈判时,要了解掌握这几个方面的情况,以便确定成交价格。

对于价格的确定,国际贸易比国内贸易要复杂许多,对于国际贸易的价格,除了币种、金额、计量单位以外,还有一个价格术语的要求。价格术语规定了在贸易过程中双方所要担负的责任、费用以及风险的划分。因此在谈判中也应做出明确的规定。下面列出常用的几种价格术语的含义:

① FOB+装运港:装运港船上交货价,即通常所说的离岸价。

卖方的义务是:

- 按合同规定,供应产品及提供有关单证:提单、原产地证、检验书等。
- 在规定的期限内,在规定的装运港将产品装上指定的船只,并及时通知买方,以方便买方投保。
- 担负装船前的一切费用,承担货物装上船前的一切风险。

买方的义务是:

- 租赁船只并预订舱位,及时通知卖方船名、停泊地及装船日期。
- 担负装船后的一切费用,以及货物在装运港装上船后的一切风险。
- 负责为货物投保,并担负保险费。
- 受领卖方提供的符合合同规定的单证,并支付货款。

② CIF+目的港:包含运输、保险费用价,即通常所说的到岸价。

卖方的义务:

- 按合同规定,提供货物及有关的单证:提单、产地证、检验书、保单等。
- 负责租船定舱支付运费,并在规定的时间装船,装运后及时通知买方。
- 负责对货物投保,并支付保险费。

- 承担货物在装运港装上船之前的一切风险。

买方的义务：

- 负责货物到达目的港后卸运的一切费用，承担货物在装运港装上船后的一切风险。
- 受领卖方提供的单证并支付货款。

③ CRF + 目的港：运费在内价，即不包括保险费的到岸价。

CRF 与 CIF 的区别在于保险费用是由买方担负的，卖方只担负运输费用，不担负保险费，其他条件与 CIF 相同。

4. 运输和交货期（装运期）

运输的方式有陆运、水运、空运等，可根据订货数量及紧急程度来确定，通常采用陆运、水运的方式较多，比较经济。空运的费用较高，除非在特急的情况下，对于小批量的货物可以采用空运的方式，一般情况下尽量少采用空运。双方应在谈判时做出明确的规定，分好运输费用的担负。

服装产品属于比较特殊的产品，通常都需要打板确认后方可进行批量生产，在确定交货期时，要充分考虑打板确认所花费的时间。另外卖方还要充分考虑面、辅料的供应问题，生产能力和质量保证水平等多方面的因素。对于客户有特殊要求的品种款式，需要考虑专门订制的时间。同时还要充分了解因延迟交货所带来后果的严重程度。如果订货量较大，品种款式较多，可以考虑分期分批交货的方式，以增加交货期的灵活性和弹性。

卖方应充分综合权衡各方面的因素，提出自己对交货期的意见，仅供买方参考，尽量争取充分的生产加工时间，避免产生不必要的损失。

5. 包装

服装产品的包装包括包装的方式、包装用料、包装规格、包装标志和包装费用等内容。通常包装费用是计入在服装的价格之内的。

（1）运输包装

服装常用的运输包装是纸箱。使用纸箱包装又可分为叠装和挂装，叠装易造成服装的折皱和变形，常用于普通小件的服装产品。挂装可以很好地保持服装的外形和风格，但包装费用较高，占用空间较大，常用于高档服装产品（如西装、套装等）。对于大批量、相对较低档次或者对包装要求不高的服装产品，也常采用编织袋打包的形式，增加了一个包装容器内可装入的服装数量，方便运输和计数。

对于外贸产品，经常采用挂装集装箱的运输方式。服装套上胶袋后，用衣架吊挂在集装箱的横杆上，衣架用绳索缠紧防上滑动（也有采用链条吊挂的方式，将衣架直接挂在集装箱内的链条环内）。这种方式在服装运达后可直接上市销售，不需要再进行整烫处理。

（2）销售包装

服装是纺织产品的最终产品，可直接出售给消费者，因此销售包装要便于展销、方便携带和易于识别。通常采用透明包装袋或包装盒以叠装或挂装的形式进行包装。

（3）包装材料

有时买方会提出对包装材料的限制条件。例如环保问题、安全问题、检疫问题、文字说明、警示标志等。

特别是安全问题。例如金属针、金属夹和金属带等是不允许使用的。单件服装的包装胶袋,应进行打孔处理,以防止儿童套在头部造成窒息的危险(已有此类案例发生)。

总之,包装问题应在谈判时做出明确的约定,以避免因此产生纠纷。

6. 验收

服装产品的验收,谈判时要对验收的标准、时间、验收人及验收确认做出明确的规定。在服装产品的交易中,往往因验收问题产生纠纷,尤其是对质量的验收,双方对验收标准的理解产生误差时,会产生争论。因此对验收的标准,尽量采用实物对比的方式,即按照样品的款式、规格尺寸、做工质量等作为标准,方便对比,直观简便。

7. 结算

结算是买卖双方最为关注的问题,在磋商结算方式时,要充分考虑客户的信誉、资信、合作关系等多方面的因素,以达成双方满意的协议。

结算方式有两类,一类是属于商业信用的结算方式,即由双方相互提供信用;另一类属于银行信用的结算方式,即由银行提供信用来进行债权债务清偿。对于内贸订单常采用前一种方式,外贸订单通常两种方式都有采用,但后一种方式采用得较多。

属于商业信用的结算方式有汇付和托收;属于银行信用的结算方式有信用证、信用保书等。几种方式的比较情况如下:

(1) 汇付

是指买方通过银行把货款支付给卖方的一种结算方式,常用于预付货款、订金等方面(当然也有用现金交易的方式)。汇付是有一定的银行费用的,如利息等。

① 预付:是汇付的一种方式,手续简单,银行费用最小,由买方担负,但买方的风险最大,卖方的风险最小。

② 赊帐:属汇付中的运期付款的方式,手续简单,银行费用最小,但买方的风险最小,卖方的风险最大。

(2) 托收

是指通过银行向买方收款,也称委托收款,托收的银行费用较大。但对买卖双方的风险相对较小。

① 付款交单:手续稍繁琐,卖方要担负稍大的银行费用,但买方的风险较小,卖方的风险较大。

② 承兑交单:手续较繁琐,卖方要担负稍大的银行费用,但买方的风险极小,而卖方的风险极大。

(3) 信用证

属银行结算最常用的外贸结算方式,是银行开立的一种有条件的承诺付款的书面文件。

信用证结算,手续极其繁琐,买方要担负最大的银行费用,但双方的资金占用较平衡,买方风险稍大,卖方的风险较小,对买卖双方都比较有利,是外贸结算中的主要结算方式,但要特别注意银行的信用问题。

五、订单合同的确立

合同的文字要明确严谨,切忌含糊不清。双方经充分协商后起草合同书,拟定的合同书要认真仔细地审阅,检查是否有错漏或有对协商结果的修改,发现问题时应及时提出并修正。双方确认后即可签字盖章,形成成交合同。通常合同的正本应一式两份,双方各执一份,作为执行、实施合同的依据。

合同的形式通常有几种:销售合同、销售确认书、订单、生产加工合同等。合同内容除谈判所协商的内容外,还应列明合同的编号,签订的时间,签订地点,双方的名称、地址、联系方式等内容。合同一旦签订,即可形成具有法律效应的文件,双方应按合同的条款实施生产加工,出现违反合同的情况(即违约)是要负法律责任的。

第二节　成本核算

生产加工企业或贸易公司对于服装产品的作价方式,均是以服装产业的成本为依据的。是确定产品销售(或加工)价格的基础。

对产品的成本进行核算,是企业经营过程中最基础性的工作,也是贸易谈判中确定服装价格的底线。

产品的成本,是指在服装的生产制作过程中,所消耗使用的面料、辅料的材料费用、管理费用以及工资费用等的总和。通常除材料外的其他费用(管理费用、工资等)统称为加工费用,因此,产品成本最简单的表述为:

$$\text{服装的生产成本} = \text{材料成本} + \text{加工费用}$$

一、材料成本的核算

材料成本是构成服装生产成本的主要部分。

材料成本主要包括面料成本、辅料成本、包装成本三大部分,因此可以将材料成本简单地表达为:

$$\text{材料成本} = \text{面料成本} + \text{辅料成本} + \text{包装成本}$$

1. 面料成本的核算

面料可分为主面料、里料及其他辅助面料,面料成本是每生产一件服装所需面料的价值:

$$\text{面料成本} = (\text{面料用量} \times \text{单价}) + (\text{里料用量} \times \text{单价}) + (\text{辅助面料} \times \text{单价})$$

面料成本实际上是生产单件服装分别使用不同的面料价值的累加。

面料的单价,有两种表示方法:一种是以幅宽为规格,以长度为单位的长度计价法(如元/米),通常用于织物结构尺寸较稳定的机织布。另一种是只按织物的重量为计价单位的重量计价法(如元/公斤),通常用于织物结构尺寸不太稳定的针织物。有些特殊的用料,如用于服装的填充物包括喷胶棉、腈纶棉等,通常也是按重量计价法计价的。

作为服装生产用料的计算,通常是按用料的面积计算面料的使用量,对于使用长度计价法作价的面料,较容易计算面料成本。

$$\text{面料用量(长度)} = \frac{\text{用料面积}(m^2)}{\text{幅宽}}(\text{米})$$

则:面料成本 = 单件服装面料用量(m) × 单件(元/件)

对于以重量为单位进行计量的面料,则需要将用料面积换算成重量,以方便计算用料成本。

$$面料用量(重量) = \frac{用料面积(m^2) \times 面料的平方米重(g/m^2)}{1\ 000}公斤$$

则:面料成本 = 单件服装面料用量(公斤) × 单价(元/公斤)

以此类推,将生产单件服装所需的各种面料的成本进行累加,即可得到总的面料成本。

进行面料成本核算时,要注意以下几方面:

(1) 每个服装订单中的每一款服装,均有不同大小的尺码,不同尺码的同款服装,其用料也是不同的,从而造成面料的成本不同。通常买方的服装订单所确定的价格是不分尺码的,即大小尺码的价格是一样的,因此实际造成大尺码的服装成本高而利润低,小尺码的服装成本低而利润高。

对于成人服装,在核算成本时,是按基础尺码(中档尺码)的用料量来计算的,但这有一个前提,就是服装的数量应以基础尺码为中心,大小尺码均匀搭配。如果尺码搭配不匀均,应以中档偏大尺码的用料进行计算。参考如下:

尺码比例:S: M: L: XL: XXL

1:2:3:2:1

可以按“L”码的用料计算面料成本。

尺码比例:S: M: L: XL

1:2:2:1

可以按“L”码的用料计算面料成本。

(2) 一件服装会由许多不同颜色的面料搭配而成。同一种规格的面料因其颜色不同,可能会造成其单价的不同,如深色比浅色的面料单价要高,漂白色的单价最低。因此在计算成本时要充分考虑这一因素。通常在计算时,对同一个订单,同一款式服装所用的同一种面料,应按不同颜色的比例计算出平均单价,用平均单价作为面料成本的计算单价。这一方法比较简便,可以不考虑不同颜色的价格差异,较准确地进行成本核算。

(3) 对于尺寸差异较大的服装产品,如儿童服装,其同一款式的最小尺码与最大尺码,横向尺寸和长度方向的尺寸,均相差较大,会造成面料的使用相互差异较大。因此在计算面料成本时,宜采用分段计算的方法,销售定价时也可采用分段拟价的方式。

(4) 计算用料数量时,要充分考虑损耗率的问题。这与剪裁排料有很大的关系。剪裁排料得当,面料的利用率高,损耗率小,反之则会使损耗率上升,造成面料成本的提高。通常生产技术工艺人员确定面料用量时,应将损耗率计算在内,报出的面料用量应是实际的生产用量(包括损耗在内),以免造成面料成本计算不准确。

2. 辅料的成本核算

服装用辅料,五花八门、种类繁多。其主要包括:拉链、钮扣、缝纫线、松紧带、贴合衬、各种饰物、标签(如商标唛、尺码唛、洗水唛等)、吊牌(合格证、标价牌、商标牌)等。在进行成本核算时,应一一针对各种辅料的用量,分别计算出其成本,进行累加,即可得出每件服装所用辅料的成本。

在计算辅料成本时,应注意以下几方面:

（1）普通的辅料，可以通过辅料市场进行采购，将采购费用同时分摊到辅料的单价中，得出辅料单价，进行成本计算。

（2）特殊要求的辅料，在辅料市场上无法采购到的，需要专门订制加工。如果订制加工，视数量的多少，其费用有所不同。通常数量越多，单价越低，反之则单价上升。因此在订制辅料时，要充分调查了解辅料生产企业的能力、水平和费用，选择质量好、费用低的企业订制，尽量降低成本。

例如：订制特殊造型的钮扣，钮扣生产企业需要专门制造生产模具，其一次性的投入较大，如果订制的数量少，则每一粒钮扣将分摊制造模具的费用较多，势必使其成本上升。而订制的数量大，则每一粒钮扣分摊的费用较少，可以降低单价。

因此在对特殊的辅料进行成本核算时要充分考虑这一点，不可按常规的同类型辅料估算，以免造成成本核算不准确，影响服装产品的定价。

3. 包装材料的成本核算

包装材料通常是指包装用的胶袋和纸箱。进行成本核算时，要将每件服装所需的各种包装材料，分别计算累加，得出服装的包装成本。

在计算包装成本时应注意以下几方面：

① 单件服装的包装用料，可以直接计入到单件服装的成本中。

例如：每件服装使用的胶袋、衣架等，可以按使用的数量直接计入服装的成本之中。

② 多件服装使用一个包装容器时（如30件服装包入一个纸箱），应将一个包装容器的费用，分摊到每一件服装之中。

因此，服装的包装成本应包括单件包装材料的费用加上其所分摊的包装材料费用。

二、加工费的成本预算

① 服装生产的加工费，其构成比较复杂，通常分为下列几个方面：

- 间接材料费：包括服装生产的各种机构料的消耗费用，如：缝纫机润滑油、机针、机配件等费用。
- 劳务费：即所谓的工资、奖金、劳动保险金、津贴以及其他的各种福利待遇。
- 制造经费：包括样品制作费用，制版费用，外发加工费。

设备折旧费、水费、电费、财务费用、经营费用、管理费用等，在成本核算时，通常是在过去的资料中，找出类似产品的成本核算资料，或者按一段时间内企业生产经营的总费用与生产产品的数量之间的关系，归纳总结出加工费的变化规律，类推出服装的加工费用。

② 加工费的核算通常是在谈判报价时，需要快速报出的数据，一般都是依据以往的经验进行估算，以使在较短的时间内得出结果，方便谈判工作的顺利进行。尤其是在谈判价格时，经常会有讨价还价的情况出现，因此要求谈判人员能够及时快速地权衡生产成本，保证自身的利益。

下面介绍两种简便的核算方法，供参考。

- 工序费用累加法。是将服装生产过程中的每道工序所要付出的工费值进行累加，再乘以费用系数，得出服装的加工费用。

$$加工费 = 工费累加值 \times 费用系数(元/件)$$

服装的生产工序可依据生产工艺单的要求，分别确定每道工序的生产过程，通常企业在长期的实践中总结出每道工序所应付出的基础工费值，在核算加工费时，可以类推结算，得出客户要求的服装生产工费值。

费用系数是企业综合以往的各种费用实际发生额与生产数量的比较，得出的一个经验数值，这个数值通常是固定不变的，但当企业生产经营的各种费用有较大的变化时（如水、电费涨价，劳务费提高，机构料费上升等），应及时调整费用系数。通常这一系数在2～3左右。

② 工时计算法。工时计算法是以服装生产加工所需的工时数与加工费率的乘积，得出加工费的数额。即：

$$\begin{aligned}\text{加工费} &= \text{工时数} \times \text{加工费率}\\ &= \text{工时数} \times (\text{工资率} + \text{经费率})\end{aligned}$$

加工费率包括工资率和经费率。

$$\text{工资率} = \frac{\text{月平均工资总支出(包括奖金)}}{\text{直接生产作业人数} \times 25\text{天} \times 8\text{小时}} \times 100\%$$

注：以月工作25天，每天工作8小时计。

经费率是以每一期结算后的6个月为基础，从经费中除去一般管理费、销售费用，余下的作为经费估算额，然后除以6个月的直接作业时间，得到经费率。

通常，工资率和经费率的变化不大，可以当作常数使用，在进行估算加工费时，依据所需的工时数，很容易快速得出加工费数额。

③ 在进行加工费核算时，要注意以下几方面：

- 特殊工序的外发加工费应计入加工成本之中，所谓特殊工序的外发加工，是指企业在生产服装过程中，不具备某些特殊加工的能力，而需要依靠其他企业的专业加工能力来完成，因此需要外发加工，并因此而产生外发加工费。例如：衣片绣花、衣片印花等工序，需要由专门的绣花、印花厂来完成。这一类的加工费应额外计算，累加入生产成本之中。
- 对于生产能力有限，而将部分数量的生产任务转交协作企业产生的外发加工费用，应平均计入订单总数量的生产成本。这一类的外发加工费，通常是由协作企业报出的，应与自己企业本身的加工费用进行比较，不可高出企业本身加工费，否则将会影响生产成本的上升。除非在特别紧急的情况下，因产量问题影响到交货期，进而因延迟交货将带来更大的损失时，可以适当放松外发加工费用的控制，即使高出少许也应该接受，避免造成更大的损失。

总之，对服装产品进行成本核算时，要充分考虑客户订单的要求，以及服装的款式、规格、生产数量、交货日期和支付加工费用的方法等有关因素，使成本核算更加准确、合理，使企业的生产经营正常顺利发展。

第九章

客户管理与服务

对企业而言,客户是指购买产品或服务的组织或个人。随着市场经济体制不断完善,市场竞争格局更加规范,也日益激烈,对市场的反应以及对客户的管理与服务能力成为优秀跟单员必备的基础素质。对客户尤其是大客户的挽留和争取也逐渐引起从跟单员到企业决策者的关注。各类客户信息管理系统在服装企业的广泛利用反映了服装企业对客户管理与服务的重视。客户管理与服务主要涵盖客户资料收集、整理分类、利用和更新,处理客户投诉及补救失误等内容。

第一节　客户信息资料收集与整理

跟单员要充分利用企业设计精良的客户信息档案系统(Customer Information Files, CIF)或客户关系管理系统(Customer Relationship Management, CRM),多方位收集客户信息,及时整理更新客户信息档案资料,使其能为跟单员或业务人员与客户业务往来时提供支撑保障,从而使跟单员的工作更有效率。

服装企业在用的客户信息档案系统(CIF)大多采用先进的系统架构,以合理的字段设置方便企业/跟单员随时利用、完善、修改其内容,更新系统数据。CIF 系统包含以下几方面:CIF 的内容、收集整理的意义作用、收集方法和渠道、整理等(如图 9-1)。

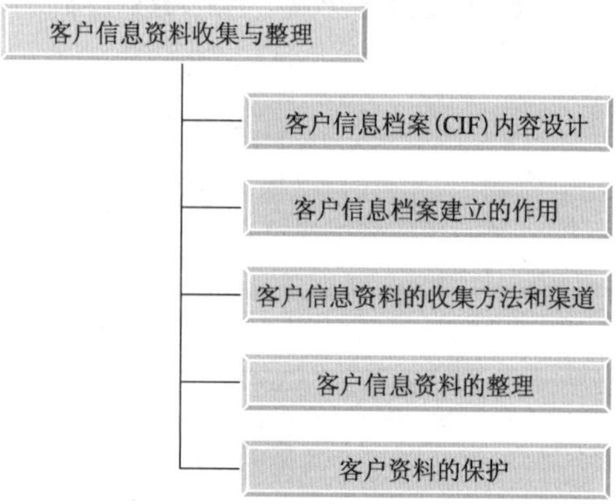

图 9-1　客户信息档案系统

一、客户信息档案(CIF)内容设计

以合理的字段设置信息收集表,方便跟单员利用。跟单员要保证客户信息数据的真实有效,并对收集到的信息数据及时进行数据清洗。客户信息内容包括:客户基础资料、客户特征、客户业务状况及交易现状。

1. 客户基础资料

主要指地址、电话、所有者等。

2. 客户特征

区分客户是属于批发商、经销商、零售商、中间商、最终用户,或者其他相关企业等。

3. 客户业务现状

包括客户规模、销售业绩、人员素质、与其他竞争者关系、与本企业的业务关系及合作态度等。

4. 客户交易现状

包括客户的销售活动现状、存在的问题、保持的优势、未来对策、企业形象、交易条件、信用状况及出现的信用问题等。

下面给出客户信息收集常用表格(表 9-1、表 9-2)。

表 9-1 客户信息一

<table>
<tr><td rowspan="2">客户名称</td><td colspan="4" rowspan="2"></td><td colspan="2">董事长</td><td colspan="2">总经理</td><td colspan="2">部门经理</td><td colspan="2">承办人</td></tr>
<tr><td colspan="2"></td><td colspan="2"></td><td colspan="2"></td><td colspan="2"></td></tr>
<tr><td>客户地址</td><td colspan="12"></td></tr>
<tr><td>主营业务</td><td colspan="4"></td><td colspan="2">销售合同</td><td colspan="6">□已签定 □签定中 □未签定</td></tr>
<tr><td rowspan="2">总部地址</td><td colspan="4" rowspan="2"></td><td colspan="2">电话</td><td colspan="6"></td></tr>
<tr><td colspan="2">邮箱 MSN</td><td colspan="6"></td></tr>
<tr><td rowspan="2">分企业</td><td colspan="4" rowspan="2"></td><td colspan="2">电话</td><td colspan="6"></td></tr>
<tr><td colspan="2">邮箱 MSN</td><td colspan="6"></td></tr>
<tr><td>法人代表</td><td colspan="2"></td><td colspan="2">注册时间</td><td colspan="2"></td><td colspan="2">出生日期</td><td colspan="4"></td></tr>
<tr><td>业务银行</td><td colspan="2"></td><td colspan="2">注册资金</td><td colspan="2"></td><td colspan="2">成立时间</td><td colspan="4"></td></tr>
<tr><td>资金状况</td><td colspan="6">□充足 □一般 □不足 □紧张</td><td colspan="2">信用状况</td><td colspan="4">□良好 □一般 □差 □很差</td></tr>
<tr><td rowspan="2">行业地位</td><td colspan="4" rowspan="2">□领先 □居中 □下游</td><td colspan="2" rowspan="2">员工人数</td><td colspan="2">男</td><td colspan="2">女</td><td colspan="2">合计</td></tr>
<tr><td colspan="2"></td><td colspan="2"></td><td colspan="2"></td></tr>
<tr><td>月均销量</td><td colspan="4"></td><td colspan="2">库存量</td><td colspan="6"></td></tr>
<tr><td rowspan="4">不动产</td><td colspan="6">土地</td><td colspan="6">建筑物</td></tr>
<tr><td></td><td colspan="2">面积</td><td colspan="2">自有</td><td>租赁</td><td>面积</td><td colspan="2">层数</td><td colspan="2">自有</td><td>租赁</td></tr>
<tr><td>总部</td><td colspan="2"></td><td colspan="2"></td><td></td><td></td><td colspan="2"></td><td colspan="2"></td><td></td></tr>
<tr><td>分企业</td><td colspan="2"></td><td colspan="2"></td><td></td><td></td><td colspan="2"></td><td colspan="2"></td><td></td></tr>
<tr><td colspan="13">近半年平均每月业绩</td></tr>
<tr><td>销售额</td><td>成本</td><td colspan="2">管理费用</td><td colspan="2">销售费用</td><td>营业利润</td><td>利息支付</td><td colspan="2">折扣</td><td colspan="2">损益额</td><td>盈利率</td></tr>
<tr><td></td><td></td><td colspan="2"></td><td colspan="2"></td><td></td><td></td><td colspan="2"></td><td colspan="2"></td><td></td></tr>
</table>

制表人:

二、客户信息档案建立的作用

客户信息是企业的资源和财富,只有建立在拥有大量客户信息的基础上,才能正确判断客户需求动向,开发客户需要的产品,为客户提供个性化服务。跟单员对客户资料的收集也是整理自己思路的过程,能够为工作决策提供有力支撑。同时通过分类管理还可以判断:

① 客户属于一般联系还是有购买预期。

② 客户是否会下订单给公司。

③ 客户是否接受产品技术变革和价格变动。

④ 客户是否可发展为战略合作伙伴，以产生持续性的价值。跟单员应该为战略客户申请更多优惠及客户关怀。

表 9-2　客户信息表二

地区		分类		客户名称		编号	
电话		来往日期		店面	店面：□ 自有 □ 租用	面积	车辆　台
地址				店面	商品		
资本额		登记日期		店面	品牌		
法人代表		出生日期	□ 已婚 □ 未婚	店面	布置	□整齐□别具一格□佳□尚可□差	POP：□佳 □少数 □无
住址				店面	销售对象		
实际经营者	招牌	经营品牌		店面	总评		
实际经营者	电话	经营品牌			人数		
实际经营者	地址			店员	向心力		推销实力
实际经营者	经营者	出生日期	□ 已婚 □ 未婚	店员	敬业精神		待遇
实际经营者	地址				交易条件		
实际经营者	参加社团	爱好		信用分析	1. 负责人或经营者 2. 财务分析 3. 销售实力 4. 同行业中地位 5. 其他		
业务接洽				信用分析			
付款接洽				信用分析			
来往银行				信用分析			
来往银行				信用分析			
来往银行				信用分析			
信用额度	核定			信用分析			
信用额度	主管			信用分析			
信用额度	业务			信用分析			

制表人：

⑤ 客户是否对现状不满并可能终止合作。跟单员应采取必要的挽留措施避免客户退出。

三、客户信息资料的收集方法和渠道

客户信息按来源又分为内部信息和外部信息。跟单员在跟单工作中积累或主动获得的客户信息为内部信息；外部信息是通过购买、交换或其他方式获得，由企业外部组织如政府机关、专业市场调查公司、数据公司等收集和加工的客户信息。内部信息数据针对性强，利于使用和维护，数据采集伴随跟单过程进行，成本相对低。外部信息范围广，获取方便，但可靠性及可操控性低，且采集成本高。

跟单员采集客户信息可以采取以下方式：

① 跟单工作中现场观察收集客户信息。

② 通过平面和立体媒体获取客户信息，各种网络、报纸、杂志、广播、电视均为获取客户信息的良好途径，商业出版社经常专门组织出版一些对客户调查有参考价值的书刊。

③ 通过统计资料获取客户信息，跟单员可通过企业内部的各种统计资料、销售记录、客户联系表、广告反馈、客户投诉意见及来函、售后服务反馈、市场活动等采集信息。

④ 与合作伙伴等企业外部有关单位交换信息。

⑤ 从政府机关、商务部、统计局、银行、数据公司、行业协会购买或查询。

⑥ 购买订制数据，其准确度高、针对性强，但成本较高。

⑦ 从贸易部门获取或参加国内外各种贸易展销、展览会、商品订货会、厂商联谊会等。

⑧ 从各类客户处获取：包括老客户和潜在客户，跟单员可通过问卷、面谈等方法获取客户信息。

四、客户信息资料的整理

为便于对客户信息资料按分类标准进行分类，跟单员应将收集的信息进行汇总整理。利用客户信息档案系统（CIF）提供的表格工具，对收集到的信息进行数据库录入，使之更好管理。也可以根据实际工作需要设计表格（如表9-3、表9-4）。图9-2所示为客户信息资料整理工作流程。

表9-3 客户信息资料整理表格一

客户名称	
客户地址	
负责人	
主要经营项目	
主要联络人	
建卡日期	

表9-4 客户信息资料整理表格二

序号	单位名称	性质	联系人	电话	地址	邮编	产品经营

五、客户资料的保护

跟单员或企业应尊重客户，对客户信息要保密。只有对客户的有效保护，才能建立企业与客户间的信任关系，也才能有效地开展与客户相关的企业活动。一个不尊重客户的跟单员或企业，是不可能做好客户关系管理的。

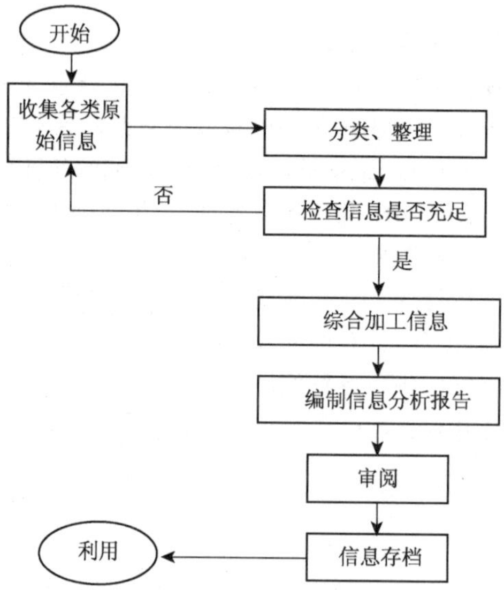

图 9-2　客户信息资料整理工作流程

第二节　客户的分类与管理

客户信息受采集人员、采集时间、字段设置完整性等因素影响，在应用之前需要跟单员对客户进行合理分类与管理，以保持客户信息资源的保值增值，使之更好地为企业进行业务活动时提供支撑。

一、客户分类与管理的目标

1. 提高效率

通过客户分类与管理，实现企业范围内的信息共享，提高员工的工作能力，使企业内部能够更高效地运转。

2. 拓展市场

通过新的业务模式来扩大跟单员的客户活动范围，及时把握新的市场机会，获得更多的市场份额。

3. 保留客户

通过提供更多与客户交流的方式，使客户方便地获取信息，得到更好的服务。客户满意度得到提高，可帮助企业保留更多的老客户，并更好地获得新客户的认可。

二、客户分类标准

有效地进行客户分类,是实现客户管理目标的前提和保障。客户分类的重要依据是客户价值,客户价值表现为一系列指标体系,选取不同的指标作为分类标准将产生不同的分类结果。跟单员应根据经营战略的需要,采取有效的分类方法。以下给出客户分类的参考标准:

1. 客户量要饱满

完成份类后的客户,要考核其客户总量、预期订单额度以及客户的信用额度。毕竟企业的年度销售任务、利润、良好的资金流动性等指标,要靠大量有效客户及其有效订单来保障。

2. 客户分类可以识别

跟单员分类完成的客户,范围要清晰,并能据此判断市场容量。跟单员不能识别和衡量的特征或因素,均不能作为分类标准。

3. 企业与客户能够沟通

分类客户能够从基础上接受企业产品的展示,企业及产品能够影响客户的采购倾向,左右客户做出订单的决策。

4. 客户对营销策略变动的反应要有差异

在整体营销组合中策略要素发生变化时,客户的反应要有一定的差异。这样企业才能制订适当的营销计划满足不同顾客的个性化需求,以此提高营销组合的有效性。

三、客户分类方法

跟单员对客户资料进行收集和整理时要确定其分类方法,如按目标市场区域、行业(产业链环节)、客户贡献值、企业与客户关系等进行分类。

1. 按目标市场区域分类

按目标市场区域对客户分类,可分为国内客户和国外客户。国内客户又分为内地客户和港澳台客户。国外客户按照国际惯例及各国际组织可划分为:东南亚客户、东盟客户、欧盟客户、北美客户等,如果与某个国家的外贸额度很大也可单独分类,如澳洲客户、法国客户、俄罗斯客户等。

2. 按客户行业、产业链环节分类

客户分类最常用的依据就是客户所属行业及客户所在产业链的环节。

不同行业客户其订单流向差异很大,如宾馆、企事业单位的服装订单多为自用,而服装销售公司的订单可能流向卖场。

跟单员也可按照客户所在产业链环节对客户进行分类,跟单员所属企业本身也是整体服装产业链的某个节点,每一节点既是上一节点的客户,同时下一节点又是该节点的客户。客户如果属于贸易环节,其订单流向一般为再流通,此类客户对企业的贡献值很大,应是企业的大客户。客户如果不是处于贸易环节,则其订单流向可能是卖场销售或自用,这些客户通常对服装的品牌、面料、款式、颜色等方面有不同的诉求。对此要细分客户,进行目标营销,使营销计划与客户的特定诉求相匹配。达到大客户市场满足公司总体经营目标的实现,小市场同时能够获利丰厚。

3. 按客户贡献值分类

客户贡献值是指客户在某一时期(如一年)的有效成交额度。按客户贡献值大小划分,便于

企业对大客户的营销倾斜。

按照帕累托(20/80 原则)原则把客户分为 A、B、C 三类客户。A 类客户数目是企业总客户数的 20% 左右,其合同额却是企业总合同额的 80% 左右;C 类客户数目是企业总客户数的 80% 左右,其合同额仅为企业总合同额的 20% 左右;B 类客户占总客户数的比例和合同额的比例均不高,为 30% 左右。

例如:国内某电信软件企业(主产品为 CRM),其 2007 年全国市场的销售额为 2.5 亿元,而其河北客户贡献的合同额就有 1.2 亿元。

以此看来,企业要针对不同客户提供不同服务方式,并根据其需求,提供不同产品,制订不同的营销策略。

4. 按企业与客户关系分类

客户关系和产品一样也有生命周期,大致分为初始期、发展期、成熟期、衰退期。订单开始为初始期,订单额度增长时为发展期,订单额度保持高额稳定时为成熟期,订单额度下降时为衰退期。还有的客户可能终止合作,此时为终止期。跟单员应根据客户关系生命周期合理进行客户分类。

最后还可应用企业客户信息档案系统,采用数据挖掘技术,在企业已有客户信息中根据企业所关心的客户特征,通过聚类分析,得到企业新的分类方法,如信用状况等。

需要指出的是,每种客户分类方法都有一定的缺陷。人为分级造成对顶层客户关怀过热,却冷落了底层客户,会导致客户满意度下降,甚至客户流失;无法准确估算客户的潜在价值;如果只盯盈利客户,忽视对低利润客户服务中产生的问题,容易忽视对管理危机的预防和反思。实施客户分类战略存在一定的风险,要引起足够的重视,在进行客户分类时,要结合企业实际情况,尽可能全面考虑客户的综合信息。

四、客户管理

无论是开发新客户,还是巩固老客户,客户管理是首要工作。当客户数量少时,跟单员能了解每一个客户的特点,可以尽心服务。但是当客户增加到某一临界值时,一般的方法就无法满足了,对客户的掌控能力就会降低。跟单员通过处理分析客户信息,研究客户购买倾向,可以发现适合企业发展的目标客户群体,有针对性地向客户提出各种建议,更加有效地说服客户接受企业的产品或服务。

不同客户对产品或服务的要求是不同的,这就要求跟单员要有针对性地开展个性化管理,以便锁定最有价值的客户群体。

1. ABC 客户分类法的管理

A 类客户管理方法:A 类客户的销售额占企业总销售额的 80% 左右,对企业影响很大,应加强注意,密切关注其经营状况、财务状况、人事状况的异常动向等,规避倒帐风险。要有专人经常拜访此类客户,定期派人走访,向其提供好的政策。要熟悉客户的经营动态。公司主管人员也要定期拜访客户。要优先处理 A 类客户的投诉案件。

B 类客户管理方法:此类客户通过跟单员努力沟通比较容易转为 A 类客户,成为企业忠诚客户。值得跟单员用更多的时间和资金资源来建立忠诚度。如果此类客户订单额度没有增长或他们转向竞争对手,企业要为他们提供更多的服务。在放弃客户之前,要做出慎重的分析和判断，找出客户转向竞争对手那里的原因。

C类客户管理方法：此类客户销售额比较低，可以降低服务的级次。但要重点分析出可以发展为B类的客户，与其保持良好的沟通，在适当时机为他们提供服务，提升客户对企业的认可度，使C类客户转化为B类，甚至转化为A类客户。

2. 生命周期管理

跟单员分析了解客户关系生命周期后，要尽可能延长其生命周期。如果不能延长生命周期，就要缩短初始期和衰退期的时间，延长发展期和成熟期的时间，提高客户价值。同时要实施客户忠诚度计划，使客户价值长时间处于成熟期。

跟单员要根据生命周期的不同特点，提供相应的个性化服务，进行不同的战略投入，使企业的成本降低，盈利提高，从而提升企业竞争力。

第三节 客户的联络与跟踪

跟单员对客户的跟踪进程在其初始与客户接触时就已经开始，这也是订单运作的开始。跟踪的主要方式有电话、传真、电子邮件、即时聊天工具、当面拜访客户等。跟单员要设计详尽可行的客户跟踪表，在实施过程中及时反馈各类客户信息，为客户服务工作做好支持。

一、客户联络

1. 客户联络的目的

① 接触客户，开始订单运作。

② 客户信息资料收集，了解客户的需求个性、采购计划及条件，全面把握客户经营状况、信用程度以及客户经营风格。

③ 对公司产品、广告宣传资料信息进行补充。

2. 联络计划的制订

① 确定计划内容，做好前期准备工作。计划工作一定要细致、周详。在市场竞争如此激烈的环境中，跟单员自己没有准备好、没有考虑详尽的情况，其竞争对手一定替他考虑过了。正如各种竞技比赛，选手基本是输于自身失误。

② 联络计划要突出重点，初步判断客户订单产品的数量和额度。

③ 提前约定，定期联络。跟单员要把握好联络的时间和频率，注意系统连续性及两次联络的时间间隔，太短会使客户厌烦，太长会使客户淡忘，推荐间隔为2~3周。

3. 联络注意事项

每次联系跟踪，切勿流露出强烈想做这一笔单子的渴望。跟单员必须调整自己的姿态，试着帮助客户解决问题，了解客户最近在想些什么？工作进展如何？在潜移默化中做成订单，以期达到理想状态。

客户联络要做好各项准备，包括名片、商品样品（模型）、照片（幻灯片）、光盘（录像带）、各种图表、示范用具、指导资料、各类票据及证明书。如果上门拜访要做好交通线路规划及交通工具选择等。

跟踪客户时，跟单员要更新产品目录，有新产品面世及时提供给潜在客户。

常用客户联络预定表如表 9-5 所示，客户联络计划表如表 9-6 所示。

表 9-5　客户联络预定表

日期	客户名称	具体时间	负责人	针对部门	备注

表 9-6　客户联络计划表

客户名称	地址	联系方式	联络人员	联络时间	联络目的	联络地点

二、客户跟踪

客户跟踪主要是依据客户联络反馈的信息，做好各项客户跟踪表，依据工作计划分类定期循环联络客户。常用跟踪表如表 9-7 所示，出货跟踪表如表 9-8 所示，产品跟踪表如表 9-9 所示。

表 9-7　订单跟踪表

序号	订单编号	客户名称	客户类别	联系人	信用证号	数量金额	下单日期	交货时间	备注

表 9-8　出货跟踪表

客户名称	订单编号	生产单号	出货日期	数量规格	运输方式	交货地点	生产状况	出货状况	备注

表 9-9　产品跟踪表

批次	产品编号	品名规格	包装尺寸	外箱尺寸	颜色	净重	毛重	成本价	成交价	面料	备注

第四节　客户服务

在产品高度同质化的今天,服务成了决定竞争成败的关键因素,服务的优劣直接关乎企业的生存和发展。目前,几乎所有企业都把提升客户服务水平作为企业可持续发展的头等大事。如何创建卓越的客户服务体系是每一个企业都必须认真思索的问题。

客户服务就是为了能够使企业与客户之间形成一种良性的互动。客户从接触跟单员初期,就开始享受企业的服务,到最终他带来新的客户,在整个过程中,跟单员所能做的一切都是客户服务工作。这就要求跟单员从战略层面以深邃的客户需求先见能力来征服客户。客户购买产品更多是购买企业的服务,企业的口碑就在于它的服务能力和服务质量,打造一流的客户服务能力已成为企业竞争的新焦点。

一、认识与区分客户的不满、抱怨、投诉

客户产生投诉的原因一般有两个:一是对产品不满意;二是对服务不满意。每个客户抱怨时都不会仅仅是为了抱怨,他们都会有期望。跟单员应客观分析客户投诉产生原因,了解客户真实的想法,并以合适的方式解决客户的问题,平息顾客抱怨,得到客户的谅解及支持。

1. 处理不满、抱怨、投诉过程中的倾听技巧

倾听的一般注意点:在客户讲述意见过程中不要打断,要向客户表示理解其表述。听出客户的不满,要采取不同的处理策略。

2. 处理不满、抱怨、投诉过程中说的技巧

在说的过程中要表达到以下几点:向客户表示关心、理解和同情;详细询问事情的原委并做出有效反应;针对客户的表述,与之有效沟通。

3. 处理客户反馈过程中的身体语言

在与客户的当面沟通中,要积极地以恰当的肢体动作配合言语施加影响力,在实施客户服

务过程中提升感染力。

4. 处理不满、抱怨、投诉过程中的答复

在充分理解客户表达的思想及其期望的处理结果后，要给出合理的建议方案，并对方案进行落实与跟踪。客户服务的重点还是要落实到帮助客户解决问题上。

二、用卓越的服务理念指导客户反馈处理的行为

1. 以客户为中心

树立以客户为中心的服务理念，营造客户至上的环境。要突出以下几点：

① 突出企业本身的特点，以特点求得顾客的认可。

② 树立服务信誉。

③ 提供客户便利。

2. 抱怨是金——企业长盛不衰的理念基因

客观理解"客户永远是对的"，要对客户的不满表示道歉和同情，在适当的时间和范围内对客户提出补偿，以求得客户谅解。同时要落实所采取措施是否有效，客户是否满意。要记住：客户服务没有任何借口。

三、处理客户反馈过程中的心态管理

跟单员在客户服务中要体现个人素质及个人魅力。

① 具备广博的知识，博学可以使自己在面对客户时充满自信，能够多角度、全方位地积极寻找解决问题的方法。

② 拥有健康的心理会使自己在日益激烈的商业竞争中受益匪浅。

③ 为客户着想，积极适应不断变化的市场形势，提供不同层次的服务，多与客户沟通。

四、管理客户投诉，力争服务创新

客户投诉带来的是客户在实践中的经验，对产品和服务的改善不无裨益，跟单员要整理客户意见，与企业相关人员充分沟通，内部要充分消化客户意见。在给客户合理解决问题的同时，组织好公司产品和服务的后期改善，使客户获得的价值最大化。要努力创造服务个性，通过服务创造价值。

参考文献

[1] 刘小红. 服装企业督导管理[M]. 北京:中国纺织出版社,2000
[2] 陈学军. 服装国际贸易概论[M]. 北京:中国纺织出版社,2002
[3] 宋慧景,万志琴. 服装生产筹划与组织[M]. 北京:中国纺织出版社,2001
[4] 冯翼,冯以玫. 服装工业技术管理与质量控制[M]. 北京:中国纺织出版社,1997
[5] 万志琴,宋惠景. 服装生产管理[M]. 北京:中国纺织出版社,1999
[6] 刘国联. 服装厂技术管理[M]. 北京:中国纺织出版社,1999
[7] 卓乃坚. 服装出口入门[M]. 上海:中国纺织大学出版社,2003
[8] 杨以雄. 服装生产管理[M]. 上海:上海科学技术出版社,1993
[9] 李泽尧. 跟单员工作手册[M]. 广东:广东经济出版社,2006
[10] 李广泰,杨访梅. 接单与跟单实操细节[M]. 广东:广东经济出版社,2006
[11] 朱春瑞等. 杰出跟单员工作手册[M]. 北京:中华工商联合出版社,2007
[12] 张立明等. 优秀跟单员工作手册[M]. 北京:中国纺织出版社,2008
[13] 李京. 国际贸易单证[M]. 北京:北京理工大学出版社,2002
[14] 冯麟. 成衣跟单实务[M]. 北京:中国纺织出版社,2007
[15] 姜蕾. 服装品质控制与检验[M]. 北京:化学工业出版社,2006
[16] 邓汝春. 服装业供应链管理[M]. 北京:中国纺织出版社,2005
[17] 邓汝春. 服装企业物流管理[M]. 北京:中国纺织出版社,2005

后　　记

本书主编为上海视觉艺术学院吴俊。第一章、第二章、第三章由上海视觉艺术学院吴俊编写；第四章、第八章由华南农业大学王芳编写；第五章、第六章由华南农业大学王霄凌编写；第七章、第九章由中原工学院刘娟编写。全书由吴俊统稿。

由于作者学识疏浅，难免有遗漏、错误之处，欢迎专家、学者及广大读者批评指正。

吴　俊